〔漢〕司馬遷 撰
〔宋〕裴　駰 集解
〔唐〕司馬貞 索隱
〔唐〕張守節 正義

點校本
二十四史
修訂本

史記

第六册
卷四三至卷六〇

中華書局

2013 年 9 月第 1 版　2024 年 6 月第 11 次印刷
ISBN 978-7-101-09501-2

史記卷四十三

趙世家第十三

趙氏之先，與秦共祖。至中衍，【一】爲帝大戊御。其後世蜚廉有子二人，而命其一子曰惡來，事紂，爲周所殺，其後爲秦。惡來弟曰季勝，其後爲趙。

【一】正義中音仲。

季勝生孟增。孟增幸於周成王，是爲宅皋狼。【一】皋狼生衡父，衡父生造父。造父幸於周繆王。造父取驥之乘匹，【二】與桃林【三】盜驪、驊騮、緑耳，獻之繆王。繆王使造父御，西巡狩，見西王母，【四】樂之忘歸。而徐偃王反，【五】繆王日馳千里馬，攻徐偃王，【六】大破之。乃賜造父以趙城，【七】由此爲趙氏。

【一】集解徐廣曰：「或云皋狼地名，在西河。」索隱按：如此説，是名孟增號宅皋狼。而徐廣云「或曰皋狼地名，在西河」。按地理志，皋狼是西河郡之縣名。蓋孟增幸於周成王，成王居之於皋狼，故云皋狼。

【二】索隱 言造父取八駿，品其色，齊其力，使馴調也。並四曰乘，並兩曰匹。正義 乘，食證反。並四曰乘，兩曰匹。取八駿品其力，使均馴。

【三】正義 括地志云：「桃林在陝州桃林縣，西至潼關，皆爲桃林塞地。山海經云『夸父之山，北有林焉，名曰桃林，廣闊三百里，中多馬』，造父於此得驊騮、騄耳之乘獻周穆王也。」

【四】索隱 穆天子傳曰穆王與西王母觴於瑤池之上，作歌，是樂而忘歸也。譙周不信此事，而云「余常聞之，代俗以東西陰陽所出入，宗其神，謂之王父母。或曰地名，在西域，有何見乎〔一〕」。

【五】正義 括地志云：「大徐城在泗州徐城縣北三十里，古之徐國也。博物志云『徐君宮人娠，生卵，以爲不祥，弃於水濱。孤獨母有犬名鵠倉，銜所弃卵以歸，覆煖之，遂成小兒，生偃王。故宮人聞之〔二〕，更收養之。及長，襲爲徐君。後鵠倉臨死，生角而九尾，實黃龍也』。鵠倉或名后倉也。」

【六】索隱 譙周曰：「徐偃王與楚文王同時，去周穆王遠矣。且王者行有周衞，豈聞亂而獨長驅日行千里乎？」並言此事非實也。

【七】正義 晉州趙城縣即造父邑也。

自造父已下六世至奄父，曰公仲，周宣王時伐戎，爲御。及千畝戰，【一】奄父脫宣王。奄父生叔帶。叔帶之時，周幽王無道，去周如晉，事晉文侯，始建趙氏于晉國。

【一】正義括地志云：「千畝原在晉州岳陽縣北九十里也。」

自叔帶以下，趙宗益興，五世而至趙夙〔三〕。

趙夙，晉獻公之十六年伐霍、魏、耿，而趙夙爲將伐霍。霍公求犇齊。【一】晉大旱，卜之，曰「霍太山爲祟」。使趙夙召霍君於齊，復之，以奉霍太山之祀，晉復穰。晉獻公賜趙夙耿。【二】

【一】集解徐廣曰：「求，一作『來』。」

【二】索隱杜預曰：耿，今河東皮氏縣耿鄉是。

夙生共孟，當魯閔公之元年也。共孟生趙衰，字子餘。【一】

【一】索隱系本云公明生共孟及趙夙，夙生成季衰，衰生宣孟盾。左傳云衰，趙夙弟。而此系家云共孟生衰，譙周亦以此爲誤耳。

趙衰卜事晉獻公及諸公子，莫吉；卜事公子重耳，吉，即事重耳。重耳以驪姬之亂亡奔翟，趙衰從。翟伐廧咎如，得二女，翟以其少女妻重耳，長女妻趙衰而生盾。初，重耳在晉時，趙衰妻亦生趙同、趙括、趙嬰齊。趙衰從重耳出亡，凡十九年，得反國。重耳，爲晉文公，趙衰爲原大夫，居原，任國政。【一】文公所以反國及霸，多趙衰計策。語在晉事中。

【一】索隱系本云：「成季徙原。」宋忠云：「今鴈門原平縣也。」正義括地志云：「原平故城，漢原平縣也，在代州崞縣南三十五里。」崞音郭。按：宋忠說非也。括地志云：「故原城在懷州濟原縣西北二里。左傳云襄王以原賜晉文公，原不服，文公伐原以示信，原降，以趙衰爲原大夫，即此也。原本周畿内邑也。」

趙衰既反晉，晉之妻固要迎翟妻，而以其子盾爲適嗣，晉妻三子皆下事之。晉襄公之六年，而趙衰卒，謚爲成季。

趙盾代成季任國政。二年而晉襄公卒，太子夷皋年少，盾爲國多難，欲立襄公弟雍。雍時在秦，使使迎之。太子母【一】日夜啼泣，頓首謂趙盾曰：「先君何罪，釋其適子而更求君？」趙盾患之，恐其宗與大夫襲誅之，迺遂立太子，是爲靈公，發兵距所迎襄公弟於秦者。靈公既立，趙盾益專國政。

【一】索隱穆嬴也。

靈公立十四年，益驕。趙盾驟諫，靈公弗聽。及食熊蹯，胹不熟，殺宰人，持其尸出，趙盾見之。靈公由此懼，欲殺盾。盾素仁愛人，嘗所食桑下餓人反扞救盾，盾以得亡。未出境，而趙穿弑靈公而立襄公弟黑臀，是爲成公。趙盾復反，任國政。君子譏盾「爲正卿，亡不出境，反不討賊」，故太史書曰「趙盾弑其君」。晉景公〔一〕時而趙盾卒，謚爲宣孟，子朔嗣。

〔一〕索隱 成公之子，名據。

趙朔，晉景公之三年，朔爲晉將下軍救鄭，與楚莊王戰河上。朔娶晉成公姊爲夫人。

晉景公之三年，大夫屠岸賈欲誅趙氏。〔一〕初，趙盾在時，夢見叔帶持要而哭，甚悲；已而笑，拊手且歌。盾卜之，兆絶而後好。趙史援占之，曰：「此夢甚惡，非君之身，乃君之子，然亦君之咎。至孫，趙將世益衰。」屠岸賈者，始有寵於靈公，及至於景公而賈爲司寇，將作難，乃治靈公之賊以致趙盾，徧告諸將曰：「盾雖不知，猶爲賊首。以臣弑君，故子孫在朝，何以懲辠？請誅之。」韓厥曰：「靈公遇賊，趙盾在外，吾先君以爲無罪，故不誅。今諸君將誅其後，是非先君之意而今妄誅。妄誅謂之亂。臣有大事而君不聞，是無君也。」屠岸賈不聽。韓厥告趙朔趣亡。朔不肯，曰：「子必不絶趙祀，朔死不恨。」韓厥許諾，稱疾不出。賈不請而擅與諸將攻趙氏於下宮，殺趙朔、趙同、趙括、趙嬰齊，皆滅其族。

〔一〕集解 徐廣曰：「按年表，救鄭及誅滅，皆景公三年。」

趙朔妻成公姊，有遺腹，走公宮匿。趙朔客曰公孫杵臼，杵臼謂朔友人程嬰曰：「胡不死？」程嬰曰：「朔之婦有遺腹，若幸而男，吾奉之；即女也，吾徐死耳。」居無何，而朔婦免身，生男。屠岸賈聞之，索於宮中。夫人置兒絝中，祝曰：「趙宗滅乎，若號；即不滅，若無聲。」及索，兒竟無聲。已脱，程嬰謂公孫杵臼曰：「今一索不得，後必且復索之，柰何？」公孫杵臼曰：「立孤與死孰難？」程嬰曰：「死易，立孤難耳。」公孫杵臼曰：「趙氏先君遇子厚，子彊爲其難者，吾爲其易者，請先死。」乃二人謀取他人嬰兒負之，衣以文葆，【一】匿山中。程嬰出，謬謂諸將軍曰：「嬰不肖，不能立趙孤。誰能與我千金，吾告趙氏孤處。」諸將皆喜，許之，發師隨程嬰攻公孫杵臼。杵臼謬曰：「小人哉程嬰！昔下宮之難不能死，與我謀匿趙氏孤兒，今又賣我。縱不能立，而忍賣之乎！」抱兒呼曰：「天乎天乎！趙氏孤兒何罪？請活之，獨殺杵臼可也。」諸將不許，遂殺杵臼與孤兒。諸將以爲趙氏孤兒良已死，皆喜。然趙氏真孤乃反在，程嬰卒與俱匿山中。

【一】集解徐廣曰：「小兒被曰葆。」

居十五年，晉景公疾，卜之，大業之後不遂者爲祟。景公問韓厥，厥知趙孤在，乃曰：「大業之後在晉絶祀者，其趙氏乎？夫自中衍者皆嬴姓也。中衍人面鳥噣，降佐殷帝大戊，及周天子，皆有明德。下及幽厲無道，而叔帶去周適晉，事先君文侯，至于成公，世有立功，未嘗絶祀。今吾君獨滅趙宗，國人哀之，故見龜策。唯君圖之。」景公問：「趙尚有後子孫乎？」韓厥具以實告。於是景公乃與韓厥謀立趙孤兒，召而匿之宫中。諸將入問疾，景公因韓厥之衆以脅諸將而見趙孤。趙孤名曰武。諸將不得已，乃曰：「昔下宫之難，屠岸賈爲之，矯以君命，并命羣臣。非然，孰敢作難！微君之疾，羣臣固且請立趙後。今君有命，羣臣之願也。」於是召趙武、程嬰徧拜諸將，遂反與程嬰、趙武攻屠岸賈，滅其族。復與趙武田邑如故。〔一〕

〔一〕集解徐廣曰：「推次，晉復與趙武田邑，是景公之十七年也。而乃是春秋成公八年經書『晉殺其大夫趙同、趙括』，左傳於此説立趙武事者，注云『終説之耳，非此年也』。」

及趙武冠，爲成人，程嬰乃辭諸大夫，謂趙武曰：「昔下宫之難，皆能死。我非不能死，我思立趙氏之後。今趙武既立，爲成人，復故位，我將下報趙宣孟與公孫杵臼。」趙武啼泣頓首固請，曰：「武願苦筋骨以報子至死，而子忍去我死乎！」程嬰曰：「不可。彼以我爲能成事，故先我死；今我不報，是以我事爲不成。」遂自殺。趙武服齊衰三年，爲之祭邑，春秋祠之，世世勿絶。〔一〕

〔一〕集解新序曰：「程嬰、公孫杵臼可謂信友厚士矣。嬰之自殺下報，亦過矣。」正義今河東趙氏祠先人，猶别舒一座祭二士矣。

趙氏復位十一年，而晉厲公殺其大夫三郤。欒書畏及，乃遂弑其君厲公，更立襄公曾孫周，【一】是爲悼公。晉由此大夫稍彊。

【一】集解徐廣曰：「年表云襄公孫也。」索隱晉系家襄公少子，名周。

趙武續趙宗二十七年，晉平公立。平公十二年，而趙武爲正卿。十三年，吴延陵季子使於晉，曰：「晉國之政卒歸於趙武子、韓宣子、魏獻子之後矣。」趙武死，謚爲文子。

文子生景叔。【一】景叔之時，齊景公使晏嬰於晉，【二】晏嬰與晉叔向語。嬰曰：「齊之政後卒歸田氏。」叔向亦曰：「晉國之政將歸六卿。六卿侈矣，而吾君不能恤也。」

【一】索隱系本云：「景叔名成。」

【二】集解徐廣曰：「平公之十九年。」

趙景叔卒，生趙鞅，是爲簡子。

趙簡子在位，晉頃公之九年，簡子將合諸侯戍于周。其明年，入周敬王于周，辟弟子朝之故也。

晉頃公之十二年，六卿以法誅公族祁氏、羊舌氏，分其邑爲十縣，六卿各令其族爲之大夫。晉公室由此益弱。

後十三年，魯賊臣陽虎來奔，趙簡子受賂，厚遇之。

趙簡子疾，五日不知人，大夫皆懼。醫扁鵲視之，出，董安于問。〔一〕扁鵲曰：「血脈治也，而何怪！在昔秦繆公嘗如此，七日而寤。寤之日，告公孫支與子輿〔二〕曰：『我之帝所，甚樂。吾所以久者，適有學也。帝告我：「晉國將大亂，五世不安；其後將霸，未老而死；霸者之子且令而國男女無別。」』公孫支書而藏之，秦讖於是出矣。獻公之亂，文公之霸，而襄公敗秦師於殽而歸縱淫，此子之所聞。今主君之疾與之同，不出三日疾必閒，閒必有言也。」

〔一〕集解韋昭曰：「安于，簡子家臣。」

〔二〕索隱二子秦大夫。公孫支，子桑也。

居二日半，簡子寤。語大夫曰：「我之帝所，甚樂。與百神游於鈞天，廣樂九奏萬舞，不類三代之樂，其聲動人心。有一熊欲來援我，帝命我射之，中熊，熊死。又有一羆來，我又射之，中羆，羆死。帝甚喜，賜我二笥，皆有副。吾見兒在帝側，帝屬我一翟犬，曰：『及而子之壯也以賜之。』帝告我：『晉國且世衰，七世而亡，〔一〕嬴姓將大敗周人於范魁之西，〔二〕

而亦不能有也。今余思虞舜之勳，適余將以其胄女孟姚配而七世之孫。』」〔三〕董安于受言而書藏之。以扁鵲言告簡子，簡子賜扁鵲田四萬畝。

〔一〕正義謂晉定公、出公、哀公、幽公、烈公、孝公、靜公爲七世。靜公二年，爲三晉所滅。據此及年表，簡子疾在定公十一年。

〔二〕索隱范魁，地名，不知所在，蓋趙地。正義嬴，趙姓也。周人，謂衞也。晉亡之後〔四〕，趙成侯三年伐衞，取都鄙七十三是也。賈逵云「小阜曰魁」也。

〔三〕索隱即娃嬴，吴廣之女。姚，姓；孟，字也。七代孫，武靈王也。

他日，簡子出，有人當道，辟之不去，從者怒，將刃之。當道者曰：「吾欲有謁於主君。」從者以聞。簡子召之，曰：「譆，吾有所見子晰也。」〔一〕當道者曰：「屏左右，願有謁。」簡子屏人。當道者曰：「主君之疾，臣在帝側。」簡子曰：「然，有之。子之見我，我何爲？」當道者曰：「帝令主君射熊與羆，皆死。」簡子曰：「是，且何也？」當道者曰：「晉國且有大難，主君首之。帝令主君滅二卿，夫熊與羆皆其祖也。」〔二〕簡子曰：「帝賜我二笥皆有副，何也？」〔三〕當道者曰：「主君之子將克二國於翟，皆子姓也。」〔四〕簡子曰：「吾見兒在帝側，帝屬我一翟犬，曰『及而子之長以賜之』。夫兒何謂以賜翟犬？」當道者曰：「兒，主君之子也。翟犬者，代之先也。主君之子且必有代。及主君之後嗣，且有革政而胡服，【五】并二國於翟。」【六】簡子問其姓而延之以官。當道者曰：「臣野人，致帝命耳。」遂不見。簡子書藏之府。

【一】索隱 簡子見當道者，乃寤曰：「譆，是吾前夢所見，知其名曰子晰者。」

【二】正義 范氏、中行氏之祖也。

【三】正義 副謂皆子姓也。

【四】正義 謂代及智氏也。

【五】正義 今時服也，廢除裘裳也。

【六】正義 武靈王略中山地，至寧葭，西略胡地至樓煩、榆中是也。

異日，姑布子卿【一】見簡子，簡子徧召諸子相之。子卿曰：「無爲將軍者。」簡子曰：「趙氏其滅乎？」子卿曰：「吾嘗見一子於路，殆君之子也。」簡子召子毋卹。毋卹至，則子卿起曰：「此真將軍矣！」簡子曰：「此其母賤，翟婢也，奚道貴哉？」子卿曰：「天所授，雖賤必貴。」自是之後，簡子盡召諸子與語，毋卹最賢。簡子乃告諸子曰：「吾藏寶符於常山上，先得者賞。」諸子馳之常山上，求，無所得。毋卹還，曰：「已得符矣。」簡子曰：「奏之。」毋卹曰：「從常山上臨代，代可取也。」【二】簡子於是知毋卹果賢，乃廢太子伯魯，而以毋卹爲太子。

【一】集解司馬彪曰：「姑布，姓；子卿，字。」

【二】正義地道記云：「恒山在上曲陽縣西北百四十里。北行四百五十里得恒山岋，號飛狐口，北則代郡也。」

後二年，晉定公之十四年，范、中行作亂。明年春，簡子謂邯鄲大夫午曰：「歸我衞士五百家，吾將置之晉陽。」【一】午許諾，歸而其父兄不聽，【二】倍言。趙鞅捕午，囚之晉陽。乃告邯鄲人曰：「我私有誅午也，諸君欲誰立？」【三】遂殺午。趙稷、涉賓以邯鄲反。【四】晉君使籍秦【五】圍邯鄲。荀寅、范吉射【六】與午善，【七】不肯助秦而謀作亂，董安于知之。十月〔五〕，范、中行氏【八】伐趙鞅，鞅奔晉陽，晉人圍之。范吉射、荀寅仇人魏襄等謀逐荀寅，以梁嬰父代之；【九】逐吉射，以范皋繹代之。【一〇】荀櫟【一一】言於晉侯曰〔六〕：「君命大臣，始亂者死。今三臣始亂【一二】而獨逐鞅，用刑不均，請皆逐之。」十一月，荀櫟〔七〕、韓不佞、【一三】魏哆【一四】奉公命以伐范、中行氏，不克。范、中行氏反伐公，公擊之，范、中行敗走。丁未，二子【一五】奔朝歌。韓、魏以趙氏爲請。【一六】十二月辛未，趙鞅入絳，盟于公宫。其明年，知伯文子謂趙鞅曰：「范、中行雖信爲亂，安于發之，是安于與謀也。晉國有法，始亂者死。夫二子已伏罪而安于獨在。」趙鞅患之。安于曰：「臣死，趙氏定，晉國寧，吾死晚矣。」遂自殺。趙氏以告知伯，然後趙氏寧。

【一】集解服虔曰：「往年趙鞅圍衞，衞人恐懼，故貢五百家，鞅置之邯鄲，又欲更徙於晉陽。」

【二】集解服虔曰：「午之諸父兄及邯鄲中長老。」

【三】集解杜預曰：「午，趙鞅同族，別封邯鄲，故使邯鄲人更立午宗親也。」

【四】集解服虔曰：「稷，午子。」

【五】集解左傳曰籍秦此時爲上軍司馬。索隱據系本，晉大夫籍游之孫，籍談之子。

【六】索隱范氏，晉大夫隰叔之子，士蔿之後。蔿生成伯缺，缺生武子會，會生文叔燮，燮生宣叔匄，匄生獻子鞅，鞅生吉射。

【七】集解左傳曰：「午，荀寅之甥。荀寅，范吉射之姻。」

【八】索隱系本云：「晉大夫逝遨生桓伯林父，林父生宣伯庚宿，庚宿生獻伯偃，偃生穆伯吴，吴生寅。本姓荀，自荀偃將中軍，晉改中軍曰中行，因氏焉。元與智伯同祖逝遨，故智氏亦稱荀。」正義按：會食邑於范，因爲范氏。又中行寅本姓荀，自荀偃將中軍爲中行，因號中行氏。元與智氏同承襲逝遨，姓荀氏。

【九】集解賈逵曰：「梁嬰父，晉大夫也。」

【一〇】集解服虔曰：「范氏之側室子。」

【一一】集解服虔曰：「荀櫟，智文子。」索隱系本云：「逝遨生莊子首，首生武子罃，罃生莊子朔，朔生悼子盈，盈生文子櫟，櫟生宣子申，申生智伯瑶。」

【一二】集解 賈逵曰：「范、中行、趙也。」

【一三】索隱 韓簡子。

【一四】索隱 魏簡子。系本名取。

【一五】索隱 范吉射、荀寅也。

【一六】集解 服虔曰：「以其罪輕於荀、范也。」　正義 按：趙鞅被范、中行伐，乃奔晉陽，以其罪輕，故韓、魏爲請晉君而得入絳。

孔子聞趙簡子不請晉君而執邯鄲午，保晉陽，故書春秋曰「趙鞅以晉陽畔」。

趙簡子有臣曰周舍，好直諫。周舍死，簡子每聽朝，常不悅，大夫請辠。簡子曰：「大夫無罪。吾聞千羊之皮不如一狐之腋。諸大夫朝〔八〕，徒聞唯唯，不聞周舍之鄂鄂，是以憂也。」【一】簡子由此能附趙邑而懷晉人。

【一】集解 韓詩外傳曰：「周舍立於門下三日三夜，簡子使問之曰：『子欲見寡人何事？』對曰：『願爲鄂鄂之臣，墨筆操牘，從君之過，而〔九〕日有所記，月有所成，歲有所效也。』」

晉定公十八年，趙簡子圍范、中行于朝歌，中行文子【一】奔邯鄲。明年，衞靈公卒。簡子與陽虎送衞太子蒯聵于衞，衞不內，居戚。【二】

【一】索隱荀寅也。

【三】正義括地志云：「故戚城在相州澶水縣東三十里。杜預云『戚，衛邑，在頓丘衛縣西有戚城［一〇］』是也。」

晉定公二十一年，簡子拔邯鄲，中行文子奔柏人。簡子又圍柏人，中行文子、范昭子【一】遂奔齊。趙竟有邯鄲、柏人。范、中行餘邑入于晉。趙名晉卿，實專晉權，奉邑侔於諸侯。

【一】索隱范吉射也。

晉定公三十年，定公與吴王夫差爭長於黄池，趙簡子從晉定公，卒長吴。定公三十七年卒，而簡子除三年之喪，期而已。是歲，越王句踐滅吴。

晉出公十一年，知伯伐鄭。趙簡子疾，使太子毋卹將而圍鄭。知伯醉，以酒灌擊毋卹。毋卹羣臣請死之。毋卹曰：「君所以置毋卹，爲能忍詢。」然亦慍知伯。知伯歸，因謂簡子，使廢毋卹，簡子不聽。毋卹由此怨知伯。

晉出公十七年，簡子卒，【一】太子毋卹代立，是爲襄子。

【一】集解張華曰：「趙簡子冢在臨水界，二冢併，上氣成樓閣。」

趙襄子元年，越圍吳。【一】襄子降喪食，使楚隆問吳王。【二】

【一】正義年表及趙世家云〔一一〕、左傳越滅吳在簡子三十五年〔一二〕，已在襄子元年前十五年矣，何得更有越圍吳之事？從此以下至「問吳王〔一三〕」是三十年事，文脱誤在此耳〔一四〕。

【二】正義左傳云哀公二十年，簡子死，襄子嗣立，以越圍吳故，降父之祭饌，而使楚隆慰問王，爲哀公十三年簡子在黃池之役與吳王質言曰「好惡同之」，故減祭饌及問吳王也。而趙世家及六國年表云此年晉定公卒，簡子除三年之喪，服朞而已。按：簡子死及使吳年月皆誤，與左傳文不同。

襄子姊前爲代王夫人。簡子既葬，未除服，北登夏屋，【一】請代王。使廚人操銅枓【二】以食代王及從者，行斟，陰令宰人各【三】以枓擊殺代王及從官，遂興兵平代地。其姊聞之，泣而呼天，摩笄自殺。代人憐之，所死地名之爲摩笄之山。【四】遂以代封伯魯子周爲代成君。伯魯者，襄子兄，故太子。太子蚤死，故封其子。

【一】集解徐廣曰：「山在廣武。」正義括地志云：「夏屋山一名賈屋山，今名賈母山，在代州鴈門縣東北三十五里。夏屋與句注山相接，蓋北方之險，亦天下之阻路，所以分別内外也。」

【二】正義音斗。其形方，有柄，取斟水器。説文云勺也。

【三】集解徐廣曰：「一作『雒』。」

【四】正義笄，今簪也。括地志云：「摩笄山一名磨笄山，亦名爲鳴雞山【一五】，在蔚州飛狐縣東北百五十里。魏土地記云『代郡東南二十五里有馬頭山。趙襄子既殺代王，使人迎其婦。代王夫人曰：「以弟慢夫，非仁也；以夫怨弟，非義也。」磨笄自刺而死。使者遂亦自殺』。」

襄子立四年，知伯與趙、韓、魏盡分其范、中行故地。晉出公怒，告齊、魯，欲以伐四卿。四卿恐，遂共攻出公。出公奔齊，道死。知伯乃立昭公曾孫驕，是爲晉懿公。【一】知伯益驕。請地韓、魏，韓、魏與之。請地趙，趙不與，以其圍鄭之辱。知伯怒，遂率韓、魏攻趙。趙襄子懼，乃奔保晉陽。

【一】索隱或作「哀公」。其大父名雍，即昭公少子，號戴子也。

原過從，後，至於王澤，【一】見三人，自帶以上可見，自帶以下不可見。與原過竹二節，莫通。曰：「爲我以是遺趙毋卹。」原過既至，以告襄子。襄子齊三日，親自剖竹，有朱書曰：「趙毋卹，余霍泰山【二】山陽侯天使也。三月丙戌，余將使女反滅知氏。女亦立我百邑，余將賜女林胡之地。至于後世，且有伉王，赤黑，龍面而鳥噣，鬢麋髭頿，大膺大胸，脩下而馮，左衽界乘，【三】奄有河宗，【四】至于休溷諸貉，【五】南伐晉別，【六】北滅黑姑。」【七】襄子再拜，受三神之令。

【一】正義括地志云：「王澤在絳州正平縣南七里也。」

【二】集解徐廣曰：「在河東永安縣。」

【三】集解徐廣曰：「脩，或作『隨』。界，一作『介』。」

【四】正義穆天子傳云：「河宗之子孫鄘栢絮【六】。」按：蓋在龍門河之上流，嵐、勝二州之地也。

【五】正義音陌。自河宗、休溷諸貉，乃戎狄之地也。

【六】正義趙南伐晉之別邑，謂韓、魏之邑也。

【七】正義亦戎國。

三國攻晉陽，歲餘，引汾水灌其城，城不浸者三版。【一】城中懸釜而炊，易子而食。羣臣皆有外心，禮益慢，唯高共【二】不敢失禮。襄子懼，乃夜使相張孟同【三】私於韓、魏。韓、魏與合謀，以三月丙戌，三國反滅知氏，共分其地。於是襄子行賞，高共爲上。張孟同曰：「晉陽之難，唯共無功。」襄子曰：「方晉陽急，羣臣皆懈，惟共不敢失人臣禮，是以先之。」於是趙北有代，南并知氏，彊於韓、魏。遂祠三神於百邑，使原過主霍泰山祠祀。【四】

【一】正義何休云：「八尺曰版。」

【二】集解徐廣曰：「一作『赫』。」

【三】索隱按：戰國策作「張孟談」。談者，史遷之父名，遷例改爲「同」。

【四】正義括地志云：「三神祠今名原過祠，今在霍山側也。」

其後娶空同氏，【一】生五子。襄子爲伯魯之不立也，不肯立子，且必欲傳位與伯魯子代成君。成君先死，乃取代成君子浣立爲太子。【二】襄子立三十三年卒，浣立，是爲獻侯。

【一】正義括地志云：「崆峒山在肅州福禄縣東南六十里，古西戎地。又原州平高縣西百里亦有崆峒山，即黄帝問廣成子道處。」俱是西戎地，未知孰是。

【二】索隱代成君名周，伯魯之子。系本云代成君子起即襄子之子，不云伯魯，非也。

獻侯少即位，治中牟。【一】

【一】集解地理志曰河南中牟縣，趙獻侯自耿徙此。瓚曰：「中牟在春秋之時是鄭之疆内也，及三卿分晉，則在魏之邦土也。趙界自漳水以北，不及此。春秋傳曰衞侯如晉，過中牟。按中牟非衞適晉之次也。汲郡古文曰『齊師伐趙東鄙，圍中牟』，此中牟不在趙之東也。按中牟當漯水之北。」索隱此趙中牟在河北，非鄭之中牟。正義按：五鹿在魏州元城縣東十二里，鄴即相州蕩陰縣西五十八里，有牟山，蓋中牟邑在此山側也。

襄子弟桓子【一】逐獻侯，自立於代，一年卒。國人曰桓子立非襄子意，乃共殺其子而復迎立獻侯。

【一】索隱系本云襄子子桓子，與此不同。

十年，中山武公初立。【一】十三年，城平邑。【二】十五年，獻侯卒，子烈侯籍立。

【一】集解徐廣曰：「西周桓公之子。桓公者，考王弟而定王子〔一七〕。」索隱按：中山，古鮮虞國，姬姓也。系本云中山武公居顧，桓公徙靈壽，爲趙武靈王所滅，不言誰之子孫。徐廣云西周桓公之子，亦無所據，蓋未能得其實耳。

【二】集解地理志曰代郡有平邑縣。

烈侯元年，魏文侯伐中山，使太子擊守之。六年，魏、韓、趙皆相立爲諸侯，追尊獻子爲獻侯。

烈侯好音，謂相國公仲連曰：「寡人有愛，可以貴之乎？」公仲曰：「富之可，貴之則否。」烈侯曰：「然。夫鄭歌者槍、石二人，【一】吾賜之田，人萬畝。」公仲曰：「諾。」不與。居一月，烈侯從代來，問歌者田。公仲曰：「求，未有可者。」有頃，烈侯復問。公仲終不與，乃稱疾不朝。番吾君【二】自代來，謂公仲曰：「君實好善，而未知所持。今公仲相趙，於今四年，亦有進士乎？」公仲曰：「未也。」番吾君曰：「牛畜、荀欣、徐越皆可。」公仲乃進三人。及朝，烈侯復問：「歌者田何如？」公仲曰：「方使擇其善者。」牛畜侍烈侯以仁義，約以王道，烈侯逌然。【三】明日，荀欣侍以選練舉賢，任官使能。明日，徐越侍以節財儉用，察度功德。所與無不充，君説。烈侯使使謂相國曰：「歌者之田且止。」官牛畜爲師，荀欣爲中尉，徐越爲内史，【四】賜相國衣二襲。【五】

【一】索隱槍，七羊反。槍與石，二人名。

【二】集解徐廣曰：「番音盤。常山有番吾縣。」正義括地志云：「番吾故城在恒州房山縣東二十里。」「番」「蒲」古今音異耳。

【三】正義逌音由，古字與「攸」同。言牛畜以仁義約以王道，故止歌者田。攸攸，氣行貌，寬緩也。

【四】正義漢書百官公卿表云：「内史（一八），周官，秦因之，掌治京師。」

【五】集解單複具爲一襲。

九年，烈侯卒，弟武公立。【一】武公十三年卒，趙復立烈侯太子章，是爲敬侯。是歲，魏文侯卒。

【一】索隱譙周云：「系本及説趙語者並無其事，蓋别有所據。」

敬侯元年，武公子朝作亂，不克，出奔魏。趙始都邯鄲。

二年，敗齊于靈丘。【一】三年，救魏于廩丘，大敗齊人。四年，魏敗我兔臺。築剛平【二】以侵衞。五年，齊、魏爲衞攻趙，取我剛平。六年，借兵於楚伐魏，取棘蒲。【三】八年，拔魏黄城。【四】九年，伐齊。齊伐燕，趙救燕（一九）。十年，與中山戰于房子。【五】

【一】集解地理志曰代郡有靈丘縣。

【二】正義兔臺、剛平並在河北。

【三】正義今趙州平棘縣，古棘蒲邑。

【四】集解杜預曰：「陳留外黄縣東有黄城。」正義括地志云：「故黄城在魏州冠氏縣南十里，因黄溝爲名。」按：陳留外黄城非隨所別也。

【五】正義趙州房子縣是。

十一年，魏、韓、趙共滅晉，分其地。伐中山，又戰於中人。【一】十二年，敬侯卒，子成侯種立。

【一】集解徐廣曰：「中山唐縣有中人亭。」正義括地志云：「中山故城一名中人亭，在定州唐縣東北四十一里，春秋時鮮虞國之中人邑也。」

成侯元年，公子勝與成侯爭立，爲亂。二年六月，雨雪。三年，太戊午【一】爲相。伐衞，取鄉邑七十三。魏敗我藺。【二】四年，與秦戰高安，【三】敗之。五年，伐齊于鄄。【四】魏敗我懷。攻鄭，敗之，以與韓，韓與我長子。【五】六年，中山築長城。伐魏，敗涿澤〔三〇〕，【六】圍魏惠王。七年，侵齊，至長城。【七】與韓攻周。八年，與韓分周以爲兩。【八】九年，與齊戰阿下。【九】十年，攻衞，取甄。十一年，秦攻魏，趙救之石阿。【一〇】十二年，秦攻魏少梁，【一一】

趙救之。十三年，秦獻公使庶長國伐魏少梁，虜其太子、痤。魏敗我澮，取皮牢。【一二】成侯與韓昭侯遇上黨。十四年，與韓攻秦。十五年，助魏攻齊。

【一】集解 徐廣曰：「戊，一作『成』。」

【二】正義 地理志云屬西河郡也。

【三】正義 蓋在河東。

【四】正義 濮州鄄城縣是也。

【五】集解 地理志曰上黨有長子縣。

【六】正義 涿音濁〔二一〕。徐廣云長杜有濁澤〔二二〕，非也。括地志云：「濁水源出蒲州解縣東北平地。」爾時魏都安邑，韓、趙伐魏，豈河南至長杜也？解縣濁水近於魏都，當是也。

【七】正義 齊長城西頭在濟州平陰縣。太山記云：「太山西北有長城，緣河經太山千餘里，瑯邪入海〔二三〕。」括地志云：「所侵處在密州南三十里。」

【八】集解 徐廣曰：「顯王二年。周紀無此。」正義 括地志云：「史記周顯二年，西周惠公封少子班於鞏，爲東周。其子武公爲秦所滅。」郭緣生述征記云鞏縣本周鞏伯邑。

【九】集解 徐廣曰：「戰，一作『會』也。」正義 阿，東阿也，今濟州東阿縣也。

【一〇】正義 蓋在石、隰等州界也。

【一一】正義 少梁故城在同州韓城縣南二十二里，古少梁國也。

【三】集解徐廣曰：「魏年表曰『取趙皮牢』。」正義括地志云：「澮水縣在絳州翼城縣東南二十五里〔二四〕。」按：皮牢當在澮之側。

十六年，與韓、魏分晉，封晉君以端氏。【一】

【一】集解徐廣曰：「在平陽。」正義端氏，澤州縣也。

十七年，成侯與魏惠王遇葛孽。【一】十九年，與齊、宋會平陸，【二】與燕會阿。【三】二十年，魏獻榮椽，因以爲檀臺。【四】二十一年，魏圍我邯鄲。二十二年，魏惠王拔我邯鄲，齊亦敗魏於桂陵。【五】二十四年，魏歸我邯鄲，與魏盟漳水上。秦攻我藺。二十五年，成侯卒。公子緤【六】與太子肅侯【七】爭立，緤敗，亡奔韓。

【一】集解徐廣曰：「在馬丘。」年表曰十八年趙孟如齊。」

【二】正義兗州縣也。平陸城即古厥國〔二五〕。

【三】正義括地志云：「故葛城一名依城，又名西阿城，在瀛州高陽縣西北五十里。以徐、滱二水並過其西〔二六〕，又徂經其北。曲曰阿，以齊有東阿，故曰西阿城。地理志云瀛州屬河閒，趙分也。」按：燕會趙即此地。

【四】集解徐廣曰：「襄國縣有檀臺。」索隱劉氏云「榮椽蓋地名，其中有一高處，可以爲臺」，非也。按：榮椽是良材，可爲椽，斲飾有光榮，所以魏獻之，故趙因用之以爲檀臺。正義鄭玄云：「榮，屋翼也。」說文云「椽，榱也」；「屋梠之兩頭起者爲榮也」。括地志云：「檀臺在洺州臨洺縣北二里。」

【五】正義括地志云：「故桂城在曹州乘氏縣東北二十一里〔二七〕，故老云此即桂陵也。」

【六】集解音薛〔二八〕。

【七】索隱系本云名語。

肅侯元年，奪晉君端氏，徙處屯留。【一】二年，與魏惠王遇於陰晉。【二】三年，公子范襲邯鄲，不勝而死。四年，朝天子。六年，攻齊，拔高唐。七年，公子刻攻魏首垣。【三】十一年，秦孝公使商君伐魏，虜其將公子卬。趙伐魏。十二年，秦孝公卒，商君死。十五年，起壽陵。【四】魏惠王卒。

【一】正義括地志云：「屯留故城在潞州長子縣東北三十里，本漢屯留縣城也。」

【二】正義地理志云華陰縣，魏之陰晉，秦惠文王更名寧秦，高帝更名華陰。今屬華州。

【三】正義蓋在河北也。

【四】正義徐廣云：「在常山。」

十六年，肅侯游大陵，【一】出於鹿門，【二】大戊午扣馬【三】曰：「耕事方急，一日不作，百日不食。」肅侯下車謝。

【一】集解徐廣曰：「太原有大陵縣，亦曰陸〔二九〕。」正義括地志云：「大陵城在并州文水縣北十三里，漢大陵縣城。」

【二】正義并州盂縣西有白鹿泓，源出白鹿山南渚，蓋鹿門在北山水之側也。

【三】集解呂忱曰：「扣，牽馬。」

十七年，圍魏黄，不克。【一】築長城。【二】

【一】集解地理志曰山陽有黄縣。正義黄城在魏州，前拔之，卻爲魏，今趙圍之矣。

【二】正義劉伯莊云「蓋從雲中以北至代」。按：趙長城從蔚州北西至嵐州北，盡趙界。又疑此長城在漳水之北〔三〇〕，趙南界。

十八年，齊、魏伐我，我決河水灌之，兵去。二十二年，張儀相秦。趙疵與秦戰，敗，秦殺疵河西，取我藺、離石。二十三年，韓舉【一】與齊、魏戰，死于桑丘。【二】

【一】集解徐廣曰：「韓將。」

【二】集解地理志云泰山有桑丘縣。正義括地志云：「桑丘城在易州遂城縣界。」或云在泰山，非也。此時齊伐燕桑丘，三晉皆來救之，不得在泰山之桑丘縣〔三一〕，此説甚誤也。

二十四年，肅侯卒。秦、楚、燕、齊、魏出鋭師各萬人來會葬。子武靈王立。【一】

【一】索隱名雍。

武靈王元年，【一】陽文君趙豹相。梁襄王與太子嗣，韓宣王與太子倉來朝信宮。【二】武靈王少，未能聽政，博聞師三人，左右司過三人。及聽政，先問先王貴臣肥義，加其秩；國三老年八十，月致其禮。

【一】集解徐廣曰：「年表云『魏敗我趙護』。」

【二】正義在洺州臨洺縣也。

三年，城鄗。四年，與韓會于區鼠。【一】五年，娶韓女爲夫人。

【一】正義蓋在河北。

八年，韓擊秦，不勝而去。五國相王，趙獨否，曰：「無其實，敢處其名乎！」令國人謂己曰「君」。

九年，與韓、魏共擊秦，秦敗我，斬首八萬級。齊敗我觀澤。【一】十年，秦取我中都及西陽。【二】齊破燕。燕相子之爲君，君反爲臣。十一年，王召公子職於韓，立以爲燕王，【三】使樂池送之。【四】十三年，秦拔我藺，虜將軍趙莊。【五】楚、魏王來，過邯鄲。十四年，趙何攻魏。

【一】正義括地志云：「觀澤故城在魏州頓丘縣東十八里也。」

【二】集解徐廣曰：「年表云『秦取中都、西陽、安邑。十一年，秦敗我將軍英』。太原有中都縣，西河有中陽縣。」

【三】集解徐廣曰：「紀年亦云爾。」

【四】集解按燕世家，子之死後，燕人共立太子平，是爲燕昭王，無趙送公子職爲燕王之事，當是趙聞燕亂，遥立職爲燕王，雖使樂池送之，竟不能就。索隱燕系家無其事，蓋是疏也。今此云「使樂池送之」，必是憑舊史爲説。且紀年之書，其説又同，則裴駰之解得其旨矣。

【五】正義本一作「芘」，音疋婢反。

十六年，秦惠王卒。王遊大陵。他日，王夢見處女鼓琴而歌詩曰：「美人熒熒兮，顏若苕之榮。【一】命乎命乎，曾無我嬴！」【二】異日，王飲酒樂，數言所夢，想見其狀。吴廣聞之，因夫人而内其女娃嬴。【三】孟姚也。【四】孟姚甚有寵於王，是爲惠后。

【一】集解綦毋邃曰：「陵苕之草，其華紫。」正義苕音條。毛詩疏云：「苕饒也。幽州謂之翹饒。蔓似營豆而細〔三二〕，葉似蒺蔾而青，其華細緑色〔三三〕，可生食，味如小豆藿也。」又本草經云「陵苕」，生下溼水中，七八月生，華紫，草可以染帛，煮沐頭，髮即黑也。

【二】集解綦毋邃曰：「言有命禄，生遇其時，人莫知己貴盛盈滿也。」正義按：命，名也。嬴，姓嬴也。言世衆名其美好，曾無我好嬴也。重言「名乎」者，以談説衆也。

【三】集解方言曰：「娃，美也。吴有館娃之宫。」

【四】集解徐廣曰：「古史考云内其女曰娃。」索隱孟姚，吴廣女也。廣，舜之後，故上文云「余思虞舜之勳，故命其胄女孟姚以配而七代之孫」是已。然舜後封虞，在河東大陽山西上虞城是〔三四〕，亦曰吴城。虞吴音相近，故舜後亦姓吴，非獨太伯、虞仲之裔。

十七年，王出九門，【一】爲野臺，【二】以望齊、中山之境。

【一】集解徐廣曰：「在常山。」正義本戰國時趙邑。戰國策云：本有宫室而居，趙武靈王改爲九門。

【二】集解徐廣曰：「野，一作『望』。」正義括地志云：「野臺一名義臺，在定州新樂縣西南六十三里。」

十八年，秦武王與孟説舉龍文赤鼎，絶臏【一】而死。趙王使代相趙固迎公子稷於燕，送歸，立爲秦王，是爲昭王。

【一】集解徐廣曰：「一作『絶瞑』。」音亡丁反。」

十九年春正月，大朝信宫。召肥義與議天下，五日而畢。王北略中山之地，至於房子，〔一〕遂之代，北至無窮，西至河，登黄華之上。〔二〕召樓緩謀曰：「我先王因世之變，以長南藩之地，屬阻漳、滏之險〔三五〕，立長城，又取藺、郭狼，敗林人〔三〕於荏，而功未遂。今中山在我腹心，北有燕，〔四〕東有胡，〔五〕西有林胡、樓煩、秦、韓之邊，〔六〕而無彊兵之救，是亡社稷，柰何？夫有高世之名，必有遺俗之累。吾欲胡服。」樓緩曰：「善。」羣臣皆不欲。

〔一〕正義趙州縣也。

〔二〕正義黄華蓋西河側之山名也。

〔三〕正義即林胡也。

〔四〕正義地理志云趙分晉，北有信都、中山，又得涿郡之高陽、鄚、州鄉；東有清河、河閒，又得渤海郡東平舒等七縣〔三六〕。在河以北，故言「北有燕」。

〔五〕正義趙東有瀛州之東北。營州之境即東胡、烏丸之地。服虔云：「東胡，烏丸之先，後爲鮮卑也。」

〔六〕正義林胡、樓煩即嵐、勝之北也。嵐、勝以南石州、離石、藺等，七國時趙邊邑也。秦隔河也。晉、洺、潞、澤等州皆七國時韓地，爲並趙西境也。

於是肥義侍，王曰：「簡、襄主之烈，計胡、翟之利。爲人臣者，寵有孝弟長幼順明之節〔三七〕，通有補民益主之業，〔一〕此兩者臣之分也。今吾欲繼襄主之跡，開於胡、翟之鄉，而卒世不見也。〔二〕爲敵弱，〔三〕用力少而功多，可以毋盡百姓之勞，而序往古之勳〔三八〕。〔四〕夫有高世之功者，負遺俗之累；〔五〕有獨智之慮者，任驁民之怨。〔六〕今吾將胡服騎射以教百姓，而世必議寡人，柰何？」肥義曰：「臣聞疑事無功，疑行無名。王既定負遺俗之慮，殆無顧天下之議矣。夫論至德者不和於俗，成大功者不謀於衆。昔者舜舞有苗，禹袒裸國，非以養欲而樂志也，務以論德而約功也。愚者闇成事，智者覩未形，則王何疑焉。」王曰：「吾不疑胡服也，吾恐天下笑我也。狂夫之樂，智者哀焉；愚者所笑，賢者察焉。世有順我者，胡服之功未可知也。雖驅世以笑我，胡地中山吾必有之。」於是遂胡服矣。

〔一〕正義寵，貴寵也。通，達理也。凡爲人臣，有孝弟長幼順明之節制者，得貴寵也；有補民益主之功業者，爲達理也。

〔二〕正義卒，子律反，盡也。言盡世閒不見補民益主之忠臣也。

〔三〕正義我爲胡服，敵人必困弱也。

〔四〕正義厚，重也。往古謂趙簡子、襄子也。

〔五〕正義負，留也。言古周公、孔子留衣冠禮義之俗，今變爲胡服，是負留風俗之譴累也。

〔六〕正義言世有獨計智之思慮者，必任隱逸敖慢之民怨望也。

使王緤告公子成曰：「寡人胡服，將以朝也，亦欲叔服之。家聽於親而國聽於君，古今之公行也。子不反親，臣不逆君，兄弟之通義也〔三九〕。〔一〕今寡人作教易服而叔不服，吾恐天下議之也。制國有常，利民爲本；從政有經，令行爲上。明德先論於賤，而行政先信於貴。今胡服之意，非以養欲而樂志也；事有所止而功有所出，〔二〕事成功立，然後善也。今寡人恐叔之逆從政之經，以輔叔之議。且寡人聞之，事利國者行無邪，因貴戚者名不累，故願慕公叔之義，以成胡服之功。使緤謁之叔，〔三〕請服焉。」公子成再拜稽首曰：「臣固聞王之胡服也。臣不佞，寢疾，未能趨走以滋進也。王命之，臣敢對，因竭其愚忠。曰：臣聞中國者，蓋聰明徇智之所居也，〔四〕萬物財用之所聚也，賢聖之所教也，仁義之所施也，詩書禮樂之所用也，異敏技能之所試也，遠方之所觀赴也，蠻夷之所義行也。今王舍此而襲遠方之服，變古之教，易古之道，逆人之心，而佛學者，離中國，故臣願王圖之也。」使者以報。王曰：「吾固聞叔之疾也，我將自往請之。」

〔一〕集解徐廣曰：「兄弟，一作『元夷』。元，始也；夷，平也。」

〔二〕正義鄭玄云：「止，至也。爲人君止於仁，爲人臣止於敬，爲人子止於孝，爲人父止於慈，與國人交止於信。」按：出猶成也。

〔三〕索隱爲句。

【四】集解徐廣曰：「五帝本紀云『幼而徇齊』。」

王遂往之公子成家，因自請之，曰：「夫服者，所以便用也；禮者，所以便事也。聖人觀鄉而順宜，因事而制禮，所以利其民而厚其國也。夫翦髮文身，錯臂左衽，【一】甌越之民也。【二】黑齒雕題，【三】卻冠秫絀，【四】大吳之國也。故禮服莫同，其便一也。鄉異而用變，事異而禮易。是以聖人果可以利其國，不一其用；果可以便其事，不同其禮。儒者一師而俗異，中國同禮而教離，況於山谷之便乎？故去就之變，智者不能一；遠近之服，賢聖不能同。窮鄉多異，曲學多辯。不知而不疑，異於己而不非者，公焉而衆求盡善也。今叔之所言者俗也，吾所言者所以制俗也。吾國東有河、薄洛之水，【五】與齊、中山同之，【六】無舟楫之用。自常山以至代、上黨，【七】東有燕、東胡之境，而西有樓煩、秦、韓之邊，今無騎射之備。故寡人無舟楫之用，夾水居之民，將何以守河、薄洛之水；變服騎射，以備燕、三胡、【八】秦、韓之邊。且昔者簡主不塞晉陽以及上黨，而襄主并戎取代以攘諸胡，此愚智所明也。先時中山負齊之彊兵，侵暴吾地，係累【九】吾民，引水圍鄗，微社稷之神靈，則鄗幾於不守也。先王醜之，而怨未能報也。今騎射之備，近可以便上黨之形，而遠可以報中山之怨。而叔順中國之俗以逆簡、襄之意，惡變服之名以忘鄗事之醜，非寡人之所望也。」

公子成再拜稽首曰：「臣愚，不達於王之義，敢道世俗之聞，臣之辠也。今王將繼簡、襄之意以順先王之志，臣敢不聽命乎！」再拜稽首。乃賜胡服。明日，服而朝。於是始出胡服令也。

【一】索隱 錯臂亦文身，謂以丹青錯畫其臂。孔衍作「右臂左衽」，謂右袒其臂也。

【二】索隱 劉氏云：「今珠崖、儋耳謂之甌人，是有甌越。」正義 按：屬南越，故言甌越也。輿地志云「交阯，周時爲駱越，秦時曰西甌，文身斷髮避龍」。則西甌駱又在番吾之西。南越及甌駱皆羋姓也。世本云「越，羋姓也，與楚同祖」是也。

【三】集解 劉逵曰：「以草染齒，用白作黑。」鄭玄曰：「雕，文。謂刻其肌，以青丹涅之〔四〇〕。」

【四】集解 徐廣曰：「戰國策作『秫縫』，絀亦縫紩之別名也。秫者，綦鍼也〔四一〕。古字多假借，故作『秫絀』耳。此蓋言其女功鍼縷之麤拙也。又一本作『鮭冠黎緤』也。」

【五】集解 徐廣曰：「安平經縣西有漳水，津名薄洛津。」正義 按：安平縣屬定州也。

【六】正義 爾時齊與中山相親，中山、趙共薄洛水，故言「與齊、中山同之」，須有舟楫之備。

【七】集解 徐廣曰：「一云『自常山以下，代、上黨以東』。」

【八】索隱 林胡、樓煩、東胡，是三胡也。

【九】正義 上音計，下力追反。

趙文、趙造、周袑、【一一】趙俊皆諫止王毋胡服，如故法便。王曰：「先王不同俗〔四二〕，何古之法？帝王不相襲，何禮之循？虙戲、神農教而不誅，黄帝、堯、舜誅而不怒。及至三王，隨時制法，因事制禮。法度制令各順其宜，衣服器械各便其用。故禮也不必一道，而便國不必古〔四三〕。聖人之興也不相襲而王，夏、殷之衰也不易禮而滅。然則反古未可非，而循禮未足多也。且服奇者志淫，則是鄒、魯無奇行也；【二】俗辟者民易，則是吴、越無秀士也。【三】且聖人利身謂之服，便事謂之禮。夫進退之節，衣服之制者，所以齊常民也，非所以論賢者也。故齊民與俗流，賢者與變俱。故諺曰『以書御者不盡馬之情〔四四〕，以古制今者不達事之變』。循法之功，不足以高世；法古之學，不足以制今。子不及也。」遂胡服招騎射。

【一】集解徐廣曰：「戰國策作『紹』。紹音紹。」

【二】索隱按：鄒、魯好長纓，是奇服，非其志皆淫僻也，而有孔門顔、冄之屬，豈是無奇行哉！

【三】索隱言方俗僻處山谷，而人皆改易不通大化，則是吴、越無秀士，何得有延州來及大夫種之屬哉！

二十年，王略中山地，至寧葭；【一】西略胡地，至榆中。【二】林胡王獻馬。歸，使樓緩之秦，仇液之韓，王賁之楚，富丁之魏，趙爵之齊。代相趙固主胡，致其兵。

【一】索隱一作「蔓葭」，縣名，在中山。

【二】正義勝州北河北岸也。

二十一年，攻中山。趙紹爲右軍，許鈞爲左軍，公子章爲中軍，王并將之。牛翦將車騎，趙希并將胡、代。趙與之陘，【一】合軍曲陽，【二】攻取丹丘、【三】華陽、【四】鴟之塞。【五】王軍取鄗、石邑、【六】封龍、【七】東垣。中山獻四邑和，王許之，罷兵。二十三年，攻中山。二十五年，惠后卒。【八】使周袑胡服傅王子何。二十六年，復攻中山，攘地北至燕、代，西至雲中、九原。

【一】集解徐廣曰：「一作『陸』，又作『陘』。或宜言『趙與之陘』。陘者，山絶之名。常山有井陘，中山有苦陘，上黨有閼與。」正義與音與。陘音荆〔四五〕。陘，陘山也，在并州陘縣東南十八里。然趙希并將代、趙之兵，與諸軍向井陘之側，共出定州上曲陽縣，合軍攻取丹丘、華陽、鴟上之關。

【二】集解徐廣曰：「上曲陽在常山，下曲陽在鉅鹿。」正義括地志云：「上曲陽故城在定州曲陽縣西五里。」按：合軍曲陽，即上曲陽也，以在常山郡也。

【三】正義蓋邢州丹丘縣也。

【四】集解徐廣曰：「華，一作『爽』。」正義括地志云：「北岳有五别名，一曰蘭臺府，二曰列女宮，三曰華陽臺，四曰紫臺，五曰太一宮。」按：北岳恒山在定州恒陽縣北百四十里。

【五】集解徐廣曰：「鴟，一作『鴻』。」正義上昌之反，下先代反。徐廣曰「鴟，一作『鴻』」，鴻上故關今名汝城，在定州唐縣東北六十里，本晉鴻上關城也。又有鴻上水，源出唐縣北葛洪山，接北岳恒山，與鴻上塞皆在定州。然一本作「鳴」字，誤也。

【六】集解徐廣曰：「在常山。」正義括地志云：「石邑故城在恒州鹿泉縣南三十五里，六國時舊邑。」

【七】正義括地志云：「封龍山一名飛龍山，在恒州鹿泉縣南四十五里。邑因山爲名。」

【八】索隱按：謂武靈王之前后，太子章之母，惠文王之嫡母也。惠后卒後，吳娃始當正室，至孝成二年稱「惠文后卒」是也。而下文又云孟姚卒後，何寵衰，欲并立，亦誤也。

二十七年五月戊申，大朝於東宮，傳國，立王子何以爲王。王廟見禮畢，出臨朝。大夫悉爲臣，肥義爲相國，并傅王。是爲惠文王。惠文王，惠后吳娃子也。武靈王自號爲主父。

主父欲令子主治國，而身胡服將士大夫西北略胡地，而欲從雲中、九原直南襲秦，於是詐自爲使者入秦。秦昭王不知，已而怪其狀甚偉，非人臣之度，使人逐之，而主父馳已脱關矣。審問之，乃主父也。秦人大驚。主父所以入秦者，欲自略地形，因觀秦王之爲人也。

惠文王【一】二年，主父行新地，遂出代，西遇樓煩王於西河而致其兵。

【一】集解徐廣曰：「元年，以公子勝爲相，封平原。」

三年，滅中山，遷其王於膚施。【一】起靈壽，【二】北地方從，代道大通。還歸，行賞，大赦，置酒酺五日，封長子章爲代安陽君。【三】章素侈，心不服其弟所立。主父又使田不禮相章也。

【一】集解徐廣曰：「在上郡。」正義今延州膚施縣也。

【二】集解徐廣曰：「在常山。」

【三】正義括地志云：「東安陽故城在朔州定襄縣界。地志云東安陽縣屬代郡〔四六〕。」

李兑謂肥義曰：「公子章彊壯而志驕，黨衆而欲大，殆有私乎？田不禮之爲人也，忍殺而驕。二人相得，必有謀陰賊起，一出身徼幸。夫小人有欲，輕慮淺謀，徒見其利而不顧其害，同類相推，俱入禍門。以吾觀之，必不久矣。子任重而勢大，亂之所始，禍之所集也，子必先患。仁者愛萬物而智者備禍於未形，不仁不智，何以爲國？子奚不稱疾毋出，傳政於公子成？ 毋爲怨府，毋爲禍梯。」肥義曰：「不可。 昔者主父以王屬義也，曰：『毋變而度，毋異而慮，堅守一心，以歿而世。』義再拜受命而籍之。〔一〕今畏不禮之難而忘吾籍，變孰大焉。 進受嚴命，退而不全，負孰甚焉。 變負之臣，不容於刑。 諺曰『死者復生，生者不愧』。〔二〕吾言已在前矣，吾欲全吾言，安得全吾身！ 且夫貞臣也難至而節見，忠臣也累至而行明。 子則有賜而忠我矣，雖然，吾有語在前者也，終不敢失。」李兑曰：「諾，子勉之矣！ 吾見子已今年耳。」涕泣而出。 李兑數見公子成，以備田不禮之事。

〔一〕索隱 籍，録也。 謂當時即記録，書之於籍。

〔二〕正義 肥義報李兑云：必盡傳何爲王〔四七〕，不可懼章及田不禮而生異心。 使死者復更變生，并見在生者並見傳王無變〔四八〕，令我不愧之，若苟息也。

異日肥義謂信期〔一〕曰：「公子與田不禮甚可憂也。 其於義也聲善而實惡，此爲人也不子不臣。 吾聞之也，姦臣在朝，國之殘也；讒臣在中，主之蠹也。 此人貪而欲大，内得主而外爲暴。 矯令爲慢，以擅一旦之命，不難爲也，禍且逮國。 今吾憂之，夜而忘寐，飢而忘食。 盜賊出入，不可不備。 自今以來，若有召王者必見吾面，我將先以身當之，無故而王乃入。」信期曰：「善哉，吾得聞此也！」

〔一〕索隱 即下文高信也。 正義 上音申也。

四年，朝羣臣，安陽君亦來朝。主父令王聽朝，而自從旁觀窺羣臣宗室之禮。見其長子章傫然也，反北面爲臣，詘於其弟，心憐之，於是乃欲分趙而王章於代，計未決而輟。

主父及王游沙丘，異宮，【一】公子章即以其徒與田不禮作亂，詐以主父令召王。肥義先入，殺之。高信即與王戰。公子成與李兌自國至，乃起四邑之兵入距難，殺公子章及田不禮，滅其黨賊而定王室。公子成爲相，號安平君，李兌爲司寇。公子章之敗，往走主父，主父開之，【二】成、兌因圍主父宮。公子章死，公子成、李兌謀曰：「以章故圍主父，即解兵，吾屬夷矣。」乃遂圍主父。令宮中人「後出者夷」，宮中人悉出。主父欲出不得，又不得食，探爵鷇而食之，【三】三月餘而餓死沙丘宮。【四】主父定死，乃發喪赴諸侯。

【一】正義在邢州平鄉縣東北二十里也〔四九〕。

【二】索隱開謂開門而納之。俗本亦作「聞」字者，非也。譙周及孔衍皆作「閉之」，閉謂藏之也。　正義謂不責其反叛之罪，容其入宮藏也。

【三】集解綦毋邃曰：「鷇，爵子也。」　索隱按：曹大家云「鷇，雀子也。生受哺者謂之鷇」。

【四】集解應劭曰：「武靈王葬代郡靈丘縣。」　正義括地志云：「趙武靈王墓在蔚州靈丘縣東三十里。」應說是也。

是時王少，成、兑專政，畏誅，故圍主父。主父初以長子章爲太子，後得吴娃，愛之，爲不出者數歲，生子何，乃廢太子章而立何爲王。吴娃死，愛弛，憐故太子，欲兩王之，猶豫未決，故亂起，以至父子俱死，爲天下笑，豈不痛乎！【一】

【一】集解徐廣曰：「或無此十四字。」

五年〔五〇〕，與燕鄚、易。【一】八年，城南行唐。【二】九年，趙梁將，與齊合軍攻韓，至魯關下。【三】及十年，秦自置爲西帝。十一年，董叔與魏氏伐宋，得河陽於魏。秦取梗陽。【四】十二年，趙梁將攻齊。十三年，韓徐爲將，攻齊。公主死。【五】十四年，相國樂毅將趙、秦、韓、魏、燕攻齊，【六】取靈丘。【七】與秦會中陽。【八】十五年，燕昭王來見。趙與韓、魏、秦共擊齊，齊王敗走，燕獨深入，取臨菑。

【一】集解徐廣曰：「皆屬涿郡。鄚音莫。」

【二】集解徐廣曰：「在常山。」正義行，寒庚反。括地志云：「行唐縣屬冀州。」爲南行唐築城。

【三】正義劉伯莊云：「蓋在南陽魯陽關。」按：汝州魯山縣，古穀陽縣。

【四】集解杜預曰：「太原晉陽縣南梗陽城也。」索隱地理志云太原榆次有梗陽鄉。與杜預所據小別也。正義括地志云：「梗陽故城在并州清源縣南百二十步，分晉陽縣置，本漢榆次縣地，春秋晉大夫祁氏邑也。」

【五】索隱 蓋吳娃女，惠文王之姊〔五一〕。

【六】索隱 按年表及韓、魏等系家，五國攻齊在明年，然此下文十五年重擊齊，是此文爲得，蓋此年同伐齊耳。

【七】正義 蔚州縣也〔五二〕。

【八】正義 括地志云：「中陽故縣在汾州隰城縣南十里，漢中陽縣也。」

十六年，秦復與趙數擊齊，齊人患之。蘇厲爲齊遺趙王書曰：

臣聞古之賢君，其德行非布於海內也，教順非洽於民人也，祭祀時享非數常於鬼神也，甘露降，時雨至，年穀豐孰，民不疾疫，衆人善之，然而賢主圖之〔五三〕。

今足下之賢行功力，非數加於秦也；怨毒積怒，非素深於齊也。秦趙與國，以彊徵兵於韓，秦誠愛趙乎？其實憎齊乎？物之甚者，賢主察之。秦非愛趙而憎齊也，欲亡韓而吞二周，故以齊餤天下。恐事之不合，故出兵以劫魏、趙。恐天下畏己也，故出質以爲信。恐天下亟反也，故徵兵於韓以威之。聲以德與國，【一】實而伐空韓〔五四〕，臣以秦計爲必出於此。夫物固有勢異而患同者，楚久伐而中山亡，今齊久伐而韓必亡。破齊，王與六國分其利也。亡韓，秦獨擅之。收二周，西取祭器，秦獨私之。賦田計功，王之獲利孰與秦多？

【一】索隱與國，趙也。秦趙今爲與國，秦徵兵於韓，帥之共趙伐齊，以威聲和趙，是以德與國也。

說士之計曰：「韓亡三川，【一】魏亡晉國，【二】市朝未變而禍已及矣。」燕盡齊之北地，去沙丘、鉅鹿斂三百里，【三】韓之上黨去邯鄲百里，燕、秦謀王之河山，閒三百里而通矣。秦之上郡【四】近挺關，至於榆中者千五百里，秦以三郡攻王之上黨，【五】羊腸之西，【六】句注之南，【七】非王有已。踰句注，斬常山而守之，三百里而通於燕，代馬胡犬不東下，【八】昆山之玉不出，此三寶者亦非王有已。王久伐齊，從彊秦攻韓，其禍必至於此。願王孰慮之。

【一】正義河南之地，兩川之閒。

【二】正義河北之地，安邑、河內。

【三】正義沙丘，邢州也。鉅鹿，冀州也。齊北界，貝州也。斂，減也。言破齊滅韓之後，燕之南界，秦之東界，相去減三百里，趙國在中閒也。

【四】正義鄜、延等州也。

【五】正義秦上黨郡今澤、潞、儀、沁等四州之地，兼相州之半，韓總有之。至七國時，趙得儀、沁二州之地，韓猶有潞州及澤州之半，半屬趙、魏。沁州在羊腸坂之西，儀、并、代三州在句注山之南。秦以三郡攻趙之澤、潞，則句注之南趙無地。然秦始皇置上黨郡，此言之者，太史公卻引前書也。他皆倣此。

【六】正義太行山坂道名，南屬懷州，北屬澤州。

【七】正義句注山在代州西北也。

【八】正義言秦踰句注山，斬常山而守之，西北代馬胡犬不東入趙，沙州崑山之玉亦不出至趙矣。郭璞云：「胡地野犬似狐而小。」

且齊之所以伐者，以事王也；【一】天下屬行，【二】以謀王也。燕秦之約成而兵出有日矣。五國三分王之地，【三】齊倍五國之約而殉王之患，【四】西兵以禁彊秦，秦廢帝請服，【五】反高平、根柔於魏，【六】反巠分、【七】先俞於趙。【八】齊之事王，宜爲上佼，【九】而今乃抵辠，【一〇】臣恐天下後事王者之不敢自必也。願王孰計之也。

【一】正義以趙王爲事也，而秦必伐之也。

【二】正義上音燭，下胡郎反。言秦欲令齊稱帝，與約五國共滅趙，三分趙地。

【三】正義謂秦、齊、韓、魏、燕三分趙之地也。

【四】正義齊王以身從趙王之患也。

【五】正義言秦、齊相約，欲更重稱帝，故言「廢帝」也。

【六】集解徐廣曰：「紀年云魏哀王四年改陽曰河雍，向曰高平。根柔，一作『梍柔』，一作『平柔』。」正義返，還也。括地志云：「高平故城在懷州河陽縣西四十里〔五五〕。紀年云魏哀王改向曰高平也。」根柔，未詳。兩邑魏地也。

【七】集解徐廣曰：「一作『王公』。巠音胡鼎反。」正義巠音刑。「分」字誤，當作「山」字耳。括地志云：「句注山一名西陘山，在代州鴈門縣西北四十里〔五六〕。」

【八】集解徐廣曰：「爾雅曰『西俞，鴈門是』。」正義俞音戍。郭注云：「西隃即鴈門山也。」按：「西」「先」聲相近，蓋陘山、西隃二山之地並在代州鴈門縣，皆趙地也。

【九】索隱佼猶行也。

【一〇】正義謂共秦伐齊也。

今王毋與天下攻齊，天下必以王爲義。齊抱社稷而厚事王，天下必盡重王義。王以天下善秦，秦暴，王以天下禁之，是一世之名寵制於王也〔五七〕。

於是趙乃輟，謝秦不擊齊。

王與燕王遇。廉頗將，攻齊昔陽，【一】取之。【二】

【一】正義括地志云：「昔陽故城一名陽城，在并州樂平縣東。春秋釋地名云『昔陽，肥國所都也。樂平沾縣東有昔陽城〔五八〕。肥國，白狄別種也。樂平縣城，漢沾縣城也』。」

【二】集解杜預曰：「樂平沾縣有昔陽城。」

十七年，樂毅將趙師攻魏伯陽。【一】而秦怨趙不與己擊齊，伐趙，拔我兩城。十八年，秦拔我石城。【二】王再之衞東陽，決河水，【三】伐魏氏。大潦，漳水出。魏冄來相趙。十九年，秦敗我二城〔五九〕。趙與魏伯陽。趙奢將，攻齊麥丘，取之。

【一】正義括地志云：「伯陽故城一名邯會城，在相州鄴縣西五十五里，七國時魏邑，漢邯會城。」

【二】集解地理志云右北平有石城縣。正義括地志云：「石城在相州林慮縣西南九十里。」疑相州石城是。

【三】正義括地志云：「東陽故城在貝州歷亭縣界。」按：東陽先屬衞，今屬趙。河歷貝州南，東北流，過河南岸即魏地也。故言「王再之衞東陽伐魏氏」也。

二十年，廉頗將，攻齊。王與秦昭王遇西河外。【一】

【一】集解徐廣曰：「年表云『與秦會澠池』。」

二十一年，趙徙漳水武平西。【一】二十二年，大疫。置公子丹爲太子。

【一】正義括地志云：「武平亭今名渭城，在瀛州文安縣北七十二里。」按：二十七年又徙漳水武平南。

二十三年，樓昌將，攻魏幾，〔一〕不能取。十二月，廉頗將，攻幾，取之。二十四年，廉頗將，攻魏房子，〔二〕拔之，因城而還。又攻安陽，取之。二十五年，燕周〔三〕將，攻昌城、〔四〕高唐，取之。與魏共擊秦。秦將白起破我華陽，〔五〕得一將軍。二十六年，取東胡歐代地。〔六〕

〔一〕正義音祈。傳云伐齊幾，拔之〔六〇〕。又戰國策云秦敗閼與，及攻魏幾〔六一〕。按：幾邑或屬齊，或屬魏，當在相潞之間也〔六二〕。

〔二〕集解徐廣曰：「屬常山。」

〔三〕索隱趙人，爲趙將。

〔四〕集解徐廣曰：「屬齊郡。」正義括地志云：「故昌城在淄州淄川縣東北四十里也。」

〔五〕正義括地志云：「故華陽城在鄭州管城縣南四十里。」司馬彪云華陽亭在今洛州密縣。是時魏、韓、趙聚兵於華陽，西攻秦。

〔六〕正義今營州也。索隱東胡叛趙，驅略代地人衆以叛，故取之也。

二十七年，徙漳水武平南。封趙豹爲平陽君。〔一〕河水出，大潦。

〔一〕集解戰國策曰：趙豹，平陽君，惠文王母弟。

二十八年，藺相如伐齊，至平邑。〔一〕罷城北九門大城。〔二〕燕將成安君公孫操弒其

王〔六三〕。【三】二十九年，秦、韓相攻，而圍閼與。【四】趙使趙奢將，擊秦，大破秦軍閼與下，賜號爲馬服君。【五】

【一】正義括地志云：「平邑故城在魏州昌樂縣東北四十里也〔六四〕。」

【二】正義恒州九門縣城。

【三】集解徐廣曰：「年表云是燕武成王元年。」索隱按：樂資云其王即惠王。

【四】正義上於連反，下音預。括地志云：「閼與，聚落，今名烏蘇城，在潞州銅鞮縣西北二十里。又儀州和順縣城〔六五〕，亦云韓閼與邑。二所未詳。又有閼與山在洺州武安縣西五十里〔六六〕，蓋是也。」

【五】正義因馬服山爲號也，虞喜志林云「馬，兵之首也。號曰馬服者，言能服馬也」。括地志云：「馬服山，邯鄲縣西北十里也。」

三十三年，惠文王卒，太子丹立，是爲孝成王。

孝成王元年，【一】秦伐我，拔三城。趙王新立，太后用事，秦急攻之。趙氏求救於齊，齊曰：「必以長安君【二】爲質，兵乃出。」太后不肯，大臣彊諫。太后明謂左右曰：「復言長安君爲質者，老婦必唾其面。」左師觸龍言願見太后，太后盛氣而胥之。入，【三】徐趨而坐，自謝曰〔六七〕：「老臣病足，曾不能疾走，不得見久矣。竊自恕，而恐太后體之有所苦也，故願望見太后。」太后曰：「老婦恃輦而行耳。」〔四〕曰：「食得毋衰乎？」曰：「恃粥耳。」曰：「老臣閒者殊不欲食，乃彊步，日三四里，少益嗜食，和於身也。」太后曰：「老婦不能。」太后不和之色少解。左師公曰：「老臣賤息舒祺最少，不肖，而臣衰，竊憐愛之，願得補黑衣之缺以衞王宮，昧死以聞。」太后曰：「敬諾。年幾何矣？」對曰：「十五歲矣。雖少，願及未填溝壑而託之。」太后曰：「丈夫亦愛憐少子乎？」對曰：「甚於婦人。」太后笑曰：「婦人異甚。」對曰：「老臣竊以爲媪之愛燕后賢於長安君。」太后曰：「君過矣，不若長安君之甚。」左師公曰：「父母愛子，則爲之計深遠。媪之送燕后也，持其踵，爲之泣，念其遠也，亦哀之矣。已行，非不思也，祭祀則祝之曰『必勿使反』，豈非計長久，爲子孫相繼爲王也哉？」太后曰：「然。」左師公曰：「今三世以前，至於趙主之子孫爲侯者〔六八〕，其繼有在者乎？」曰：「無有。」曰：「微獨趙，諸侯有在者乎？」曰：「老婦不聞也。」曰：「此其近者禍及其身，遠者及其子孫。豈人主之子侯則不善哉？位尊而無功，奉厚而無勞，而挾重器多也。今媪尊長安君之位，而封之以膏腴之地，多與之重器，而不及今令有功於國，一旦山陵崩，長安君何以自託於趙？老臣以媪爲長安君之計短也，故以爲愛之不若燕后。」太后曰：「諾，恣君之所使之。」於是爲長安君約車百乘，質於齊，齊兵乃出。

【一】集解徐廣曰：「平原君相也。」

【二】索隱孔衍云：「惠文后之少子也。趙亦有長安，今其地闕。」正義長安君者，以長安善，故名也。

【三】集解胥猶須也。穀梁傳曰：「胥其出也。」

【四】索隱按：束晳云「趙惠文王子何者，吴廣之甥，娃嬴之子也」。如系家計之，則武靈王十六年夢吴娃而納之，至二十七年王薨，及惠文王三十三年卒，孝成王元年遣長安君質於齊，若娃年二十入王宫，至此亦年六十左側，亦可稱老。而束廣微言太后纔三十有奇者，誤也。

子義聞之，【一】曰：「人主之子，骨肉之親也，猶不能持無功之尊，無勞之奉，而守金玉之重也，而況於予乎？」

【一】索隱子義，趙之賢人。

齊安平君【一】田單將趙師而攻燕中陽，【二】拔之。又攻韓注人，【三】拔之。二年，惠文后卒。田單爲相。

【一】正義括地志云：「安平城在青州臨淄縣東十九里，古紀之酅邑也。」

【二】集解徐廣曰：「一作『人』。」正義燕無中陽。括地志云：「中山故城一名中人亭，在定州唐縣東北四十一里，爾時屬燕國也。」

【三】正義邑名也。括地志云「注城在汝州梁縣西十五里」，蓋是其地也。

四年，王夢衣偏裻之衣，【一】乘飛龍上天，不至而墜，見金玉之積如山。明日，王召筮史敢占之，曰：「夢衣偏裻之衣者，殘也。乘飛龍上天不至而墜者，有氣而無實也。見金玉之積如山者，憂也。」

【一】正義杜預云：「偏，左右異色。」裻在中，左右異，故曰偏。按：裻，衣背縫也。

後三日，韓氏上黨守馮亭使者至，曰：「韓不能守上黨，入之於秦。其吏民皆安爲趙，不欲爲秦。有城市邑十七，願再拜入之趙，財王所以賜吏民。」王大喜，召平陽君豹告之曰：「馮亭入城市邑十七，受之何如？」對曰：「聖人甚禍無故之利。」王曰：「人懷吾德，何謂無故乎？」對曰：「夫秦蠶食韓氏地，中絕不令相通，固自以爲坐而受上黨之地也。韓氏所以不入於秦者，欲嫁其禍於趙也。秦服其勞而趙受其利，雖彊大不能得之於小弱，小弱顧能得之於彊大乎？豈可謂非無故之利哉！且夫秦以牛田，之【一】水通糧，【二】蠶食，上乘倍戰者，【三】裂上國之地，【四】其政行，不可與爲難，必勿受也。」王曰：「今發百萬之軍而攻，踰年歷歲未得一城也。今以城市邑十七幣吾國，【五】此大利也。」

【一】集解徐廣曰：「一無此字。」正義秦蠶食韓氏，國中斷不通。夫牛耕田種穀，至秋則收之，成熟之義也。言秦伐韓上黨，勝有日矣，若牛田之必冀收穫矣。

【二】正義秦從渭水漕糧東入河、洛，軍擊韓上黨也。

【三】正義乘，承證反。蠶食桑葉，漸進必盡也。司馬法云：「百畝爲夫，夫三爲屋，屋三爲井，井十爲通，通十爲成。成出革車一乘，七十二人也。」上乘，天下第一也。倍戰，力攻也。韓國四戰之地，軍士慣習，倍於餘國。

【四】正義上國，秦地也。言韓上黨之地以列爲秦國之地，其政已行，趙不可與秦作難，必莫受馮亭十七邑也。

【五】正義馮亭將十七邑入趙，若幣帛之見遺，此大利也。

趙豹出，王召平原君與趙禹而告之。對曰：「發百萬之軍而攻，踰歲未得一城，今坐受城市邑十七，此大利，不可失也。」王曰：「善。」乃令趙勝受地，告馮亭曰：「敝國使者臣勝，敝國君使勝致命，以萬户都三封太守，【一】千户都三封縣令，皆世世爲侯，吏民皆益爵三級，吏民能相安，皆賜之六金。」馮亭垂涕不見使者，曰：「吾不處三不義也：爲主守地，不能死固，不義一矣；入之秦，不聽主令，不義二矣；賣主地而食之，不義三矣。」趙遂發兵取上黨。【二】廉頗將軍軍長平。【三】

【一】正義爾時未合言太守，至漢景帝始加太守，此言「太」，衍字也。

【二】集解漢書馮奉世傳曰：「趙封馮亭〔六九〕爲華陵君〔七〇〕，與趙將括距秦，戰死於長平，宗族由是分散，或在趙。在趙者，爲官師將〔七一〕，官師將子爲代相。及秦滅六國，而馮亭之後馮無擇、馮去疾、馮劫皆爲秦將相焉。漢興，馮唐即代相之子也。」上黨記云：「馮亭冢在壺關城西五里。」

【三】正義括地志云：「長平故城在澤州高平縣西二十一里，即白起敗括於長平處。」

七年〔七二〕，廉頗免而趙括代將。秦人圍趙括，趙括以軍降，卒四十餘萬皆阬之。王悔不聽趙豹之計，故有長平之禍焉。

王還，不聽秦，秦圍邯鄲。【一】武垣令【二】傅豹、王容、蘇射率燕衆反燕地。【三】趙以靈丘【四】封楚相春申君。

【一】集解徐廣曰：「在九年。」

【二】集解徐廣曰：「河閒有武垣縣，本屬涿郡。」正義括地志云：「武垣故城今瀛州城是也。」

【三】正義武垣此時屬趙，與燕接境，故云率燕衆反燕地也。

【四】正義括地志云：「靈丘，蔚州理縣也。」

八年，平原君如楚請救。還，楚來救，及魏公子無忌亦來救，【一】秦圍邯鄲乃解。

【一】正義魏公子傳云「趙王以鄗爲公子湯沐邑」。年表云九年，「公子無忌救邯鄲」。圍在九年，其文錯誤。

十年，燕攻昌壯，【一】五月拔之。趙將樂乘、慶舍攻秦信梁軍，破之。【二】太子死。【三】而秦攻西周，拔之。徒父祺【四】出。【五】十一年，城元氏，【六】縣上原。武陽君鄭安平死，【七】收其地。十二年，邯鄲廥燒。【八】十四年，平原君趙勝死。【九】

【一】集解徐廣曰：「一作『社』。」正義「壯」字誤，當作「城」。括地志云：「昌城故城在冀州信都縣西北五里。」此時屬趙，故攻之也。

【二】集解徐廣曰：「年表云新中軍也〔七三〕。」索隱信梁，秦將也。正義信梁蓋王齕號也。秦本紀云「昭襄王五十年王齕從唐拔寧新中，寧新中更名安陽」，今相州理縣也。年表云「韓、魏、楚救趙新中軍〔七四〕，秦兵罷」是也。

【三】集解徐廣曰：「是年周赧王卒，或者『太子』云『天子』乎？」索隱趙之太子也，史失名。

【四】索隱趙大夫，名祺。

【五】正義趙見秦拔西周，故令徒父祺將兵出境也。

【六】集解地理志常山有元氏縣。正義元氏，趙州縣也。

【七】集解徐廣曰：「故秦將降趙也。」

【八】集解徐廣曰：「廥，廏之名〔七五〕，音膾也。」索隱廥積芻稾之處，爲火所燒也。

【九】索隱按年表在十五年也。

十五年，以尉文封相國廉頗爲信平君。【一】燕王令丞相栗腹約驩，以五百金爲趙王酒，還歸，報燕王曰：「趙氏壯者皆死長平，其孤未壯，可伐也。」王召昌國君樂閒而問之。對曰：「趙，四戰之國也，其民習兵，伐之不可。」王曰：「吾以衆伐寡，二而伐一，可乎？」對曰：「不可。」王曰：「吾即以五而伐一，可乎？」對曰：「不可。」燕王大怒。羣臣皆以爲可。燕卒起二軍，車二千乘，栗腹將而攻鄗，卿秦將而攻代。【二】廉頗爲趙將，破殺栗腹，虜卿秦、樂閒。【三】

【一】索隱尉文蓋地名。或曰，尉，官；文，名。謂以尉文所食之地以封廉頗也。古文質略，文省耳。正義尉文蓋蔚州地也。信平，廉頗號也，言篤信而平和也。

【二】索隱二人皆燕將姓名。

【三】正義三人皆燕將姓也〔七六〕。

十六年，廉頗圍燕。以樂乘爲武襄君。【一】十七年，假相大將武襄君攻燕，圍其國。十八年，延陵鈞【二】率師從相國信平君助魏攻燕。秦拔我榆次三十七城。【三】十九年，趙與燕易土：【四】以龍兑、【五】汾門、【六】臨樂【七】與燕；燕以葛、武陽、【八】平舒【九】與趙。

【一】正義襄，舉也，上也。言樂乘功最高也。

【二】集解徐廣曰：「代郡有延陵縣。」

【三】集解徐廣曰：「在太原。」

【四】索隱音亦。謂與燕換易縣也。

【五】正義括地志云：「北新城故城在易州遂城縣西南二十里。按：遂城縣西南二十五里有龍山，邢子勵趙記云『龍山有四麓，各有一穴，大如車輪，春風出東，秋風出西，夏風出南，冬風出北，不相奪倫』。按蓋謂龍兑也。」

【六】集解徐廣曰：「在北新城。」正義括地志云：「易州永樂縣有徐水，出廣昌嶺，三源奇發，同瀉一澗，流至北平縣東南，歷石門中，俗謂之龍門，水經其間，奔激南出，觸石成井。」蓋「汾」字誤也，遂城及永樂，北新城縣地也〔七七〕。

【七】集解徐廣曰：「方城有臨鄉。」正義括地志云：「臨鄉故城在幽州固安南十七里也。」

【八】集解徐廣曰：「葛城在高陽。」正義括地志云：「故葛城又名西河城〔七八〕，在瀛州高陽縣西北五十里。」

【九】集解徐廣曰：「平舒在代郡。」正義括地志云：「平舒故城在蔚州靈丘縣北九十三里也。」

二十年，秦王政初立。秦拔我晉陽。

二十一年，孝成王卒。廉頗將，攻繁陽，【一】取之。使樂乘代之，廉頗攻樂乘，樂乘走，廉頗亡入魏。子偃立，是爲悼襄王〔七九〕。

【一】集解徐廣曰：「在頓丘。」正義括地志云：「繁陽故城在相州内黄縣東北二十七里。應劭云『繁水之北，故曰繁陽也』。」

悼襄王元年，大備【一】魏。欲通平邑、中牟之道，不成。【二】

【一】集解徐廣曰：「一作『脩』。」正義謂行大備之禮也。

【二】正義平邑在魏州昌樂縣東北三十里。相州湯陰縣西五十八里有牟山。按：中牟山之側〔八〇〕，時二邑皆屬魏，欲渡黄河作道相通，遂不成也。

二年，李牧將，攻燕，拔武遂、方城。【一】秦召春平君，因而留之。泄鈞【二】爲之謂文信侯曰：「春平君者，趙王甚愛之而郎中妒之，故相與謀曰『春平君入秦，秦必留之』，故相與謀而内之秦也。今君留之，是絶趙而郎中之計中也。君不如遣春平君而留平都。【三】春平君者言行信於王，王必厚割趙而贖平都。」文信侯曰：「善。」因遣之。【四】城韓皋。

【一】集解徐廣曰：「武遂屬安平。」正義括地志云：「易州遂城，戰國時武遂城也。方城故在幽州固安縣南十七里〔八一〕。」時二邑屬燕，趙使李牧拔之也。

【二】正義人姓名也。

【三】正義輿地理志云〔八二〕：「平都縣在今新興郡，與陽周縣相近也。」

【四】集解徐廣曰：「年表云『太子從質秦歸』。」正義按：太子即春平君也。

三年，龐煖將，攻燕，禽其將劇辛。四年，龐煖將趙、楚、魏、燕之鋭師，攻秦蕞，【一】不拔；移攻齊，取饒安。【二】五年，傅抵【三】將，居平邑；慶舍將東陽【四】河外師，守河梁。【五】六年，封長安君以饒。【六】魏與趙鄴。

【一】集解徐廣曰：「在新豐。」

【二】集解徐廣曰：「在渤海。又云饒屬北海，安屬平原。」正義饒安，滄州縣也，七國時屬齊，戰國時屬趙。

【三】正義上音付，下音邸。趙將姓名。

【四】正義屬貝州，在河北岸也。

【五】正義河外，河南岸魏州地也。河梁，橋也。

【六】正義即饒陽也。瀛州饒陽縣東二十里饒陽故城，漢縣也，明長安君是號也。

九年，趙攻燕，取貍、陽城。【一】兵未罷，秦攻鄴，拔之。【二】悼襄王卒，子幽繆王遷立。

【一】正義按：燕無貍陽，疑「貍」字誤，當作「漁陽」，故城在檀州密雲縣南十八里，燕漁陽郡城也。

按趙東界至瀛州，則檀州在北，趙攻燕取漁陽城也。

【二】集解徐廣曰：「今饒陽在河閒。又年表曰拔闕與、鄚九城。」

幽繆王遷元年，【一】城柏人。二年，秦攻武城，【二】扈輒率師救之，軍敗，死焉。

【一】集解徐廣曰：「又云『湣王』。世本云孝成王丹生悼襄王偃，偃生今王遷。年表及史考趙遷皆無謚。」索隱徐廣云王遷無謚，今惟此獨稱幽繆王者，蓋秦滅趙之後，人臣竊追謚之，太史公或別有所見而記之也。

【二】集解徐廣曰：「年表云『秦拔我平陽』。」

三年，秦攻赤麗、宜安，【一】李牧率師與戰肥下，【二】卻之。封牧爲武安君。四年，秦攻番吾，【三】李牧與之戰，卻之。

【一】正義括地志云：「宜安故城在恒州槀城縣西南二十里也。」

【二】正義括地志云：「肥纍故城在恒州槀城縣西七里，春秋時肥子國，白狄別種也。」

【三】正義上音婆，又音盤，又作「蒲」。括地志云：「蒲吾城在恒州房山縣東二十里也。」

五年，代地大動，自樂徐以西，【一】北至平陰，【二】臺屋牆垣太半壞，地坼東西百三十步。【三】六年，大饑，民譌言曰：「趙爲號，秦爲笑。以爲不信，視地之生毛。」

【一】集解徐廣曰：「徐，一作『除』。」

【二】正義欒徐在晉州，平陰在汾也。

【三】正義其圻溝見在，亦在晉、汾二州之界也。

七年，秦人攻趙，趙大將李牧、將軍司馬尚將，擊之。李牧誅，司馬尚免，趙怱及齊將顏聚代之。趙怱軍破，顏聚亡去。以王遷降。【一】

【一】集解淮南子云：「趙王遷流於房陵，思故鄉，作爲山水之謳〔八三〕，聞之者莫不流涕。」正義括地志云：「趙王遷墓在房州房陵縣西九里也。」

八年十月，邯鄲爲秦。

太史公曰：吾聞馮王孫曰：「趙王遷，其母倡也，【一】嬖於悼襄王。悼襄王廢適子嘉而立遷。遷素無行，信讒，故誅其良將李牧，用郭開。」豈不繆哉！秦既虜遷，趙之亡大夫共立嘉爲王，王代六歲，秦進兵破嘉，遂滅趙以爲郡。

【一】集解徐廣曰：「列女傳曰邯鄲之倡。」

【索隱述贊】趙氏之系，與秦同祖。周穆平徐，乃封造父。帶始事晉，夙初有土。岸賈矯誅，韓厥立武。寶符臨代，卒居伯魯。簡夢翟犬，靈歌處女。胡服雖强，建立非所。頗、牧不用，王遷囚虜。

校勘記

〔一〕有何見乎　「見」，耿本、黄本、彭本、柯本、凌本、殿本作「據」。

〔二〕生偃王故宫人聞之　疑文有脱誤。按：本書卷五秦本紀「徐偃王作亂」正義引博物志作「生而時正偃故以爲名宫人聞之」，後漢書卷八五東夷傳「命徐偃王主之」李賢注引博物志作「生而偃故以爲名宫人聞之」。

〔三〕五世而至趙夙　「至」，原作「生」。王念孫雜志史記第三：「『生』，當爲『至』，言自叔帶以至趙夙凡五世也。上文云『自造父已下，六世至奄父』，即其證。『至』與『生』草書相似，又涉上文『奄父生叔帶』而誤。太平御覽封建部三引此正作『至』。」今據改。

〔四〕晉亡之後　「亡」字原無，據黄本、彭本、柯本、凌本、殿本補。按：本書卷一〇五扁鵲倉公列傳正義亦有「亡」字。

〔五〕十月　梁玉繩志疑卷二三：「左定十三年是七月，此譌十月。」

〔六〕荀櫟言於晉侯曰　「荀櫟」，景祐本、紹興本、耿本、黄本、彭本、柯本、凌本、殿本作「荀躒」。按：左傳定公十三年亦作「荀躒」。

〔七〕荀櫟　景祐本、紹興本、耿本、黄本、彭本、柯本、凌本、殿本作「荀躒」。

〔八〕諸大夫朝　王念孫雜志史記第三：「文選辯亡論注引此『朝』上有『在』字，於義爲長。」

〔九〕從君之過而　疑文有脱誤。按：韓詩外傳卷七作「從君之後司君之過而書之」。

〔一〇〕在頓丘衞縣西　「衞」字原無。按：春秋經文公元年杜預注「戚，衞邑，在頓丘衞縣西」。今據補。漢書卷二七中之上五行志中之上「又會晉侯于戚」顔師古注：「戚，衞邑，在頓丘衞縣西。」

〔一一〕年表及趙世家云　張文虎札記卷四：「『云』字疑衍。」

〔一二〕三十五年　疑當作「四十五年」。按：本書卷一五六國年表趙簡子在位六十年，其四十五年，越滅吴，故索隱曰「在襄子元年前十五年」也。

〔一三〕問吴王　「王」，原作「下」，據黄本、彭本、柯本、殿本改。

〔一四〕文脱誤在此耳　「脱」，原作「説」，據殿本改。

〔一五〕亦名爲鳴雞山　「鳴雞」二字原無。水經注卷一三濛水引魏土地記作「鳴雞山」。魏書卷一三皇后紀：「（高宗乳母常氏）葬於廣寧磨笄山，俗謂之鳴雞山。」今據補。

〔一六〕鄘栢絜　「鄘」，原作「則」。今本穆天子傳卷一作「鄘」，今據改。又，「絜」，宋羅泌路史卷二九國名紀引姓纂作「絫」。

〔一七〕考王弟而定王子　「考王」，原作「孝王」，據殿本改。按：本書卷四周本紀定王有子曰考王，又曰「考王封其弟于河南，是爲桓公」。卷一五六國年表亦作「考王」。漢書卷二〇古今人表：「西周桓公，考王弟。」

〔一八〕内史　此上原有「少府」二字，據漢書卷一九上百官公卿表上刪。

〔一九〕九年伐齊齊伐燕趙救燕　張文虎札記卷四：「六國表趙敬侯七年，齊伐燕，取桑丘。魏、韓、趙伐齊，至桑丘。九年，魏、韓、趙伐齊，至靈丘。田完世家正義前引魏、趙世家，後引韓、魏、趙世家文並合，今趙世家獨無此文，而又合救燕於敬侯九年，蓋有脱誤。」

〔二〇〕涿澤　原作「潒澤」，據彭本、柯本、凌本、殿本改。參見下條。

〔二一〕涿音濁　「涿」，原作「潒」，據黄本、彭本、柯本、凌本、殿本改。蔣禮鴻史記校詁：「潒，廣韻去聲二十九換韻通貫切，集韻去聲二十九換韻吐玩切，與正義音濁不合。」按：本書卷一五六國年表趙表云「敗魏涿澤」，卷四四魏世家云「戰于濁澤」。

〔二二〕長杜有濁澤　「長杜」，疑當作「長社」。下同。按：本書卷四四魏世家集解引徐廣曰：「長社有濁澤。」卷四五韓世家集解引徐廣同。

〔二三〕瑯邪入海　本書卷四〇楚世家「還蓋長城以爲防」正義引太山郡記、卷六九蘇秦列傳「長城鉅防」正義引太山記作「至琅邪臺入海」。

〔二四〕澮水縣在絳州　「縣」字疑衍。按：通鑑卷二周紀二顯王七年胡三省注引括地志無此字。本書卷四四魏世家正義引括地志：「澮高山又云澮山，在絳州翼城縣東北二十五里，澮水出此山也。」

〔二五〕平陸城即古厥國　「城」下原有「與」字，據殿本、會注本刪。按：通鑑卷一周紀一安王十二年胡三省注引史記正義無此字。漢書卷二八下地理志下東平國東平陸顏師古注引應劭曰：「古厥國，今有厥亭是。」

〔二六〕以徐滱二水並過其西　「滱」，原作「兗」。張文虎札記卷四：「考證云案水經注『兗』當作『滱』。」按：水經注卷一一滱水：「滱水又東北逕依城北，世謂之依城河。即古葛城也。」今據改。

〔二七〕曹州乘氏縣　「乘氏縣」，原作「乘縣」，據殿本改。按：本書卷四六田敬仲完世家「大敗之桂陵」正義：「在曹州乘氏縣東北二十一里。」通鑑卷二周紀二顯王十六年胡三省注引正義同。

〔二八〕此條集解原無，據黃本、彭本、柯本、凌本、殿本補。

〔二九〕亦曰陸　「陸」，疑當作「大陸」。按：後漢書志第二十三郡國志五太原郡「大陵有鐵」劉昭注：「史記曰：趙肅侯游大陸，出於鹿門。即大陵。」

〔三〇〕在漳水之北　「漳水」，原作「潭水」。張文虎札記卷四：「考證云趙南界無『潭』，疑『漳』之誤。」按：上文「治中牟」集解：「趙界自漳水以北，不及此。」今據改。

〔三一〕泰山之桑丘縣　「之」，原作「有」。張文虎札記卷四：「『有』疑『之』字誤。」今據改。

〔三二〕蔓似豋豆　詩陳風防有鵲巢孔穎達疏引毛詩疏作「蔓生莖如勞豆」。

〔三三〕其華細緑色　疑文有譌誤。按：詩陳風防有鵲巢孔穎達疏引毛詩疏作「其莖葉緑色」。

〔三四〕大陽山西上虞城　「山」上疑脱「吴」字，黄本、彭本、殿本「西」下有「有」字。按：漢書卷二八上地理志上河東郡：「大陽，吴山在西，上有吴城。」後漢書志第十九郡國志一河東郡：「大陽，有吴山，上有虞城。」

〔三五〕屬阻漳滏之險　「漳」，原作「障」，據景祐本、紹興本、殿本改。按：本書卷四四魏世家：「道河内，倍鄴、朝歌，絶漳、滏水，與趙兵決於邯鄲之郊。」戰國策趙策三：「今趙，萬乘之强國也，前漳滏，右常山，左河間，北有代，帶甲百萬。」

〔三六〕又得渤海郡東平舒等七縣　漢書卷二八下地理志下云「又得渤海郡之東平舒、中邑、文安、束州、成平、章武」，凡六縣。

〔三七〕寵有孝弟長幼順明之節　「寵」，戰國策趙策二作「窮」。梁玉繩志疑卷二三：「疑此『寵』字誤。」

〔三八〕序往古之勳　王念孫雜志史記第三：「張所見本作『厚往古之勳』。故訓厚爲重。今案『厚』與『序』，文義皆有未安。當依趙策作『享往古之勳』。」

〔三九〕兄弟之通義也　「兄弟」，戰國策趙策二作「先王」。

〔四〇〕青丹　禮記王制「雕題交趾」鄭玄注作「丹青」。

〔四一〕秫者綦鉥也　「秫」，景祐本、紹興本、黄本、殿本作「鉥」，是。按：説文金部：「鉥，綦鍼也。」

〔四二〕先王不同俗　「先王」，戰國策趙策二作「古今」。

〔四三〕禮也不必一道而便國不必古　王念孫雜志史記第三：「此當依趙策作『理世不必一道，而便國不必法古』。」

〔四四〕以書御者　戰國策趙策二「書」下有「爲」字。

〔四五〕陘音荆　「荆」，疑當作「刑」或「邢」。按：本書卷六秦始皇本紀「下井陘」集解：「音刑。」卷四五韓世家「秦拔我陘」正義：「陘音刑。」卷八九張耳陳餘列傳「數游趙苦陘」正義：「音邢。」

〔四六〕地志云東安陽縣屬代郡　「地志」，疑當作「地理志」。按：漢書卷二八下地理志下代郡有東安陽縣。通鑑卷四周紀四赧王二十年「號曰安陽君」胡三省注：「班志，代郡有東安陽縣。括地志東安陽故城，在朔州定襄縣界。」

〔四七〕必盡傳何爲王　張文虎札記卷四：「『盡』下疑脱『力』字。」

〔四八〕并見在生者並見傳王無變　張文虎札記卷四：「『並見』二字疑即『并見』之誤衍。」

〔四九〕在邢州平鄉縣東北二十里也　「也」，原作「矣」，據殿本改。

〔五〇〕五年　此上原有「主父死惠文王立立」八字。梁玉繩志疑卷二三：「疑『五年』上八字當衍。」

今據刪。

〔五一〕惠文王之姊　「姊」，耿本、黄本、彭本、柯本、凌本、殿本作「妹」。

〔五二〕蔚州縣也　「蔚州」，原作「蔚丘」。本書卷四六田敬仲完世家正義：「靈丘，河東蔚州縣。韓、魏、趙世家云『伐齊，至靈丘』，皆是蔚州。」卷四四魏世家、卷四五韓世家正義皆云「靈丘，蔚州縣也」。今據改。

〔五三〕然而賢主圖之　「圖」，戰國策趙策一作「惡」。

〔五四〕實而　殿本作「而實」，通志卷八七同周異姓世家二。按：戰國策趙策一亦作「而實」。

〔五五〕河陽縣西四十里　「西」，本書卷七九范雎蔡澤列傳「東伐韓少曲、高平」正義引括地志作「西北」。

〔五六〕在代州鴈門縣西北四十里　「四十里」，通鑑卷一一漢紀三高帝六年胡三省注引括地志作「三十里」，本書卷九九劉敬叔孫通列傳「是時漢兵已踰句注」正義同。

〔五七〕齊抱社稷而厚事王天下必盡重王義王以天下善秦秦暴王以天下禁之是一世之名寵制於王也　戰國縱横家書蘇秦獻書趙王章云「然則齊義，王以天下就之。齊逆，王以天下□之」。裘錫圭讀戰國縱横家書釋文注釋札記：「據帛書，趙世家『義』上當補『齊』字，『善秦』當作『善之』，『秦暴』當作『齊暴』。」

〔五八〕樂平沾縣東有昔陽城　「有」字原無，「樂平」下原有「城」字。杜預春秋釋例卷七：「昔陽，肥國都也，樂平沾縣東有昔陽城。」左傳昭公十二年杜預注同。今據改。

〔五九〕秦敗我二城　梁玉繩志疑卷二三：「『敗』當作『取』。」按：本書卷一五六國年表云「秦敗我軍，斬首三萬」。

〔六〇〕傳云伐齊幾拔之　「幾」字原重，今據殿本删其一。按：本書卷八一廉頗藺相如列傳：「廉頗復伐齊幾，拔之。」

〔六一〕及攻魏幾　「及」，戰國策趙策三作「反」。

〔六二〕當在相潞之閒也　「潞」，原作「路」，據黄本、彭本、柯本、殿本改。按：本書卷八一廉頗藺相如列傳「廉頗復伐齊幾」正義：「在相潞之閒。」

〔六三〕燕將成安君　「將」，索隱本作「相」，本書卷三四燕召公世家「惠王七年卒」索隱引趙世家同。

〔六四〕昌樂縣東北四十里　「四十里」，下文「欲通平邑、中牟之道」正義作「三十里」，本書卷八一廉頗藺相如列傳正義同。

〔六五〕和順　原作「順和」，據本書卷五秦本紀「攻趙閼與」正義改。按：元和志卷一三河東道二儀州：「和順縣，即韓之閼與邑也。」

〔六六〕武安縣西五十里　「西」，本書卷五秦本紀「攻趙閼與」、卷八一廉頗藺相如列傳「先據北山上者勝」正義皆作「西南」。

〔六七〕入徐趨而坐自謝　水澤利忠校補：「『坐』，南化、楓、三、梅『至』。」按：疑史記文有脱倒譌誤。戰國策趙策四作「入而徐趨至而自謝」，戰國縱橫家書觸龍見趙太后章作「入而徐趨至而自（謝）」。

〔六八〕至於趙主之子孫爲侯者　「至於」下戰國策趙策四、戰國縱橫家書觸龍見趙太后章有「趙之爲趙」四字。

〔六九〕趙封馮亭　「馮」字原無，據景祐本、紹興本、耿本、黄本、彭本、柯本、凌本、殿本補。按：漢書卷七九馮奉世傳有「馮」字。

〔七〇〕華陵君　疑當作「華陽君」。按：漢書卷七九馮奉世傳作「華陽君」。本書卷七三白起王翦列傳「因封馮亭爲華陽君」正義：「常山一名華陽。」

〔七一〕爲官師將　「官師將」，漢書卷七九馮奉世傳作「官帥將」。下同。

〔七二〕七年　殿本史記考證：「年表阬卒在六年。」梁玉繩志疑卷二三：「此（七年）乃『七月』之誤，白起傳可證。」按：以六國年表覈之，本書卷八一廉頗藺相如列傳、卷三四燕召公世家、卷四五韓世家、卷四六田敬仲完世家繫其事皆當趙孝成王七年。

〔七三〕年表云新中軍也　本書卷一五六國年表無「軍」字。

〔七四〕救趙新中軍　本書卷一五六國年表無「軍」字。

〔七五〕廥廄之名　「廥」，景祐本、紹興本、耿本、黄本、彭本、柯本、凌本作「庫」。按：通鑑卷一九漢紀十一武帝元狩三年「天子遣使者虚郡國倉廥以振貧民」胡三省注：「芻藁之藏也。一曰：

庫廄名。」

〔七六〕三人皆燕將姓也　張文虎札記卷四：「『姓』字疑衍。」按：「姓」下疑脱「名」字。上文「栗腹將而攻鄗，卿秦將而攻代」索隱：「二人皆燕將姓名。」文例同。

〔七七〕北新城縣地也　「北」，原作「安」，殿本作「北」，與集解合。今據改。按：後漢書志第二十三郡國志五：涿郡「新城有汾水門」。劉昭注：「史記曰：趙與燕汾門。」

〔七八〕故葛城又名西河城　「西河城」，疑當作「西阿城」。按：上文「與燕會阿」正義引括地志：「故葛城一名依城，又名西阿城，在瀛州高陽縣西北五十里。以徐、滱二水並過其西，又徂經其北。曲曰阿，以齊有東阿，故曰西阿城。」

〔七九〕二十一年孝成王卒廉頗將攻繁陽取之使樂乘代之廉頗攻樂乘樂乘走廉頗亡入魏子偃立是爲悼襄王　梁玉繩志疑卷二三：「據廉頗傳，『孝成王卒子偃立是爲悼襄王』十二字，當在『攻繁陽取之』下，此錯簡也。」

〔八〇〕中牟山之側　疑文有脱誤。按：上文「治中牟」正義云「相州蕩陰縣西五十八里，有牟山，蓋中牟邑在此山側也」，是其證。

〔八一〕方城故在幽州固安縣南十七里　通鑑卷六秦紀一始皇帝三年胡三省注引括地志「故」下有「城」字，疑是。

〔八二〕輿地理志　張文虎札記卷四：「當有誤。」按：殿本作「括地志」。

〔八三〕山水之謳　「山水」，景祐本、紹興本、耿本、黄本、彭本、殿本作「山木」，文選卷一六江淹恨賦「若乃趙王既虜，遷於房陵」李善注引淮南子及高誘注並同。淮南子泰族訓：「趙王遷流於房陵，作爲山水之嘔。」王念孫雜志淮南子第二〇以爲「山水」當作「山木」。

史記卷四十四

魏世家第十四

魏之先，畢公高之後也。畢公高與周同姓。〔一〕武王之伐紂，而高封於畢，〔二〕於是爲畢姓。其後絶封，爲庶人，或在中國，或在夷狄。其苗裔曰畢萬，事晉獻公。

〔一〕索隱 左傳富辰説文王之子十六國有畢、原、豐、郇，言畢公是文王之子。此云與周同姓，似不用左氏之説。馬融亦云畢、毛，文王庶子。

〔二〕集解 杜預曰：「畢在長安縣西北。」正義 括地志云：「畢原在雍州萬年縣西南二十八里。」

獻公之十六年，趙夙爲御，畢萬爲右，以伐霍、耿、魏，滅之。以耿封趙夙，以魏封畢萬，〔一〕爲大夫。卜偃曰：〔二〕「畢萬之後必大矣。萬，滿數也；魏，大名也。以是始賞，天開之矣。天子曰兆民，諸侯曰萬民。今命之大，以從滿數，其必有衆。」初，畢萬卜事晉，遇屯之比。辛廖占之，曰：「吉。屯固，比入，吉孰大焉，其必蕃昌。」

【一】正義魏城在陝州芮城縣北五里。鄭玄詩譜云：「魏，姬姓之國，武王伐紂而封焉。」

【三】索隱晉掌卜大夫郭偃也。

畢萬封十一年，晉獻公卒，四子爭更立，晉亂。而畢萬之世彌大，從其國名爲魏氏。生武子。【一】魏武子以魏諸子事晉公子重耳。晉獻公之二十一年，武子從重耳出亡。十九年反，重耳立，爲晉文公，而令魏武子襲魏氏之後封，列爲大夫，治於魏。生悼子。

【一】索隱左傳武子名犨。系本云「畢萬生芒季，芒季生武仲州」。「州」與「犨」聲相近，字異耳【一】，代亦不同。

魏悼子徙治霍。【一】生魏絳【二】。

【一】索隱系本云「武仲生莊子絳」，無悼子。又系本居篇曰「魏武子居魏，悼子徙霍」。宋忠曰「霍，今河東彘縣也」。則是有悼子，系本卿大夫代自脱耳。然魏，今河北魏縣是也。正義晉州霍邑縣，漢彘縣也，後漢改曰永安，隋改曰霍邑，本春秋時霍伯國也。

魏絳事晉悼公。悼公三年，會諸侯。悼公弟楊干亂行，魏絳僇辱楊干。【一】悼公怒曰：「合諸侯以爲榮，今辱吾弟！」將誅魏絳。或説悼公，悼公止。卒任魏絳政，使和戎、翟，戎、翟親附。悼公之十一年，曰：「自吾用魏絳，八年之中，九合諸侯，戎、翟和，子之力

也。」賜之樂，三讓，然後受之。徙治安邑。【二】魏絳卒，謚爲昭子。【三】生魏嬴。嬴生魏獻子。【四】

【一】索隱 左傳曰僇楊干之僕。

【二】正義 安邑在絳州夏縣，安邑故城是。

【三】集解 徐廣曰：「世本曰莊子。」索隱 謚昭子。系本云「莊子」，文錯也。居篇又曰「昭子徙安邑」，亦與此文同也〔三〕。

【四】索隱 系本云「獻子名荼。荼，莊子之子」。無魏嬴。

獻子事晉昭公。昭公卒而六卿彊，公室卑。

晉頃公之十二年，韓宣子老，魏獻子爲國政。晉宗室祁氏、羊舌氏相惡，六卿誅之，盡取其邑爲十縣，六卿各令其子爲之大夫。獻子與趙簡子、【一】中行文子、【二】范獻子【三】並爲晉卿。

【一】索隱 趙鞅。

【二】索隱 荀寅。

【三】索隱 范吉射。

其後十四歲而孔子相魯。後四歲，趙簡子以晉陽之亂也，而與韓、魏共攻范、中行氏。

魏獻子生魏侈。【一】魏侈與趙鞅共攻范、中行氏。

【一】索隱 侈，他本亦作「哆」，蓋「哆」字誤，而代數錯也。按系本「獻子生簡子取，取生襄子多」，而左傳云「魏曼多」是也。則侈是襄子，中閒少簡子一代。

魏侈之孫曰魏桓子，【一】與韓康子、【二】趙襄子【三】共伐滅知伯，【四】分其地。

【一】索隱 系本云：「襄子生桓子駒。」

【二】索隱 名虎〔四〕。

【三】索隱 名無恤。

【四】索隱 智伯，智瑤也，本姓荀，亦曰荀瑤。 正義 知音智。括地志云：「故智城在蒲州虞鄉縣西北四十里。古今地名云解縣有智城，蓋謂此也。」

桓子之孫曰文侯都。【一】魏文侯元年，秦靈公之元年也。與韓武子、【二】趙桓子、周威王同時。

【一】集解 徐廣曰：「世本曰斯也。」 索隱 系本云「桓子生文侯斯」，其傳云「孺子瘨是魏駒之子」，與此系代亦不同也。

【二】索隱 系本「武子名啓章，康子子〔五〕」。

六年，城少梁。十三年，使子擊圍繁、龐，出其民。十六年，伐秦，築臨晉元里。

十七年，伐中山，使子擊守之，趙倉唐傅之。子擊逢文侯之師田子方於朝歌，引車避，下謁。田子方不爲禮。子擊因問曰：「富貴者驕人乎？且貧賤者驕人乎？」子方曰：「亦貧賤者驕人耳。夫諸侯而驕人則失其國，大夫而驕人則失其家。貧賤者，行不合，言不用，則去之楚、越，若脱躧然，柰何其同之哉！」子擊不懌而去。西攻秦，至鄭而還，築雒陰、合陽。【一】

【一】正義雒，漆沮水也，城在水南。郃陽，郃水之北。括地志云：「郃陽故城在同州河西縣南三里。雒陰在同州西也。」

二十二年，魏、趙、韓列爲諸侯。

二十四年，秦伐我，至陽狐。【一】

【一】正義括地志云：「陽狐郭在魏州元城縣東北三十里也。」

二十五年，子擊生子罃。【一】

【一】索隱乙耕反。擊，武侯也。罃，惠王也。

文侯受子夏經藝，客段干木，過其閭，未嘗不軾也。【一】秦嘗欲伐魏，或曰：「魏君賢人是禮，國人稱仁，上下和合，未可圖也。」文侯由此得譽於諸侯。

【一】正義過，光卧反。文侯軾干木閭也。皇甫謐高士傳云：「木，晉人也，守道不仕。魏文侯欲見，造其門，干木踰牆避之。文侯以客禮待之，出過其閭而軾。其僕曰：『君何軾？』曰：『段干木賢者也，不趣勢利，懷君子之道，隱處窮巷，聲馳千里，吾安得勿軾！干木先乎德，寡人先乎勢；干木富乎義，寡人富乎財。勢不若德貴，財不若義高。』又請爲相，不肯。後卑己固請見，與語，文侯立倦不敢息。」淮南子云：「段干木，晉之大駔，而爲文侯師。」吕氏春秋云：「魏文侯見段干木，立倦而不敢息。及見翟璜，踞於堂而與之言。翟璜不悦。文侯曰：『段干木，官之則不肯，禄之則不受。今汝欲官則相至，欲禄則上卿至，既受吾賞〔六〕，又責吾禮，無乃難乎？』」

任西門豹守鄴，而河内【一】稱治。

【一】索隱按：大河在鄴東，故名鄴爲河内。正義古帝王之都多在河東、河北，故呼河北爲河内，河南爲河外。又云河從龍門南至華陰，東至衛州，折東北入海，曲繞冀州，故言河内云也。

魏文侯謂李克曰：「先生嘗教寡人曰『家貧則思良妻，國亂則思良相』。今所置非成則璜，【一】二子何如？」李克對曰：「臣聞之，卑不謀尊，疏不謀戚。臣在闕門之外，不敢當命。」文侯曰：「先生臨事勿讓。」李克曰：「君不察故也。居視其所親，富視其所與，達視其所舉，窮視其所不爲，貧視其所不取。五者足以定之矣，何待克哉！」文侯曰：「先生就舍，寡人之相定矣。」李克趨而出，過翟璜之家。翟璜曰：「今者聞君召先生而卜相，果誰爲之？」李克曰：「魏成子爲相矣。」翟璜忿然作色曰：「以耳目之所覩記，臣何負於魏成子？西河之守，臣之所進也。君内以鄴爲憂，臣進西門豹。君謀欲伐中山，臣進樂羊。中山以拔，無使守之，臣進先生。君之子無傅，臣進屈侯鮒。臣何以負於魏成子！」李克曰：「且子之言克於子之君者，豈將比周以求大官哉？君問而置相『非成則璜，二子何如』？克對曰：『君不察故也。居視其所親，富視其所與，達視其所舉，窮視其所不爲，貧視其所不取，五者足以定之矣，何待克哉！』是以知魏成子之爲相也。且子安得與魏成子比乎？魏成子以食祿千鍾，什九在外，什一在内，是以東得卜子夏、田子方、段干木。此三人者，君皆師之。子之所進五人者，君皆臣之。子惡得與魏成子比也？」翟璜逡巡再拜曰：「璜，鄙人也，失對，願卒爲弟子。」

【一】集解徐廣曰：「文侯弟名成。」

二十六年，虢山崩，壅河。【二】

【二】集解徐廣曰在陝。駰案：地理志曰弘農陝縣故虢國，「北虢在大陽，東虢在滎陽」。正義括地志云：「虢山在陜州陜縣西二里，臨黃河。今臨河有岡阜，似是積山之餘也。」

三十二年，伐鄭。城酸棗。敗秦于注。〔一〕三十五年，齊伐取我襄陵。〔二〕三十六年，秦侵我陰晉。〔三〕

〔一〕集解司馬彪曰：「河南梁縣有注城也。」正義括地志云：「注城在汝州梁縣西十五里。注，或作『鑄』也。」

〔二〕集解徐廣曰：「今在南平陽縣也。」

〔三〕集解徐廣曰：「今之華陰。」索隱按：年表作「齊侵陰晉」。秦本紀云「惠王六年，魏納陰晉，更名曰寧秦」。徐氏云「今之華陰也」。

三十八年，伐秦，敗我武下，得其將識。〔一〕是歲，文侯卒，〔二〕子擊立，是爲武侯。

〔一〕索隱識，將名也。武下，魏地。正義括地志云：「故武城一名武平城，在華州鄭縣東十三里。」

〔二〕索隱三十八年卒。紀年云五十年卒。

魏武侯元年，趙敬侯初立，〔一〕公子朔爲亂〔七〕，不勝，奔魏，與魏襲邯鄲，魏敗而去。

〔一〕索隱按：紀年魏武侯之元年當趙烈侯之十四年，不同也。又系本敬侯名章。

二年，城安邑、王垣。【一】

【一】集解徐廣曰：「垣縣有王屋山也。」索隱按：紀年十四年城洛陽及安邑、王垣。徐廣云「垣縣有王屋山，故曰王垣」。正義括地志云：「故城漢垣縣，本魏王垣也，在絳州垣縣西北二十里也。」

七年，伐齊，至桑丘。【一】九年，翟敗我于澮。【二】使吳起伐齊，至靈丘。【三】齊威王初立。【四】

【一】正義年表云「齊伐燕，取桑丘」，故魏救燕伐齊，至桑丘也。括地志云：「桑丘故城俗名敬城，在易州遂城縣界也。」

【二】索隱古外反。于澮，於澮水之側。正義括地志云：「澮高山又云澮山，在絳州翼城縣東北二十五里，澮水出此山也。」

【三】正義靈丘，蔚州縣也。時屬齊，故三晉伐之也。

【四】索隱按紀年，齊幽公之十八年而威王立。

十一年，與韓、趙三分晉地，滅其後。

十三年，秦獻公縣櫟陽。十五年，敗趙北藺。【一】

【一】正義在石州，趙之西北。屬趙，故云趙北藺也。

十六年，伐楚，取魯陽。【一】武侯卒，【二】子罃立，是爲惠王。

【一】正義今汝州魯山縣也。

【二】索隱按紀年，武侯二十六年卒。

惠王元年。初，武侯卒也，子罃與公中緩【一】爭爲太子。公孫頎【二】自宋入趙，自趙入韓，謂韓懿侯【三】曰：「魏罃與公中緩爭爲太子，【四】君亦聞之乎？今魏罃得王錯，【五】挾上黨，固半國也。因而除之，【六】破魏必矣，不可失也。」懿侯說，乃與趙成侯【七】合軍并兵以伐魏，戰于濁澤，【八】魏氏大敗，魏君圍。趙謂韓曰：「除魏君，立公中緩，割地而退，我且利。」韓曰：「不可。殺魏君，人必曰暴；割地而退，人必曰貪。不如兩分之。魏分爲兩，不彊於宋、衞，則我終無魏之患矣。」趙不聽。韓不說，以其少卒夜去。惠王之所以身不死，國不分者，二家謀不和也。若從一家之謀，則魏必分矣。故曰「君終無適子，其國可破也」。【九】

【一】正義中音仲。

【二】索隱音祈。

【三】索隱哀侯之子。

【四】索隱按：紀年「武侯元年封公子緩。趙侯種、韓懿侯伐我，取蔡，而惠王伐趙〔八〕，圍濁陽。七年，公子緩如邯鄲以作難」，是說此事矣。

【五】集解徐廣曰：「汲冢紀年惠王二年，魏大夫王錯出奔韓也。」

【六】集解徐廣曰：「除，一作『倍』。」正義按：除，除魏罃及王錯也。

【七】索隱系本云：「成侯名種。」

【八】集解徐廣曰：「長社有濁澤。」

【九】索隱此蓋古人之言及俗說，故云「故曰」。

二年，魏敗韓于馬陵，敗趙于懷。三年，齊敗我觀。〔一〕五年，與韓會宅陽。〔二〕城武堵。爲秦所敗。〔三〕六年，伐取宋儀臺。〔四〕九年，伐敗韓于澮。與秦戰少梁，虜我將公孫痤，〔五〕取龐。秦獻公卒，子孝公立。

【一】集解徐廣曰：「齊世家云獻觀以和齊。年表曰『伐魏，取觀』。今之衞縣也。」索隱田完系家云：「敗魏於濁津而圍惠王〔九〕，惠王請獻觀以和解。」正義觀音館。魏州觀城縣，古之觀國。國語注：觀國，夏啓子太康第五弟之所封也。夏衰，滅之矣。

【二】正義括地志云：「宅陽故城一名北宅，在鄭州滎陽縣東南十七里也。」

【三】集解徐廣曰：「秦年表曰『敗韓、魏洛陰』。」

【四】集解徐廣曰：「一作『義臺』。」索隱按：年表作「義臺」，然義臺見莊子，司馬彪亦曰臺名，郭象云義臺，靈臺。

【五】集解徐廣曰：「年表云『虜我太子也』。」

十年，伐取趙皮牢。彗星見。十二年，星晝墜，有聲。

十四年，與趙會鄗。十五年，魯、衞、宋、鄭君來朝。【一】十六年，與秦孝公會杜平〔一〇〕。侵宋黄池，宋復取之。

【一】索隱按：紀年魯恭侯、宋桓侯、衞成侯、鄭釐侯來朝，皆在十四年，是也。鄭釐侯者，韓昭侯也。韓哀侯滅鄭而徙都之，改號曰鄭。

十七年，與秦戰元里，秦取我少梁。圍趙邯鄲。十八年，拔邯鄲。趙請救于齊，齊使田忌、孫臏救趙，敗魏桂陵。

十九年，諸侯圍我襄陵。築長城，塞固陽。【一】

【一】正義塞，先代反。括地志云：「棝陽縣，漢舊縣也，在銀州銀城縣界。」按：魏築長城，自鄭濱洛，北達銀州，至勝州固陽縣爲塞也。固陽有連山，東至黄河，西南至夏、會等州。棝音固矣。

二十年，歸趙邯鄲，與盟漳水上。【一】二十一年，與秦會彤。趙成侯卒。【二】二十八年，

齊威王卒。中山君相魏。【三】

【一】正義邯鄲，洺州縣也。漳，水名。漳水源出洺州武安縣三門山也。

【二】集解徐廣曰：「年表云二十七年，丹封名會。丹，魏大臣也。」

【三】索隱按：魏文侯滅中山，其弟守之，後尋復國，至是始令相魏。其中山後又爲趙所滅。

三十年，魏伐趙，【一】趙告急齊。齊宣王用孫子計，救趙擊魏。魏遂大興師，使龐涓將，而令太子申爲上將軍。過外黃，外黃徐子【二】謂太子曰：「臣有百戰百勝之術。」太子曰：「可得聞乎？」客曰：「固願效之。」曰：「太子自將攻齊，大勝并莒，【三】則富不過有魏，貴不益爲王。若戰不勝齊，則萬世無魏矣。此臣之百戰百勝之術也。」太子曰：「諾，請必從公之言而還矣。」客曰：「太子雖欲還，不得矣。彼勸太子戰攻，欲啜汁者衆。【四】太子雖欲還，恐不得矣。」太子因欲還，其御曰：「將出而還，與北同。」太子果與齊人戰，敗於馬陵。【五】齊虜魏太子申，殺將軍涓，軍遂大破。

【一】正義孫臏傳云「魏與趙攻韓，韓告急齊」，此文誤耳。魏伐趙，趙請救齊，齊使孫臏救趙，敗魏桂陵，乃在十八年也。

【二】集解劉向別録曰：「徐子，外黃人也。」外黃時屬宋。正義括地志云：「故圍城有南北二城，在汴州雍丘縣界，本屬外黃，即太子申見徐子之地也。」

【三】正義莒，密州縣也，在齊東南。言從西破齊，并至莒地，則齊土盡矣。

【四】正義啜，穿悦反。汁，之入反。冀功勳者衆也。

【五】集解徐廣曰：「在元城。」索隱徐廣曰：「在元城。」按：紀年二十八年，與齊田肦戰于馬陵。上二年，魏敗韓馬陵；十八年，趙又敗魏桂陵。桂陵與馬陵異處。正義虞喜志林云：「馬陵在濮州鄄城縣東北六十里，有陵，澗谷深峻，可以置伏。」按：龐涓敗即此也。徐說馬陵在魏州元城縣東南一里，龐涓敗非此地也。田完世家云「宣王二年，魏伐趙，趙與韓親，共擊魏，趙不利，戰於南梁。韓氏請於齊，齊使田忌、田嬰將，孫子爲師，救韓、趙，以擊魏，大破之馬陵」。按：南梁在汝州。又此傳云「太子爲上將軍，過外黃」。又孫臏傳云「魏與趙攻韓，韓告急齊，齊使田忌將而往，直走大梁。魏將龐涓聞之，去韓而歸，齊軍已過而西矣」。按：孫子減竈退軍，三日行至馬陵，遂殺龐涓，虜魏太子申，大破魏軍，當如虞喜之說，從汴州外黃退至濮州東北六十里是也。然趙、韓共擊魏，戰困於南梁，韓急，請救於齊，齊師走大梁，敗魏馬陵，豈合更渡河北，至魏州元城哉？徐說定非也。

三十一年，秦、趙、齊共伐我，【一】秦將商君詐我將軍公子卬而襲奪其軍，破之。秦用商君，東地至河，而齊、趙數破我，安邑近秦，於是徙治大梁。【二】以公子赫爲太子。

【一】索隱按：紀年「二十九年五月，齊田肦伐我東鄙。九月，秦衛鞅伐我西鄙。十月，邯鄲伐我北鄙。王攻衛鞅，我師敗績」是也。然言二十九年，不同。

【三】集解徐廣曰：「今浚儀。」駰案：汲冢紀年曰「梁惠成王九年四月甲寅，徙都大梁」也。索隱紀年以爲惠王九年，蓋誤也。正義陳留風俗傳云「魏之都也，畢萬十葉徙大梁」。按：今汴州浚儀也。

三十三年，秦孝公卒，商君亡秦歸魏，魏怒，不入。三十五年，與齊宣王會平阿南。【一】

【一】集解地理志沛郡有平阿縣也。

惠王數被於軍旅，卑禮厚幣以招賢者。鄒衍、淳于髡、孟軻皆至梁。梁惠王曰：「寡人不佞，兵三折於外，太子虜，上將死，國以空虛，以羞先君宗廟社稷，寡人甚醜之。叟不遠千里，【二】辱幸至獘邑之廷，將何以利吾國？」孟軻曰：「君不可以言利若是。夫君欲利則大夫欲利，大夫欲利則庶人欲利，上下爭利，國則危矣。爲人君，仁義而已矣，何以利爲！」

【二】集解劉熙曰：「叟，長老之稱，依皓首之言。」

三十六年，復與齊王會甄。是歲，惠王卒，【一】子襄王立。【二】

【一】索隱按紀年，惠成王三十六年改元稱一年，未卒也。

【二】索隱系本襄王名嗣。

襄王元年，與諸侯會徐州，【一】相王也。追尊父惠王爲王。【二】

【一】集解徐廣曰：「今薛縣。」

【二】集解徐廣曰：「三年，伐趙〔一〕。」

五年，秦敗我龍賈軍四萬五千于雕陰，【一】圍我焦、曲沃。【二】予秦河西之地。【三】

【一】集解徐廣曰：「在上郡。」正義括地志云：「彫陰故縣在鄜州洛交縣北三十里，彫陰故城是也。」

【二】正義括地志云：「故焦城在陝縣東北百步古虢城中東北隅，周同姓也。曲沃有城〔二〕，在陝縣西南三十二里。按：今有曲沃店也。」

【三】正義自華州北至同州，並魏河北之地〔三〕，盡入秦也。

六年，與秦會應。【一】秦取我汾陰、皮氏、焦。【二】魏伐楚，敗之陘山。【三】七年，魏盡入上郡于秦。【四】秦降我蒲陽。【五】八年，秦歸我焦、曲沃。

【一】集解徐廣曰：「潁川父城有應鄉也。」正義應，乙陵反。括地志云：「故應城，故應鄉也，在汝州魯山縣東三十里。」

【二】正義括地志云：「汾陰故城在蒲州汾陰縣北九里。皮氏故城在絳州龍門縣西一百八十步也〔四〕。」

【三】集解徐廣曰：「在密縣。」正義括地志云：「陘山在鄭州新鄭縣西南三十里。」

【四】正義括地志云：「上郡故城在綏州上縣東南五十里，秦魏之上郡地也〔一五〕。」按：丹、鄜、延、綏等州，北至固陽，並上郡地。魏築長城界秦，自華州鄭縣已北，濱洛至慶州洛源縣白於山，即東北至勝州固陽縣，東至河西上郡之地，盡入於秦。

【五】正義在隰州隰川縣，蒲邑故城是也。

十二年，楚敗我襄陵。諸侯執政與秦相張儀會齧桑。【一】十三年，張儀相魏。魏有女子化爲丈夫。秦取我曲沃、平周。【二】

【一】集解徐廣曰：「在梁與彭城之閒。」

【二】正義絳州桐鄉縣，晉曲沃邑。十三州志云：「古平周縣在汾州介休縣西五十里也。」

十六年，襄王卒，子哀王立。【一】張儀復歸秦。

【一】集解荀勗曰：「和嶠云『紀年起自黄帝，終於魏之今王』。今王者，魏惠成王子。案太史公書惠成王但言惠王，惠王子曰襄王，襄王子曰哀王。惠王三十六年卒，襄王立十六年卒，并惠、襄爲五十二年。今案古文，惠成王立三十六年，改元稱一年，改元後十七年卒。太史公書爲誤分惠成之世，以爲二王之年數也。世本惠王生襄王而無哀王，然則今王者魏襄王也。」索隱按：系本襄王生昭王，無哀王，蓋脱一代耳。而紀年説惠成王三十六年，又稱後元一十七年卒。今此文分惠王之歷以爲二王之年，又有哀王，凡二十三年，紀事甚明，蓋無足疑。而孔衍敍魏語亦有哀王〔一六〕。蓋紀年之作失哀王之代〔一七〕，故分襄王之年爲惠王後元，即以襄王之年包哀王之代耳。

哀王元年，五國共攻秦，【一】不勝而去。

【一】正義韓、魏、楚、趙、燕也。

二年，齊敗我觀津。【一】五年，秦使樗里子【二】伐取我曲沃，走犀首【三】岸門。【四】六年，秦來立公子政【五】爲太子〔一八〕。與秦會臨晉。七年，攻齊。【六】與秦伐燕。

【一】正義括地志云：「觀津城在冀州棗陽縣東南二十五里〔一九〕。」本趙邑，今屬魏也。

【二】索隱秦昭王弟疾。居樗里，因號焉。

【三】索隱犀首，官名，即公孫衍。

【四】集解徐廣曰：「潁陰有岸亭。」索隱徐廣云「潁陰有岸門亭〔二〇〕」，劉氏云「河東皮氏縣有岸頭亭」也。正義括地志云：「岸門在許州長社縣西北十八里，今名西武亭。」

【五】索隱魏公子也。

【六】集解徐廣曰：「年表云『擊齊，虜贅子於濮』也〔二一〕。」

八年，伐衛，拔列城二〔三〕。【一】衛君患之。如耳【二】見衛君曰：「請罷魏兵，免成陵君，可乎？」衛君曰：「先生果能，孤請世世以衛事先生。」如耳見成陵君曰：「昔者魏伐趙，斷羊腸，拔閼與，【三】約斬趙，趙分而爲二，所以不亡者，魏爲從主也。今衛已迫亡，將西請事於秦。與其以秦醳衛，不如以魏醳衛，【四】衛之德魏，必終無窮。」成陵君曰：「諾。」如耳見魏王曰：「臣有謁於衛。衛故周室之别也，其稱小國，多寶器。今國迫於難而寶器不出者，其心以爲攻衛醳衛不以王爲主，故寶器雖出必不入於王也。臣竊料之，先言醳衛者必受衛者也。」如耳出，成陵君入，以其言見魏王。魏王聽其説，罷其兵，免成陵君，終身不見。

【一】索隱紀年云：「八年，翟章伐衛。」

【二】正義魏大夫姓名也。

【三】集解徐廣曰：「在上黨。」正義閼，於連反；與，音預。羊腸阪道在太行山上，南口懷州，北口潞州。閼與故城在潞州及儀州。若斷羊腸，拔閼與，北連恒州，則趙國東西斷而爲二也。

【四】正義醳音釋。

九年，與秦王會臨晉。張儀、魏章【一】皆歸于魏。魏相田需死，楚害張儀、犀首、薛公。【二】楚相昭魚【三】謂蘇代曰：「田需死，吾恐張儀、犀首、薛公有一人相魏者也。」代曰：「然相者欲誰而君便之？」昭魚曰：「吾欲太子之自相也。」【四】代曰：「請爲君北，必相之。」昭魚曰：「柰何？」對曰：「君其爲梁王，代請説君。」昭魚曰：「柰何？」對曰：「代也從楚來，昭魚甚憂，曰：『田需死，吾恐張儀、犀首、薛公有一人相魏者也。』代曰：『梁王，長主也，必不相張儀。張儀相，必右秦而左魏。犀首相，必右韓而左魏。薛公相，必右齊而左魏。梁王，長主也，必不便也。』王曰：『然則寡人孰相？』代曰：『莫若太子之自相。太子之自相，是三人者皆以太子爲非常相也，皆將務以其國事魏，欲得丞相璽也。以魏之彊，而三萬乘之國輔之，魏必安矣。故曰莫若太子之自相也。』」遂北見梁王，以此告之。太子果相魏。

【一】索隱章爲魏將，後又相秦。

【二】索隱田文也。

【三】索隱昭奚恤也。

【四】索隱太子即襄王也。

十年，張儀死。十一年，與秦武王會應。十二年，太子朝於秦。秦來伐我皮氏，未拔而解。十四年，秦來歸武王后。十六年，秦拔我蒲反、陽晉、封陵。【一】十七年，與秦會臨晉。秦予我蒲反。十八年，與秦伐楚。【二】二十一年，與齊、韓共敗秦軍函谷。【三】

【一】索隱紀年作「晉陽、封谷」。正義「陽晉」當作「晉陽」也，史文誤。括地志云：「晉陽故城今名晉城，在蒲州虞鄉縣西三十五里。」表云魏哀王十六年，「秦拔我杜陽、晉陽〔一三〕」，即此城也。封陵亦在蒲州。按陽晉故城在曹州，解在蘇秦傳也。

【二】集解徐廣曰：「二十年，與齊王會于韓。」

【三】集解徐廣曰：「河、渭絶一日。」

二十三年，秦復予我河外及封陵爲和。哀王卒，【一】子昭王立。【二】

【一】索隱按：汲冢紀年終於哀王二十年，昭王三年喪畢，始稱元年耳。

【二】索隱系本昭王名遬。

昭王元年，秦拔我襄城。二年，與秦戰，我不利。三年，佐韓攻秦，秦將白起敗我軍伊闕二十四萬。六年，予秦河東地方四百里。芒卯以詐重。【一】七年，秦拔我城大小六十一。八年，秦昭王爲西帝，齊湣王爲東帝，月餘，皆復稱王歸帝。九年，秦拔我新垣、曲陽之城。【二】

【一】索隱謂卯以智詐見重於魏。

【二】正義括地志云〔一四〕：「曲陽故城在懷州濟源縣西十里。」新垣近曲陽，未詳端的所之處也。

十年，齊滅宋，宋王死我温。十二年，與秦、趙、韓、燕共伐齊，敗之濟西，湣王出亡。燕獨入臨菑。與秦王會西周。【一】

【一】正義 即王城也，今河南郡城也。

十三年，秦拔我安城。【一】兵到大梁，去。【二】十八年，秦拔郢，楚王徙陳。

【一】正義 括地志云：「安城故城，豫州汝陵縣東南七十一里〔三五〕。」

【二】集解 徐廣曰：「十四年大水。」

十九年，昭王卒，子安釐王立。【一】

【一】索隱 系本安僖王名圉。

安釐王元年，秦拔我兩城。二年，又拔我二城，軍大梁下，韓來救，予秦温以和。三年，秦拔我四城，斬首四萬。四年，秦破我及韓、趙，殺十五萬人，走我將芒卯。魏將段干子請予秦南陽【一】以和。蘇代謂魏王曰：「欲璽者段干子也，欲地者秦也。今王使欲地者制璽，使欲璽者制地，魏氏地不盡則不知已。且夫以地事秦，譬猶抱薪救火，薪不盡，火不滅。」王曰：「是則然也。雖然，事始已行，不可更矣。」對曰：「王獨不見夫博之所以貴梟

者，便則食，不便則止矣。今王曰『事始已行，不可更』，是何王之用智不如用梟也？」【三】

【二】集解徐廣曰：「在脩武。」

【三】正義博頭有刻爲梟鳥形者，擲得梟者合食其子，若不便則爲餘行也。

九年，秦拔我懷。十年，秦太子外質於魏死。十一年，秦拔我郪丘。【一】

【一】集解徐廣曰：「郪丘，一作『廩丘』，又作『邢丘』。郪丘今爲宋公縣。」索隱郪，七絲反，又音妻。正義郪，七私反，又音妻。地理志云汝南郡新郪縣。應劭曰：「秦伐魏，取郪丘，漢興爲新郪，章帝封殷後，更名宋也。」

秦昭王謂左右曰：「今時韓、魏與始孰彊？」對曰：「不如始彊。」王曰：「今時如耳、魏齊與孟嘗、芒卯孰賢？」對曰：「不如。」王曰：「以孟嘗、芒卯之賢，率彊韓、魏以攻秦，猶無奈寡人何也。今以無能之如耳、魏齊而率弱韓、魏以伐秦，其無奈寡人何亦明矣。」左右皆曰：「甚然。」中旗馮琴【一】而對曰：「王之料天下過矣。當晉六卿之時，知氏最彊，滅范、中行，又率韓、魏之兵以圍趙襄子於晉陽，決晉水以灌晉陽之城，【二】不湛者三版。知伯行水，魏桓子御，韓康子爲參乘。知伯曰：『吾始不知水之可以亡人之國也，乃今知之。』汾水可以灌安邑，【三】絳水可以灌平陽。【四】魏桓子肘韓康子，韓康子履魏桓子，肘足接於車上，而知氏地分，身死國亡，爲天下笑。今秦兵雖彊，不能過知氏；韓、魏雖弱，尚賢其在晉陽之下也。此方其用肘足之時也，願王之勿易也！」【五】於是秦王恐。

【一】索隱按：戰國策作「推琴」者，春秋後語作「伏琴」，而韓子作「推瑟」，說苑作「伏瑟」，文各不同。

【二】正義括地志云：「晉水源出并州晉陽縣西懸甕山。山海經云『懸甕之山，晉水出焉，東南流注汾水』。昔趙襄子保晉陽，智氏防山以水灌之，不没者三版。其瀆乘高西注入晉陽城，以周溉灌，東南出城注於汾陽也。」

【三】正義安邑在絳州夏縣，本魏都。汾水東北歷安邑西南入河也。

【四】正義平陽，晉州，本韓都也。括地志云：「絳水一名白水，今名弗泉，源出絳山。飛泉奮湧，揚波北注，縣流積壑二十許丈，望之極爲奇觀矣。」按：引此灌平陽城也。

【五】索隱易音以豉反。

齊、楚相約而攻魏，魏使人求救於秦，冠蓋相望也，而秦救不至。魏人有唐雎【一】者，年九十餘矣，謂魏王曰：「老臣請西說秦王，令兵先臣出。」魏王再拜，遂約車而遣之。唐雎到，入見秦王。秦王曰：「丈人芒然乃遠至此，甚苦矣！夫魏之來求救數矣，寡人知魏之急已。」唐雎對曰：「大王已知魏之急而救不發者，臣竊以爲用策之臣無任矣。夫魏，一萬乘之國也，然所以西面而事秦，稱東藩，受冠帶，祠春秋者，以秦之彊足以爲與也。【二】

今齊、楚之兵已合於魏郊矣，而秦救不發，亦將賴其未急也。使之大急，彼且割地而約從，王尚何救焉？必待其急而救之，是失一東藩之魏而彊二敵之齊、楚，則王何利焉？」於是秦昭王遽爲發兵救魏。魏氏復定。

【一】索隱 七餘反。

【二】索隱 與謂許與爲親而結和也。

趙使人謂魏王曰：「爲我殺范痤，吾請獻七十里之地。」魏王曰：「諾。」使吏捕之，圍而未殺。痤因上屋騎危，【一】謂使者曰：「與其以死痤市，不如以生痤市。有如痤死，趙不予王地，則王將柰何？故不若與先定割地，然後殺痤。」魏王曰：「善。」痤因上書信陵君曰：「痤，故魏之免相也，趙以地殺痤而魏王聽之，有如彊秦亦將襲趙之欲，則君且柰何？」信陵君言於王而出之。

【一】集解 危，棟上也。 索隱 上音奇。危，棟上也。禮云「中屋履危」。蓋昇屋以避兵。

魏王以秦救之故，欲親秦而伐韓，以求故地。无忌謂魏王曰〔二六〕：

秦與戎翟同俗，有虎狼之心，貪戾好利無信，不識禮義德行。苟有利焉，不顧親戚兄弟，若禽獸耳，此天下之所識也，非有所施厚積德也。故太后母也，而以憂死；

穰侯舅也，功莫大焉，而竟逐之；兩弟無罪，而再奪之國。此於親戚若此，而況於仇讎之國乎？今王與秦共伐韓而益近秦患，臣甚惑之。而王不識則不明，羣臣莫以聞則不忠。

今韓氏以一女子奉一弱主，內有大亂，外支彊秦魏之兵〔二七〕，王以爲不亡乎？韓亡，秦有鄭地，與大梁鄴〔二八〕，【一】王以爲安乎？王欲得故地，今負彊秦之親，王以爲利乎？

【一】索隱 戰國策「鄴」作「鄰」字爲得〔二九〕。

秦非無事之國也，韓亡之後，必將更事，更事，必就易與利，就易與利，必不伐楚與趙矣。是何也？夫越山踰河，絕韓上黨而攻彊趙，是復閼與之事，【一】秦必不爲也。若道河內，倍鄴、朝歌，絕漳滏水，與趙兵決於邯鄲之郊，是知伯之禍也，秦又不敢。伐楚，道涉谷，【二】行三千里【三】而攻冥阸之塞，【四】所行甚遠，所攻甚難，【五】秦又不爲也。若道河外，倍大梁，【六】右蔡左召陵〔三〇〕，【七】與楚兵決於陳郊，秦又不敢。故曰秦必不伐楚與趙矣，又不攻衞與齊矣。【八】

【一】索隱 復音扶富反。謂前年秦韓相攻閼與，而趙奢破秦軍。

【二】索隱 道猶行也。涉谷是往楚之險路。從秦向楚有兩道，涉谷是西道，河內是東道〔三一〕。

【三】正義 劉伯莊云：「秦兵向楚有兩道，涉谷是西道，河外是東道。從褒斜入梁州，即東南至申州攻石城山，險阸之塞也。」

【四】集解 孫檢曰：「楚之險塞也。」徐廣曰：「或以爲今江夏鄳縣。」正義 冥音盲。括地志云：「石城山在申州鍾山縣東南二十一里〔三二〕，魏攻冥阸，即此山，上有故石城。注水經云『或言在鄳』，指此山也。呂氏春秋云『九塞』，此其一也。」

【五】索隱 攻，亦作「致」。戰國策見作「致軍」，言致軍糧難也。

【六】正義 從河外出函谷關，歷同州南至鄭州，東向陳州，則背大梁也。

【七】集解 徐廣曰：「一無『左』字。」正義 上蔡縣在豫州北七十里，邵陵故城亦在豫州郾城縣東四十五里，並在陳州西。從汴州南行向陳州之西郊，則上蔡、邵陵正南面〔三三〕，向東皆身之右，定無「左」字也。

【八】正義 衞、齊皆在韓、趙、魏之東，故秦不伐也。

夫韓亡之後，兵出之日，非魏無攻已。秦固有懷、茅、【一】邢丘，【二】城【三】垝津【四】以臨河內，河內共、汲【五】必危；有鄭地，【六】得垣雍，【七】決熒澤水灌大梁，大梁必亡。王之使者出過而惡安陵氏於秦〔三四〕，【八】秦之欲誅之久矣〔三五〕。秦葉陽、昆陽與舞陽鄴，【九】聽使【一〇】者之惡之，隨安陵氏而亡之，【一一】繞舞陽之北，以東臨許，南國必危，【一二】國無害已〔三六〕？

【一】集解徐廣曰：「在脩武軹縣，有茅亭。」正義茅，卯包反。懷州武陟縣西十一里故懷城，本周邑，後屬晉。左傳云周與鄭人蘇忿生十二邑，其一曰攢茅。括地志云「在懷州獲嘉縣東北二十五里」也。獲嘉，古脩武也。

【二】集解徐廣曰：「在平皋。」正義括地志云：「平皋故城在懷州武德縣東南二十里，本邢丘邑也，以其在河之皋地也。」

【三】索隱按：戰國策云邢丘、安城，此少「安」字耳。

【四】索隱在河北。垝音九毀反。正義垝音詭。字誤，當作「延」。括地志云：「延津故俗字名臨津，故城在衞州清淇縣西南二十六里。杜預云『汲郡城南有延津』是也。」

【五】集解徐廣曰：「汲縣屬河內。」索隱汲，亦作「波」。波及汲皆縣名，俱屬河內。

【六】集解徐廣曰：「成皋、滎陽亦屬鄭。」

【七】集解徐廣曰：「垣雍城在卷縣，卷縣屬魏也。卷縣又有長城，經陽武到密者也。」正義雍，於用反。括地志云：「故城在鄭州原武縣西北七里。」釋例地名：「卷縣理或垣城也〔三七〕。」言韓亡之後，秦有鄭地，得垣雍城，從熒澤決溝歷雍灌大梁是也。

【八】集解徐廣曰：「召陵有安陵鄉，征羌有安陵亭也。」正義括地志云：「鄢陵縣西北十五里。

李奇云六國時爲安陵也。」言魏王使者出向秦云，共伐韓以成過失，而更惡安陵氏於秦，今伐之，重非也。

【九】正義括地志云：「葉陽，今許州葉縣也。昆陽故城在許州葉縣北二十五里。舞陽故城在葉縣東十里。」此時葉陽、昆陽屬秦，舞陽屬魏也。

【一〇】索隱上平聲，下去聲。

【一一】正義隨猶聽也。無忌說言使者惡安陵氏，亦聽秦亡安陵氏。然繞舞陽之北以東臨許，許必危矣。秦有許地，魏國可無害。

【一二】正義南國，今許州許昌縣南西四十里許昌故城是也。此時屬韓，在魏之南，故言南國。括地志云：「周時爲許國，武王伐紂所封。地理志云潁川許縣古許國，姜姓，四岳之後，大叔所封〔三八〕，二十四君，爲楚所滅。」三卿背晉，其地屬韓。

夫憎韓不愛安陵氏可也，夫不患秦之不愛南國非也。異日者，秦在河西晉，國去梁千里，【一】有河山以闌之，有周韓以閒之。從林鄉軍【二】以至于今〔三九〕，秦七攻魏，五入囿中，【三】邊城盡拔，文臺墮，【四】垂都焚，【五】林木伐，麋鹿盡，而國繼以圍。又長驅梁北，東至陶衞之郊，【六】北至平監〔四〇〕。【七】所亡於秦者，山南山北，【八】河外，河內，【九】大縣數十，【一〇】名都數百。【一一】秦乃在河西晉，去梁千里，而禍若是矣。又況於使秦無韓，有鄭地，無河山而闌之，無周韓而閒之，去大梁百里，禍必由此矣〔四一〕。

【一】集解徐廣曰：「魏國之界千里。又云河南梁縣有注城。」正義河西，同州也。晉國都絳州，魏都安邑，皆在河東，去大梁有千里也。

【二】集解徐廣曰：「林鄉在宛縣〔四二〕。」索隱劉氏云「林，地名，蓋春秋時鄭地之棐林，在大梁之西北」。徐廣云在宛陵也。正義括地志云：「宛陵故城在鄭州新鄭縣東北三十八里，本鄭舊縣也。」按劉徐二說，是其地也。

【三】集解徐廣曰：「一作『城』也。」索隱囿即圃田。圃田，鄭藪，屬魏。徐廣云一作「城」。而戰國策作「國中」。正義括地志云：「圃田澤在鄭州管城縣東三里。周禮云豫州藪曰圃田也。」

【四】索隱文臺，臺名。列士傳曰「隱陵君施酒文臺」也。正義墮，許規反。括地志云：「文臺在曹州冤句縣西北六十五里也。」

【五】集解徐廣曰：「一云『魏山都焚』。句陽有垂亭。」索隱垂，地名。有廟曰都。並魏邑名〔四三〕。

【六】正義陶，曹州定陶也。衛即宋州楚丘縣，衛文公都之，秦兵歷取其郊也。

【七】集解徐廣曰：「平縣屬河南。平，或作『乎』字。史記齊闞止作『監』字。闞在東平須昌縣。」

【八】正義山，華山也。華山之東南，七國時鄧州屬韓，汝州屬魏。華山之北，同、華、銀、綏並魏地也。

【九】正義河外謂華州以東至虢、陜〔四四〕，河内謂蒲州以東至懷、衞也。

【一〇】集解徐廣曰：「一作『百』。」

【一一】集解徐廣曰：「一作『十』。」

異日者，從之不成也，【一】楚、魏疑而韓不可得也。今韓受兵三年，秦橈之以講，【二】識亡不聽，【三】投質於趙，請爲天下鴈行頓刃，楚、趙必集兵，皆識秦之欲無窮也，非盡亡天下之國而臣海内，必不休矣。是故臣願以從事王，【四】王速受楚趙之約，趙挾韓之質【五】以存韓〔四五〕，而求故地，韓必效之。【六】此士民不勞而故地得，其功多於與秦共伐韓，而又與彊秦鄰之禍也〔四六〕。

【一】索隱從音足松反。

【二】索隱橈音尼孝反。謂韓被秦之兵，橈擾已經三年，云欲講説與韓和。

【三】索隱識猶知也。故戰國策云「韓知亡，猶不聽」也。

【四】索隱從音足松反。從事，言合從事王也。戰國策亦然。

【五】索隱言韓以質子入趙，則趙挾韓質而親韓也。

【六】索隱效猶致也，謂致故地於趙也。正義無忌令魏王速受楚、趙之從。趙、楚挾持韓之質以存韓，而魏以求地，韓必效之，勝於與秦伐韓又與秦鄰之禍殃也。

夫存韓安魏而利天下，此亦王之天時已〔四七〕。通韓上黨於共、甯，〔一〕使道安成，〔二〕出入賦之，是魏重質韓以其上黨也。今有其賦，足以富國。韓必德魏愛魏重魏畏魏，韓必不敢反魏，是韓則魏之縣也。魏得韓以爲縣，衞大梁，河外必安矣。今不存韓，二周、安陵必危，楚、趙大破，衞、齊甚畏，天下西鄉而馳秦入朝而爲臣不久矣。

【一】集解徐廣曰：「朝歌有甯鄉。」正義共，衞州共城縣。甯，懷州脩武縣，本殷之甯邑。韓詩外傳云「武王伐紂，勒兵於甯，故曰脩武」。今魏開通共甯之道，使韓上黨得直路而行也。

【二】正義括地志云：「故安城在鄭州原武縣東南二十里。」時屬魏也。

二十年，秦圍邯鄲，信陵君無忌矯奪將軍晉鄙兵以救趙，〔一〕趙得全。無忌因留趙。

【一】正義括地志云：「魏德故城一名晉鄙城，在衞縣西北五十里，即公子無忌矯奪晉鄙兵〔四八〕，故名魏德城也。」

二十六年，秦昭王卒。

三十年，無忌歸魏，率五國兵攻秦，敗之河外，走蒙驁。魏太子增質於秦，秦怒，欲囚魏太子增。或爲增謂秦王〔一〕曰：「公孫喜〔二〕固謂魏相曰『請以魏疾擊秦，秦王怒，必囚增。魏王又怒，擊秦，秦必傷』。今王因增，是喜之計中也。故不若貴增而合魏，以疑之於齊、韓。」秦乃止增。

【一】索隱按：戰國策作「蘇秦爲公子增謂秦王」。

【二】索隱戰國策作「公孫衍」。

三十一年，秦王政初立。

三十四年，安釐王卒，太子增立，是爲景湣王。【一】信陵君無忌卒。

【一】索隱系本云：「安釐王生景湣王午。」

景湣王元年，秦拔我二十城，以爲秦東郡。二年，秦拔我朝歌。衛徙野王。【一】三年，秦拔我汲。五年，秦拔我垣、蒲陽、衍。【二】十五年，景湣王卒，子王假立。

【一】集解徐廣曰：「衛從濮陽徙野王。」

【二】集解徐廣曰：「十二年獻城秦。」正義括地志云：「故垣地本魏王垣也，在絳州垣縣西北二十里。蒲邑故城在隰州隰川縣南四十五里。在蒲水之北，故曰蒲陽。」衍，地名，在鄭州。

王假元年，燕太子丹使荊軻刺秦王，秦王覺之。【一】

【一】集解徐廣曰：「二年，新鄭反。」

三年，秦灌大梁，虜王假，〔一〕遂滅魏以爲郡縣。

〔一〕集解列女傳曰：「秦殺假。」

太史公曰：吾適故大梁之墟，墟中人曰：「秦之破梁，引河溝而灌大梁，三月城壞，王請降，遂滅魏。」說者皆曰魏以不用信陵君故，國削弱至於亡，余以爲不然。天方令秦平海內，其業未成，魏雖得阿衡之佐，曷益乎？〔一〕

〔一〕索隱按：譙周曰「以予所聞，所謂天之亡者，有賢而不用也，如用之，何有亡哉？使紂用三仁，周不能王，況秦虎狼乎」？

【索隱述贊】畢公之苗，因國爲姓。大名始賞，盈數自正。胤裔繁昌，系載忠正。楊干就戮，智氏奔命。文始建侯，武實彊盛。大梁東徙，長安北偵。卯既無功，卬亦外聘。王假削弱，虜於秦政。

校勘記

〔一〕字異耳　耿本、黄本、彭本、柯本、凌本、殿本作「字因以異」。

〔二〕生魏絳　此下原有索隱：「謚昭子。系本云『莊子』，文錯也。居篇又曰『昭子徙安邑』，亦與此文同也。」今據耿本、黄本、彭本、柯本、凌本、殿本移至下節正文「謚爲昭子」下。

〔三〕此條索隱原在上節正文「生魏絳」下，據耿本、黄本、彭本、柯本、凌本、殿本移。

〔四〕名虎　「虎」，原作「虔」，據耿本、黄本、彭本、柯本、凌本、殿本改。按：本書卷一五六國年表周定王十六年「韓康子敗智伯于晉陽」索隱：「康子名虎。」卷四五韓世家「子康子代」索隱：「康子名虎。」韓世家康子之孫景侯名虔。

〔五〕系本武子名啓章康子子　耿本、黄本、彭本、柯本、凌本、殿本此下有「桓子名嘉襄子之子」八字。按：本書卷四三趙世家「襄子弟桓子逐獻侯」索隱：「系本云襄子子桓子，與此不同。」

〔六〕既受吾賞　「賞」，吕氏春秋慎大覽下賢作「實」，高誘注：「實猶爵禄也。」

〔七〕公子朔爲亂　「公子朔」，本書卷一五六國年表、卷四三趙世家皆云「武公子朝」。

〔八〕惠王　耿本、黄本、彭本、柯本、凌本、殿本作「惠成王」。按：下文「惠王卒」索隱：「按紀年，惠成王三十六年改元稱一年，未卒也。」

〔九〕濁津　本書卷四六田敬仲完世家作「濁澤」，疑是。按：上文云「（韓）懿侯説，乃與趙成侯合軍并兵以伐魏，戰于濁澤，魏氏大敗，魏君圍」，即其事也。

〔一〇〕與秦孝公會杜平　「杜平」，原作「社平」。張文虎札記卷四：「秦紀、六國表並作『杜平』，此疑誤。」今據改。

〔一〕三年伐趙　「三年」，原作「二年」，據景祐本改。按：本書卷一五六國年表魏伐趙在魏襄王三年。

〔二〕曲沃有城　「有」，疑當作「故」。按：本書卷四一越王句踐世家「北圍曲沃」正義引括地志作「故」，卷七一樗里子甘茂列傳「伐曲沃」正義同。

〔三〕並魏河北之地　「河北」，通鑑卷二周紀二顯王八年胡三省注引正義作「河西」。按：本書卷五秦本紀「請割晉之河西八城與秦」正義：「謂同、華等州地。」卷七一樗里子甘茂列傳「魏亡西河之外」正義：「謂同、華等州。」

〔四〕一百八十步　本書卷五秦本紀「取汾陰、皮氏」正義引括地志、「秦以垣爲蒲阪、皮氏」正義並作「一里八十步」。

〔五〕秦魏之上郡地也　「上郡地」，本書卷六秦始皇本紀「使扶蘇北監蒙恬於上郡」正義引括地志作「上郡城」。

〔六〕而孔衍敍魏語亦有哀王　此句耿本、黄本、彭本、柯本、凌本、殿本在上文「蓋脱一代耳」下。

〔七〕蓋紀年之作　「蓋」，耿本、黄本、彭本、柯本、凌本、殿本作「然則是」。

〔八〕秦來立公子政爲太子　「來」，原作「求」。梁玉繩志疑卷二四以爲「『求』字譌，當依表作『來』」。今據改。

〔九〕觀津城在冀州棗陽縣東南二十五里　「棗陽」，疑當作「棗强」或「武邑」。按：本書卷四九外戚世家正義「（觀津）在冀州棗强縣東北二十五里」。卷八〇樂毅列傳、卷一〇七魏其武安侯列傳正義並云「在冀州武邑縣東南二十五里」。元和志卷一七河北道二冀州武邑縣：「觀津城，在縣東南二十五里。」棗陽縣在隨州，冀州屬縣無棗陽。

〔一〇〕潁陰有岸門亭　「岸門亭」，疑當作「岸亭」。按：此文集解引徐廣作「岸亭」，本書卷四五韓世家「大破我岸門」集解引同。後漢書志第二十郡國志二潁川郡：「（潁陰）有岸亭。」劉昭注：「史記魏哀王五年秦伐魏，走犀首岸門，徐廣曰岸亭。」

〔一一〕虜贅子於濮也　「贅子」，殿本作「聲子」。按：本書卷一五六國年表亦作「聲子」。

〔一二〕拔列城二　此四字原無，據景祐本、紹興本、耿本、黄本、彭本、柯本、凌本、殿本補。

〔一三〕秦拔我杜陽晉陽　本書卷一五六國年表作「秦拔我蒲坂晉陽封陵」。

〔一四〕括地志云　此上原有「年表及」三字。張文虎札記卷四：「三字疑衍。」按：本書卷一五六國年表無此文。今據删。

〔一五〕豫州汝陵縣東南七十一里　「汝陵」，疑當作「汝陽」。按：本書卷五秦本紀正義引括地志作「汝陽」。豫州屬縣有「汝陽」，無「汝陵」。又，「七十一里」，秦本紀正義引括地志作「十七里」。

〔一六〕无忌　荀子卷一一彊國篇楊倞注引史記作「朱忌」，戰國策魏策三作「朱己」，「己」、「忌」古通用。

〔二七〕外支彊秦魏之兵　「支」，原作「交」。王念孫雜志史記第三：「『交』當爲『支』，字之誤也。言韓不能支秦、魏之兵也，魏策作『外安能支强秦、魏之兵』，是其證。」按：戰國縱横家書朱己謂魏王章作「外支秦、魏之兵」。今據改。

〔二八〕與大梁鄴　「鄴」，景祐本、紹興本、耿本、黄本、彭本、柯本、凌本、殿本作「鄰」，戰國策魏策三、戰國縱横家書朱己謂魏王章同。

〔二九〕戰國策鄴作鄰字爲得　耿本、黄本、彭本、柯本、凌本作「戰國策亦作鄴字俗本或作鄰非」。

〔三〇〕右蔡左召陵　梁玉繩志疑卷二四：「策作『右上蔡召陵』，則『蔡左』二字當作『上蔡』，傳寫譌耳。」按：戰國縱横家書朱己謂魏王章作「右蔡召」。

〔三一〕河内是東道　「河内」，殿本作「河外」，疑是。按：正文云「若道河内，倍鄴、朝歌，絶漳、滏水，與趙兵決於邯鄲之郊，是知伯之禍也，秦又不敢」，「若道河外，倍大梁，右蔡左召陵，與楚兵決於陳郊，秦又不敢」，是河内乃秦伐趙之道，河外乃秦伐楚之道，故正義引劉伯莊曰「秦兵向楚有兩道，涉谷是西道，河外是東道」。戰國策魏策三、戰國縱横家書朱己謂魏王章言伐楚之道，皆云「道河外」。

〔三二〕鍾山縣　通鑑卷六秦紀一始皇帝六年「黽阸之塞」胡三省注引括地志作「羅山縣」。

〔三三〕正南面　張文虎札記卷四：「王本『正』作『在』」。按：黄本、彭本、殿本亦作「在」。

〔三四〕王之使者出過而惡安陵氏於秦　戰國策魏策三作「王之使者大過矣乃惡安陵氏於秦」，戰國縱橫家書朱己謂魏王章作「王之使者大過而惡安陵是(氏)于秦」。

〔三五〕秦之欲誅之久矣　疑「誅」當作「許」，下「之」字衍。按：戰國策魏策三作「秦之欲許之久矣」，戰國縱橫家書朱己謂魏王章無「之」字。許爲地名，乃軍事要衝，故下文云「以東臨許，南國必危」。

〔三六〕國無害已　「無」，疑當作「先」。按：戰國縱橫家書朱己謂魏王章作「國先害已」。裘錫圭讀戰國縱橫家書釋文注釋札記以爲當從帛書改作「國先害已」。

〔三七〕卷縣理或垣城也　疑文有脱誤。按：本書卷五七絳侯周勃世家「其先卷人」正義引釋例地名：「卷縣所理垣雍城也。」卷七三白起王翦列傳「割韓垣雍」正義引釋地名：「卷縣所理垣雍城。」

〔三八〕大叔所封　「大叔」，原作「文叔」，據殿本改。按：本書卷四八陳涉世家「將兵居許」正義引括地志作「大叔」。漢書卷二八上地理志上潁川郡：「許，故國，姜姓，四岳後，太叔所封。」

〔三九〕從林鄉軍以至于今　索隱引劉氏説無「鄉」字，疑是。按：戰國策魏策三無「鄉」字，戰國縱橫家書朱己謂魏王章同。本書卷六九蘇秦列傳云「兵困於林中」。睡虎地秦簡編年記：「(秦昭王)廿四年，攻林。」

〔四〇〕北至平監　戰國策魏策三作「北至乎闞」。

〔四一〕由此　戰國策魏策三、戰國縱橫家書朱己謂魏王章皆作「百此」。

〔四二〕林鄉在宛縣　「宛」，疑當作「宛陵」。按：索隱、正義皆作「宛陵」，本書卷六九蘇秦列傳「兵困於林中」集解引徐廣曰：「河南苑陵有林鄉。」後漢書志第十九郡國志一河南尹「苑陵有棐林」劉昭注：「左傳宣元年諸侯會于棐林，杜預曰縣東南有林鄉。」

〔四三〕並魏邑名　黄本、彭本、柯本、凌本、殿本作「並魏臺邑名」。按：上文索隱：「文臺，臺名」。疑此脱「臺」字。

〔四四〕至虢陝　「陝」字原無，據黄本、彭本、柯本、凌本、殿本補。按：本書卷五秦本紀「秦與韓、魏河北及封陵以和」正義：「河外陝、虢、曲沃等地。」

〔四五〕趙挾韓之質　梁玉繩志疑卷二四：「『趙』字策作『而』，是也。」

〔四六〕而又與彊秦鄰之禍　梁玉繩志疑卷二四：「策『又』字作『無』，是。」按：戰國縱横家書朱己謂魏王章作「必無與彊秦鄰之禍」。

〔四七〕此亦王之天時已　王念孫雜志史記第三：「『天時』當從魏策作『大時』，言存韓安魏而利天下，王之時莫大於此也。秦策曰『今攻齊，此君之大時也』，是其證。」按：戰國縱横家書朱己謂魏王章亦作「大時」。

〔四八〕即公子無忌矯奪晉鄙兵　殿本「兵」下有「地」字。

史記卷四十五

韓世家第十五

韓之先與周同姓，【一】姓姬氏。其後苗裔事晉，得封於韓原，【二】曰韓武子。武子後三世【三】有韓厥，從封姓爲韓氏。

【一】索隱按：左氏傳云「邘、晉、應、韓，武之穆」，則韓是武王之子〔一〕，故詩稱「韓侯出祖」，是有韓而先滅。今據此文，云「其後裔事晉，封于韓原，曰韓武子」，則武子本是韓侯之後，晉又封之於韓原，即今之馮翊韓城是也。然按系本及左傳舊説，皆謂韓萬是曲沃桓叔之子，即是晉之支庶。又國語叔向謂韓宣子能修武子之德，起再拜謝曰「自桓叔已下，嘉吾子之賜」，亦言桓叔是韓之祖也。今以韓侯之後別有桓叔，非關曲沃之桓叔，如此則與太史公之意亦有違。

【二】正義括地志云：「韓原在同州韓城縣西南八里。又韓城在縣南十八里，故古韓國也〔二〕。古今地名云韓武子食菜於韓原故城也。」

【三】索隱系本云：「萬生賕伯，賕伯生定伯簡，簡生輿，輿生獻子厥。」

韓厥，晉景公之三年，晉司寇屠岸賈將作亂，誅靈公之賊趙盾。趙盾已死矣，欲誅其子趙朔。韓厥止賈，賈不聽。厥告趙朔令亡。朔曰：「子必能不絕趙祀，死不恨矣。」韓厥許之。及賈誅趙氏，厥稱疾不出。程嬰、公孫杵臼之藏趙孤趙武也，厥知之。

景公十一年，厥與郤克將兵八百乘伐齊，敗齊頃公于鞍，〔一〕獲逢丑父。於是晉作六卿，而韓厥在一卿之位，號爲獻子。

〔一〕正義音安。括地志云：「故鞍城今俗名馬鞍城，在濟州平陰縣十里〔三〕。」

晉景公十七年，病，卜，大業之不遂者爲祟。韓厥稱趙成季之功，今後無祀，以感景公。景公問曰：「尚有世乎？」厥於是言趙武，而復與故趙氏田邑，續趙氏祀。

晉悼公之七年，〔四〕韓獻子老。獻子卒，子宣子代。宣子徙居州。〔一〕

〔一〕索隱宣子名起。州，今在河内是也。正義括地志云：「懷州武德縣本周司寇蘇忿生之州邑也。」

晉平公十四年，吴季札使晉，曰：「晉國之政卒歸於韓、魏、趙矣。」晉頃公十二年，韓宣子與趙、魏共分祁氏、羊舌氏十縣。晉定公十五年，宣子與趙簡子侵伐范、中行氏。宣子卒，子貞子代立。貞子徙居平陽。〔一〕

【一】索隱系本作「平子」，名須，宣子子也。又云「景子居平陽」。平陽在山西。宋忠曰「今河東平陽縣」。正義平陽，晉州城是。

貞子卒，子簡子代。【一】簡子卒，子莊子代。莊子卒，子康子【二】代。康子與趙襄子、魏桓子共敗知伯，分其地，地益大，大於諸侯。

【一】集解徐廣曰：「史記多無簡子、莊子，而云貞子生康子。班氏亦同。」索隱徐廣云：「史記多無簡子、莊子，而云貞子生康子。班氏亦同。」按：系本有簡子，名不信；莊子，名庚。趙系家亦有簡子，名不佞。

【二】索隱名虎。

康子卒，子武子【一】代。武子二年，伐鄭，殺其君幽公。十六年，武子卒，子景侯立。【二】

【一】索隱名啓章。

【二】索隱紀年及系本皆作「景子」，名處。

景侯虔元年，伐鄭，取雍丘。二年，鄭敗我負黍。

六年，與趙、魏俱得列爲諸侯。

九年，鄭圍我陽翟。景侯卒，子列侯取立。【一】

【一】索隱 系本作「武侯」。

列侯三年，聶政殺韓相俠累。【二】九年，秦伐我宜陽，取六邑。十三年，列侯卒，子文侯立。【三】是歲魏文侯卒。

【二】集解 徐廣曰：「六年救魯也。」索隱 戰國策作殺韓傀，高誘曰「韓傀，俠侯累也〔五〕」。

【三】索隱 按：紀年無文侯，系本無列侯。

文侯二年，伐鄭，取陽城。伐宋，到彭城，執宋君。七年，伐齊，至桑丘。鄭反晉。九年，伐齊，至靈丘。【一】十年，文侯卒，子哀侯立。

【一】正義 靈丘，蔚州縣也，此時屬燕也〔六〕。

哀侯元年，與趙、魏分晉國。二年，滅鄭，因徙都鄭。【一】

【一】索隱 按：紀年魏武侯二十一年，韓滅鄭，哀侯入于鄭。二十二年，晉桓公邑哀侯于鄭。是韓既徙都，因改號曰鄭，故戰國策謂韓惠王曰鄭惠王，猶魏徙大梁稱梁王然也。

六年，韓嚴弒其君哀侯，而子懿侯立。【一】

【一】索隱 按：年表懿侯作「莊侯」。又紀年云「晉桓公邑哀侯于鄭，韓山堅賊其君哀侯而立韓若山」。若山即懿侯也，則韓嚴爲韓山堅也。而戰國策又有嚴仲子〔七〕，名遂，又恐是韓嚴也。

懿侯二年，魏敗我馬陵。【一】五年，與魏惠王會宅陽。【二】九年，魏敗我澮。【三】十二年，懿侯卒，子昭侯立。

【一】正義在魏州元城縣東南一里。

【二】正義在鄭州也。

【三】集解徐廣曰：「大雨三月也。」 正義澮，古外反。在陵州澮水之上也〔八〕。

昭侯元年，秦敗我西山。二年，宋取我黄池。【一】魏取朱。六年，伐東周，【二】取陵觀、邢丘。

【一】集解徐廣曰：「在平丘。」

【二】正義河南鞏縣。

八年，申不害相韓，脩術行道，國内以治，諸侯不來侵伐。

十年，韓姬弑其君悼公。【一】十一年，昭侯如秦。二十二年，申不害死。二十四年，秦來拔我宜陽。

【一】索隱紀年「姬」亦作「玘」，並音羊之反。姬是韓大夫，而王邵亦云不知悼公何君也。

二十五年，旱，作高門。屈宜臼【一】曰：「昭侯不出此門。何也？不時。吾所謂時者，非時日也，人固有利不利時。昭侯嘗利矣，不作高門。往年秦拔宜陽，今年旱，昭侯不以此時卹民之急，而顧益奢，此謂『時絀舉贏』。」【二】二十六年，高門成，昭侯卒，【三】果不出此門。子宣惠王立。

【一】集解許慎曰：「屈宜臼，楚大夫，在魏也〔九〕。」

【二】集解徐廣曰：「時衰耗而作奢侈。」

【三】索隱按：紀年「鄭昭侯武薨，次威侯立。威侯七年，與邯鄲圍襄陵。五月，梁惠王會威侯于巫沙。十月，鄭宣王朝梁」，不見威侯之卒。下敗韓舉在威侯八年，而此系家即以爲宣惠王之年。又上有殺悼公，悼公又不知是誰之謚。則韓微小，國史失代系，故此文及系本不同，蓋亦不可復考。

宣惠王五年，張儀相秦。八年，魏敗我將韓舉。【一】十一年，君號爲王。與趙會區鼠。十四年，秦伐敗我鄢。【二】

【一】索隱韓舉則是韓將不疑，而紀年云韓舉，趙將，蓋舉先爲趙將，後入韓。又紀年云其敗當韓威王八年，是不同也。

【二】集解徐廣曰：「潁川鄢陵縣。音於乾反。」正義今許州鄢陵縣西北十五里有鄢陵故城是也。

十六年，秦敗我脩魚，〔一〕虜得韓將鰒、申差於濁澤。〔二〕韓氏急，公仲〔三〕謂韓王曰：「與國非可恃也。今秦之欲伐楚久矣，王不如因張儀爲和於秦，賂以一名都，具甲，與之南伐楚，此以一易二之計也。」〔四〕韓王曰：「善。」乃警公仲之行，〔五〕將西購於秦。〔六〕楚王聞之大恐，召陳軫告之。陳軫曰：「秦之欲伐楚久矣，今又得韓之名都一而具甲，秦韓并兵而伐楚，此秦所禱祀而求也。今已得之矣，楚國必伐矣。王聽臣爲之警四境之內，起師言救韓，命戰車滿道路，發信臣，多其車，重其幣，使信王之救己也。縱韓不能聽我，韓必德王也，〔七〕必不爲鴈行以來，〔八〕是秦韓不和也，兵雖至，楚不大病也。爲能聽我絶和於秦，秦必大怒，以厚怨韓。韓之南交楚，必輕秦；輕秦，其應秦必不敬：是因秦、韓之兵而免楚國之患也。」楚王曰：「善。」乃警四境之內，興師言救韓。命戰車滿道路，發信臣，多其車，重其幣。謂韓王曰：「不穀國雖小，已悉發之矣。願大國遂肆志於秦，不穀將以楚殉韓。」〔九〕韓王聞之大說，乃止公仲之行。〔一〇〕公仲曰：「不可。夫以實伐我者秦也，以虛名救我者楚也。王恃楚之虛名，而輕絶彊秦之敵，王必爲天下大笑。且楚韓非兄弟之國也，又非素約而謀伐秦也。已有伐形，因發兵言救韓，此必陳軫之謀也。且王已使人報於秦矣，今不行，是欺秦也。夫輕欺彊秦而信楚之謀臣，恐王必悔之。」韓王不聽，遂絶於秦。

秦因大怒，益甲伐韓，大戰，楚救不至韓。十九年，大破我岸門。【一二】太子倉質於秦以和。

【一】索隱 地名。

【二】集解 徐廣曰：「一云鯁、申差。長社有濁澤。」 索隱 ⿰魚叟、申差，二將名〔一〇〕。⿰魚叟音瘦，亦作「鯁」。 正義 按：濁澤者蓋誤，當作「觀澤」。年表云：秦惠文王更元八年，與韓戰〔一一〕，斬首八萬；韓宣惠王十六年，秦敗我脩魚，得將軍申差；魏哀王二年，齊敗我觀澤；趙武靈王九年，與韓、魏擊秦；齊湣王七年，敗魏、趙觀澤。濁澤定誤矣。徐廣又云「濁澤在長社」，不曉錯誤之甚。括地志云「觀澤在魏州頓丘縣東十八里」。

【三】索隱 韓相國，名侈。

【四】索隱 一，謂名都也。二，謂使不伐韓而又與之伐楚也。

【五】索隱 警，戒也。戰國策作「儆」亦同〔一二〕。

【六】索隱 戰國策作「講」。講亦謀議，與購求意通。

【七】索隱 言韓王信楚之救，雖不能聽待楚救至，折入於秦，猶德於楚也。

【八】索隱 言韓以楚必救己，己雖隨秦來戰，猶德於王，故不爲鴈行而來，言不同心旅進也。

【九】索隱 殉，從死也。言以死助韓。

【一〇】索隱 止不令西之秦。

【一一】集解 徐廣曰：「潁陰有岸亭。」 正義 括地志云：「岸門在許州長社縣西北十八里，今名西武亭矣。」

二十一年，【一】與秦共攻楚，【二】敗楚將屈丐，斬首八萬於丹陽。【三】是歲，宣惠王卒，太子倉立，是爲襄王。【四】

【一】集解徐廣曰：「周王赧之三年也。」

【二】集解徐廣曰：「圍景痤也。」

【三】索隱故楚都，在今均州。正義左傳例云【三】：「楚居丹陽，今枝江縣故城是也。」

【四】集解徐廣曰：「一云周赧王六年，韓襄哀王三年，張儀死。赧王九年，襄哀王六年，秦昭王立。」

襄王四年，與秦武王會臨晉。其秋，秦使甘茂攻我宜陽。五年，秦拔我宜陽，【一】斬首六萬。秦武王卒。六年，秦復與我武遂。九年，秦復取我武遂。十年，太子嬰朝秦而歸。【二】十一年，秦伐我，取穰。【三】與秦伐楚，敗楚將唐眛。

【一】正義括地志云：「故韓城一名宜陽城，在洛州福昌縣東十四里，韓宜陽城也。」

【二】集解徐廣曰：「與秦會臨晉，因至咸陽而還。」

【三】正義穰，人羊反，鄧州縣也。郭仲産南雍州記云：「楚之别邑。秦初侵楚，封公子悝爲穰侯。

後屬韓，秦昭王取之也。」

十二年，太子嬰死。公子咎、公子蟣蝨爭爲太子。時蟣蝨質於楚。蘇代謂韓咎曰：「蟣蝨亡在楚，楚王欲内之甚。今楚兵十餘萬在方城之外，〔一〕公何不令楚王築萬室之都雍氏之旁，〔二〕韓必起兵以救之，公必將矣。公因以韓楚之兵奉蟣蝨而内之，其聽公必矣，必以楚韓封公也。」韓咎從其計。

〔一〕索隱方城，楚之北境。之外，北境之北也。正義括地志云：「方城山在許州葉縣西南十八里。左傳云楚大夫屈完對齊侯曰『楚國方城以爲城』，杜注云『方城山在南陽葉縣南』。」

〔二〕集解徐廣曰：「在陽翟。」正義括地志云：「故雍氏城在洛州陽翟縣東北二十五里〔一四〕。故老云黄帝臣雍父作杵臼也〔一五〕。」

楚圍雍氏，〔一〕韓求救於秦。秦未爲發，使公孫昧入韓。公仲曰：「子以秦爲且救韓乎？」對曰：「秦王之言曰『請道南鄭、藍田，〔二〕出兵於楚以待公』，殆不合矣。」〔三〕公仲曰：「子以爲果乎？」對曰：「秦王必祖張儀之故智。〔四〕楚威王攻梁也，張儀謂秦王曰：『與楚攻魏，魏折而入於楚，韓固其與國也，是秦孤也。不如出兵以到之〔一六〕，〔五〕魏楚大戰，秦取西河之外以歸。』今其狀陽言與韓，其實陰善楚。公待秦而到，必輕與楚戰。楚陰得秦之不用也，必易與公相支也。〔六〕公戰而勝楚，遂與公乘楚，施三川而歸。〔七〕公戰不勝楚，楚塞三川守之，【八】公不能救也。竊爲公患之。司馬庚【九】三反於郢，甘茂與昭魚【一〇】遇於商於，其言收璽，【一一】實類有約也。」公仲恐，曰：「然則柰何？」曰：「公必先韓而後秦，先身而後張儀。【一二】公不如亟以國合於齊楚，齊楚必委國於公。公之所惡者張儀也，【一三】其實猶不無秦也。」於是楚解雍氏圍。【一四】

【一】集解徐廣曰：「秦本紀惠王後元十三年，周赧王三年，楚懷王十七年，齊湣王十二年，皆云『楚圍雍氏』。紀年於此亦説『楚景翠圍雍氏。韓宣王卒，秦助韓共敗楚屈丐』。又云『齊、宋圍煮棗』。皆與史記年表及田完世家符同。然則此卷所云『襄王十二年，韓咎從其計』以上，是楚後圍雍氏，赧王之十五年事也。又説『楚圍雍氏』以下，是楚前圍雍氏，赧王之三年事。」

【二】正義南鄭，梁州縣。藍田，雍州縣。秦王言或出雍州西南至鄭，或出雍州東南歷藍田出嶢關，俱繞楚北境以待韓使而東救雍氏。如此遲緩，近不合於楚矣。

【三】索隱殆不合於南鄭。

【四】集解徐廣曰：「祖者，宗之習之謂也。故智，猶前時謀計也。」

【五】索隱到，欺也，猶俗云「張到」。然戰國策作「勁」，勁，强也。

【六】索隱言楚陰知秦，不爲公用，亦必易爲公相支拒也【一七】。

【七】正義施猶設也。三川，周天子都也。言韓戰勝楚，則秦與韓駕御於楚，即於天子之都，張設救韓之功，行霸王之迹，加威諸侯，乃歸咸陽是也。

【八】正義楚乃塞南河四關守之，韓不能救三川。

【九】集解徐廣曰：「一作『唐』。」

【一〇】集解徐廣曰：「楚相國。」索隱戰國策謂之昭獻。

【一一】索隱劉氏云「詐言昭魚來秦，欲得秦官之印璽」。收即取之義也。

【一二】正義先以身存韓之計，而後知張儀爲秦到魏之計，不如急以國合於齊楚。

【一三】正義惡，烏故反。公孫昧言公仲所惡者張儀到魏之計，雖以國合於齊楚，其實猶不輕欺無秦也。

【一四】集解徐廣曰：「甘茂傳云『楚懷王以兵圍韓雍氏，韓使公仲告急於秦，秦昭王新立，不肯救。甘茂爲韓言之，乃下師於殽以救韓也』。又云『周赧王十五年，韓襄王十二年，秦擊楚，斬首二萬，敗楚襄城，殺景缺〔一八〕』。周本紀赧王八年之後云『楚圍雍氏』，此當韓襄王十二年，魏哀王十九年。紀年於此亦說『楚入雍氏，楚人敗』。然爾時張儀已死十年矣。」正義自此已上十二年，並是楚後圍雍氏，赧王之十五年一段事也。前注徐廣云「『楚圍雍氏』之下，是楚前圍雍氏，赧王三年事」，徐說非也。徐見下文云「先身而後張儀」及「公之所惡者張儀也」，言張儀尚存，楚又兩度圍雍氏，故生此前後之見，甚誤也。然是公孫昧卻述張儀時事，說韓相公仲耳。

蘇代又謂秦太后弟羋戎【二一】曰：「公叔伯嬰恐秦楚之內蟣蝨也，【二二】公何不爲韓求質子於楚？【三】楚王聽入質子於韓，【四】則公叔伯嬰知秦楚之不以蟣蝨爲事，必以韓合於秦楚。秦楚挾韓以窘魏，魏氏不敢合於齊，是齊孤也。公又爲秦求質子於楚，【五】楚不聽，怨結於韓。韓挾齊魏以圍楚，楚必重公。【六】公挾秦楚之重以積德於韓，公叔伯嬰必以國待公。」於是蟣蝨竟不得歸韓。【七】韓立咎爲太子。齊、魏王來。【八】

【一】集解徐廣曰：「號新城君。」索隱羋，姓；戎，名。秦宣太后弟，號新城君。

【二】索隱按戰國策，公叔伯嬰與蟣蝨及公子咎並是襄王子。然伯嬰即太子嬰，嬰前死，故咎與蟣蝨又爭立。此取戰國策說，伯嬰未立之先亦與蟣蝨爭立，故事重而文到也。

【三】索隱令韓求楚，更以別人爲質，以替蟣蝨也。正義爲，于僞反。後同。

【四】索隱質子，蟣蝨也。正義質子，蟣蝨。蘇代令羋戎爲韓求蟣蝨入於韓，楚不聽。公叔伯嬰知秦楚不以蟣蝨爲事，必以韓合於秦楚。「楚王聽入質子於韓」當云「楚王不聽入質子於韓」，承前脱「不」字耳。次下云「知秦楚不以蟣蝨爲事」，重明脱「不」字。

【五】索隱令羋戎教秦，於楚索韓所送質子，令入之於秦也。

【六】正義言韓合齊魏以圍楚，楚必尊重羋戎以求秦救矣。

【七】正義自此已前蘇代數計皆不成，故韓竟立咎爲太子也。

【八】正義蘇代爲韓立計，故得齊、魏王來。

十四年，與齊、魏王共擊秦，至函谷而軍焉。十六年，秦與我河外及武遂。襄王卒，太子咎立，是爲釐王。

釐王三年，使公孫喜率周、魏攻秦。秦敗我二十四萬，虜喜伊闕。五年，秦拔我宛。【一】六年，與秦武遂地二百里。【二】十年，秦敗我師于夏山。十二年，與秦昭王會西周而佐秦攻齊。齊敗，湣王出亡。十四年，與秦會兩周閒。二十一年，使暴鳶【三】救魏，爲秦所敗，鳶走開封。

【一】正義宛，於元反。宛，鄧州縣也，時屬韓也。
【二】正義此武遂及上武遂皆宜陽近地。
【三】正義音捐。韓將姓名。

二十三年，趙、魏攻我華陽。【一】韓告急於秦，秦不救。韓相國謂陳筮【二】曰：「事急，願公雖病，爲一宿之行。」陳筮見穰侯。穰侯曰：「事急乎？故使公來。」陳筮曰：「未急也。」穰侯怒曰：「是可以爲公之主使乎？夫冠蓋相望，告敝邑甚急，公來言未急，何也？」陳筮曰：「彼韓急則將變而佗從，以未急，故復來耳。」穰侯曰：「公無見王，請今發兵救韓。」八日而至，敗趙、魏於華陽之下。是歲，釐王卒，子桓惠王立。

【一】正義司馬彪云：「華陽，山名〔一九〕，在密縣。」鄭州管城縣南四十里。

【二】集解徐廣曰：「一作『筌』。」索隱徐廣云一作「筌〔二〇〕」。戰國策作「田茶〔二一〕」。

桓惠王元年，伐燕。九年，秦拔我陘，城汾旁。【一】十年，秦擊我於太行，【二】我上黨郡守以上黨郡降趙。十四年，秦拔趙上黨，【三】殺馬服子卒四十餘萬於長平。十七年，秦拔我陽城、負黍。【四】二十二年，秦昭王卒。二十四年，秦拔我城皋、滎陽。二十六年，秦悉拔我上黨。二十九年，秦拔我十三城。

【一】正義陘音刑。秦拔陘，城於汾水之旁。陘故城在絳州曲沃縣西北二十里汾水之旁也。

【二】正義太行山在懷州河内縣北二十五里也。

【三】正義韓上黨也。從太行山西北澤、潞等州是也。

【四】集解徐廣曰：「負黍在陽城。」正義古今地名云：「負黍在洛州陽城西三十七里也。」

三十四年，桓惠王卒，子王安立。

王安五年，秦攻韓，韓急，使韓非使秦，秦留非，因殺之。九年，秦虜王安，盡入其地，爲潁川郡。韓遂亡。【一】

【一】正義亡在秦始皇帝十七年。

太史公曰：韓厥之感晉景公，紹趙孤之子武，以成程嬰、公孫杵臼之義，此天下之陰德也。韓氏之功，於晉未覩其大者也。然與趙、魏終爲諸侯十餘世，宜乎哉！

【索隱述贊】韓氏之先，實宗周武。事微國小，春秋無語。後裔事晉，韓原是處。趙孤克立，智伯可取。既徙平陽，又侵負黍。景趙俱侯，惠又僭主〔三〕。秦敗脩魚，魏會區鼠〔三〕。韓非雖使，不禁狼虎。

校勘記

〔一〕則韓是武王之子　「則韓」二字原無，據耿本、黄本、彭本、柯本、凌本、殿本補。

〔二〕故古韓國　「故」、「古」二字義複，當衍其一。

〔三〕濟州平陰縣十里　「平陰縣」下疑脱「東」字。按：太平寰宇記卷一三河南道鄆州平陰縣：「鞍城，左氏謂齊戰於鞍，城在縣東。」

〔四〕晉悼公之七年　「七年」，原作「十年」。按：左傳韓獻子告老在魯襄公七年，當晉悼公七年。

今據改。

〔五〕俠侯累也　耿本、黄本、彭本、柯本、凌本、殿本無「侯」字。

〔六〕此時屬燕也　「燕」，疑當作「齊」。按：本書卷四四魏世家「使吴起伐齊，至靈丘」正義：「靈丘，蔚州縣也。時屬齊，故三晉伐之也。」卷四六田敬仲完世家「三晉因齊喪來伐我靈丘」正義：「靈丘，河東蔚州縣。案：靈丘此時屬齊，三晉因喪伐之。」

〔七〕而戰國策又有嚴仲子　「嚴仲子」，原作「韓仲子」，據耿本、黄本、彭本、柯本、凌本、殿本改。按：戰國策韓策二作「嚴仲子」。本書卷八六刺客列傳「濮陽嚴仲子事韓哀侯，與韓相俠累有郤」索隱引高誘曰：「嚴遂，字仲子。」

〔八〕在陵州澮水之上也　「陵州」，疑當作「絳州」。按：本書卷四三趙世家「魏敗我澮」正義引括地志：「澮水縣在絳州翼城縣東南二十五里。」卷四四魏世家「（武侯）九年，翟敗我于澮」正義引括地志：「澮高山又云澮山，在絳州翼城縣東北二十五里，澮水出此山也。」

〔九〕在魏也　「魏」，通鑑卷二周紀二顯王三十五年胡三省注引許慎作「韓」。按：本書卷一五六國年表韓昭侯二十五年「作高門，屈宜臼曰：『昭侯不出此門。』」

〔一〇〕二將名　「名」字原無，據耿本、黄本、彭本、柯本、凌本、殿本補。按：通鑑卷三周紀三慎靚王四年胡三省注引索隱有「名」字。

〔一一〕與韓戰　本書卷一五六國年表「韓」下有「趙」字。

〔三〕戰國策作儆亦同　「儆」，原作「衞」，據耿本、黄本、彭本、柯本、凌本、殿本改。按：戰國策韓策一作「儆」，鮑彪曰：「儆，猶戒。」戰國縱横家書公仲倗謂韓王章作「警」。又，「亦同」二字原無，據耿本、黄本、彭本、柯本、凌本、殿本補。

〔三〕左傳例　張文虎札記卷四：「『例』上當有『釋』字。」按：張校誤。本書卷四〇楚世家「居丹陽」正義：「潁容左傳例云：『楚居丹陽，今枝江縣故城是也。』」後漢書卷七九下儒林傳下謂潁容善春秋左氏，著春秋左氏條例五萬餘言。「左傳例」蓋「春秋左氏條例」之别稱。

〔四〕陽翟縣東北二十五里　「東北」二字原無。本書卷四周本紀「楚圍雍氏」正義引括地志：「在洛州陽翟縣東北二十五里。」今據補。

〔五〕作杵臼　本書卷四周本紀「楚圍雍氏」正義引括地志此下有「所封」二字。

〔六〕到　王念孫雜志史記第三：「韓策作『勁』而訓爲强，是也。」

〔七〕亦必易爲公相支拒也　「爲」，耿本、黄本、彭本、柯本、凌本、殿本作「與」。

〔八〕又云周赧王十五年韓襄王十二年秦擊楚斬首二萬敗楚襄城殺景缺　「又云」，疑當作「表云」。按：此非甘茂傳之文，不當稱「又云」。據本書卷一五六國年表，周赧王十五年，當韓襄王之十二年，秦表云「擊楚，斬首三萬」，楚表云「秦取我襄城，殺景缺」。

〔九〕華陽山名　「山」，疑當作「亭」。按：本書卷五秦本紀「擊芒卯華陽」集解：「司馬彪曰：『華陽，亭名，在密縣。』」卷四周本紀「秦破華陽約」索隱、正義引司馬彪同。卷七二穰侯列傳「爲

〔二〇〕華陽君　正義：「司馬彪云：『華陽，亭名，在洛州密縣。』」水經注卷二二洧水：「司馬彪曰：華陽，亭名，在密縣。嵇叔夜常采藥于山澤，學琴于古人，即此亭也。」

〔二一〕徐廣云一作筌　耿本、黄本、彭本、柯本、淩本、殿本無此六字。

〔二二〕田苓　戰國策韓策三作「田苓」。

〔二三〕惠又僭主　「又」，原作「文」，據索隱本改。按：史文皆稱「宣惠王」，無稱「惠文王」者。

〔二四〕魏會區鼠　「魏」，疑當作「趙」。本卷上文云宣惠王十一年「與趙會區鼠」，本書卷四三趙世家云「（武靈王）四年，與韓會于區鼠」，卷一五六國年表趙表云武靈王四年「與韓會區鼠」。

史記卷四十六

田敬仲完世家第十六

陳完者，陳厲公他〔一〕之子也。完生，周太史過陳，陳厲公使卜完，卦得觀之否：「是爲觀國之光，利用賓于王。此其代陳有國乎？不在此，而在異國乎？非此其身也，在其子孫。若在異國，必姜姓。姜姓，四嶽之後。〔二〕物莫能兩大，陳衰，此其昌乎？」〔三〕

【一】索隱他音徒何反。此系家以他爲厲公，而左傳厲公名躍，陳系家又有利公躍，利即厲也，是厲公名躍。蓋他是厲公之兄，立未踰年，無謚。今此云「厲公他」，非也。他一名五父，故經云「蔡人殺陳他」，傳又云「蔡人殺五父」是也。

【二】正義杜預云：「姜姓之先，爲堯四嶽也。」

【三】正義陳滑公，周敬王四十一年爲楚惠王所滅。齊簡公，周敬王三十九年被田常所殺。

厲公者，陳文公少子也，其母蔡女。文公卒，厲公兄鮑立，是爲桓公。桓公與他異母。

及桓公病，蔡人爲他殺桓公鮑及太子免而立他，爲厲公。厲公既立，娶蔡女。蔡女淫於蔡人，數歸，厲公亦數如蔡。桓公之少子林怨厲公殺其父與兄，乃令蔡人誘厲公而殺之。林自立，是爲莊公。故陳完不得立，爲陳大夫。厲公之殺，以淫出國，故春秋曰「蔡人殺陳他」，罪之也。

莊公卒，立弟杵臼，是爲宣公。宣公二十一年【一】，殺其太子禦寇。禦寇與完相愛，恐禍及己，完故奔齊。齊桓公欲使爲卿，辭曰：「羈旅之臣，幸得免負檐，君之惠也，不敢當高位。」桓公使爲工正。【二】齊懿仲欲妻完，卜之，占曰：「是謂鳳皇于蜚，和鳴鏘鏘。有嬀之後，將育于姜。五世其昌，並于正卿。八世之後，莫之與京。」卒妻完。完之奔齊，齊桓公立十四年矣。

【二】正義工巧之長，若將作大匠。

完卒，謚爲敬仲。仲生穉孟夷。【二】敬仲之如齊，以陳字爲田氏。【三】

【二】索隱系本作「夷孟思」。蓋穉是名，孟夷字也。

【三】集解徐廣曰：「應劭云始食菜地於田，由是改姓田氏。」索隱據如此云，敬仲奔齊，以「陳」「田」二字聲相近，遂以爲田氏。應劭云「始食菜於田」，則田是地名，未詳其處。正義案：敬仲既奔齊，不欲稱本國故號，故改陳字爲田氏。

田穉孟夷生湣孟莊，【一】田湣孟莊生文子須無。田文子事齊莊公。

【一】集解徐廣曰：「一作『芷』。」索隱系本作「閩孟克」。芷，昌改反。

晉之大夫欒逞【一】作亂於晉，來奔齊，齊莊公厚客之。晏嬰與田文子諫，莊公弗聽。

【一】索隱音盈。史記多作「逞」字。

文子卒，生桓子無宇。田桓子無宇有力，事齊莊公，甚有寵。

無宇卒，生武子開與釐子乞。【一】田釐子乞事齊景公爲大夫，其收賦税於民以小斗受之，其稟予民以大斗，【二】行陰德於民，而景公弗禁。由此田氏得齊衆心，宗族益彊，民思田氏。晏子數諫景公，景公弗聽。已而使於晉，與叔向私語曰：「齊國之政其卒歸於田氏矣。」

【一】正義釐音僖。

晏嬰卒後，范、中行氏反晉。晉攻之急，范、中行請粟於齊。田乞欲爲亂，樹黨於諸侯，乃説景公曰：「范、中行數有德於齊，齊不可不救。」齊使田乞救之而輸之粟。

景公太子死，後有寵姬曰芮子，【一】生子荼。【二】景公病，命其相國惠子【三】與高昭子【四】以子荼爲太子。景公卒，兩相高、國立荼，是爲晏孺子。而田乞不説，欲立景公他子陽生。陽生素與乞歡。晏孺子之立也，陽生奔魯。田乞僞事高昭子、國惠子者，每朝代參乘，言曰：「始諸大夫不欲立孺子。孺子既立，君相之，大夫皆自危，謀作亂。」又紿大夫曰：「高昭子可畏也，及未發先之。」諸大夫從之。田乞、鮑牧與大夫以兵入公室，攻高昭子。昭子聞之，與國惠子救公。公師敗。田乞之衆追國惠子，惠子奔莒，遂返殺高昭子。晏圉奔魯【三】。

【一】集解徐廣曰：「一作『粥子』。」
【二】索隱音舒，又如字。
【三】索隱名夏。
【四】索隱名張。

田乞使人之魯，迎陽生。陽生至齊，匿田乞家。請諸大夫曰：「常之母有魚菽之祭，幸而來會飲。」會飲田氏。田乞盛陽生橐中，【一】置坐中央。發橐，出陽生，曰：「此乃齊君矣。」大夫皆伏謁，將盟立之。田乞誣曰：「吾與鮑牧謀共立陽生也。」鮑牧怒曰：「大夫忘景公之命乎？」諸大夫欲悔，陽生乃頓首曰：「可則立之，不可則已。」鮑牧恐禍及己，乃復曰：「皆景公之子，何爲不可！」遂立陽生於田乞之家，是爲悼公。乃使人遷晏孺子於駘，〔二〕而殺孺子荼。悼公既立，田乞爲相，專齊政。

〔一〕索隱 橐音託。橐中，謂皮橐之中。

〔二〕正義 音臺，又音台。賈逵云：「齊地也。」

四年，田乞卒，子常代立，是爲田成子。

鮑牧與齊悼公有郤，弒悼公。齊人共立其子壬，是爲簡公。田常成子與監止〔一〕俱爲左右相，相簡公。田常心害監止，監止幸於簡公，權弗能去。於是田常復脩釐子之政，以大斗出貸，以小斗收。齊人歌之曰：「嫗乎采芑，歸乎田成子！」〔二〕齊大夫朝，御鞅〔三〕諫簡公曰：「田、監不可並也，君其擇焉。」君弗聽。

〔一〕集解 監，一作「闞」。索隱 上音如字，又音苦濫反。監，姓也。名止。

〔二〕索隱 言嫗之采芑菜皆歸入於田成子，以刺齊國之政將歸陳氏也〔四〕。

〔三〕索隱 御，官也；鞅，名也。亦田氏之族。

子我者，監止之宗人也，〔一〕常與田氏有郤。田氏疏族田豹事子我有寵。子我曰：「吾欲盡滅田氏適，以豹代田氏宗。」豹曰：「臣於田氏疏矣。」不聽。已而豹謂田氏曰：「子我將誅田氏，田氏弗先，禍及矣。」子我舍公宮，田常兄弟四人乘如公宮，欲殺子我。子我閉門。簡公與婦人飲檀臺，〔二〕將欲擊田常。太史子餘曰：「田常非敢爲亂，將除害。」簡公乃止。田常出，聞簡公怒，恐誅，將出亡。田子行曰：「需，事之賊也。」〔三〕田常於是擊子我。子我率其徒攻田氏，不勝，出亡。田氏之徒追殺子我及監止。

〔一〕索隱案：齊系家云「子我夕」，賈逵云「即監止也」。尋其文意，當是監止。今云「宗人」，蓋太史誤也。

〔二〕正義在青州臨淄縣東北一里。

〔三〕索隱需音須。需者，疑也。疑必致難，故云「事之賊」也。

簡公出奔，田氏之徒追執簡公于徐州。〔一〕簡公曰：「蚤從御鞅之言，不及此難。」田氏之徒恐簡公復立而誅己，遂殺簡公。簡公立四年而殺。於是田常立簡公弟驁，是爲平公。平公即位，田常爲相。

〔一〕索隱徐音舒。徐州，齊邑，薛縣是也，非九州之徐。正義齊之西北界上地名，在勃海郡東平縣也。

田常既殺簡公，懼諸侯共誅己，乃盡歸魯、衞侵地，西約晉、韓、魏、趙氏，南通吴、越之使，脩功行賞，親於百姓，以故齊復定。

田常言於齊平公曰：「德施人之所欲，君其行之；刑罰人之所惡，臣請行之。」行之五年，齊國之政皆歸田常。田常於是盡誅鮑、晏、監止及公族之彊者，而割齊自安平以東【一】至琅邪，自爲封邑。【二】封邑大於平公之所食。

【一】集解徐廣曰：「安平在北海。」索隱案：司馬彪郡國志「北海東安平，六國時曰安平」，則徐廣云在北海是。正義括地志云：「安平城在青州臨淄縣東十九里，古紀國之酅邑。」青州即北海郡也。

【二】正義琅邪，沂州也。從安平已東，萊、登、沂、密等州皆自爲田常封邑也。

田常乃選齊國中女子長七尺以上爲後宮，後宮以百數，而使賓客舍人出入後宮者不禁。及田常卒，有七十餘男。【一】

【一】索隱案：鮑昱云「陳成子有數十婦，生男百餘人」，與此亦異。然譙允南案春秋，陳恒爲人，雖志大負殺君之名，至於行事亦脩整，故能自保，固非苟爲禽獸之行。夫成事在德，雖有姦子七十，衹以長亂，事豈然哉？言其非實也。

田常卒，子襄子盤【一】代立，相齊。常謚爲成子。

【一】集解徐廣曰：「盤，一作『塈』。」索隱徐廣云一作「塈」。音許既反。系本作「班」。

田襄子既相齊宣公，三晉殺知伯，【一】分其地。襄子使其兄弟宗人盡爲齊都邑大夫，與三晉通使，且以有齊國。

【一】集解徐廣曰：「宣公之三年時也。」

襄子卒，子莊子白【一】立。田莊子相齊宣公。宣公四十三年，伐晉，毁黄城，圍陽狐。【二】明年，伐魯、葛及安陵。【三】明年，取魯之一城。

【一】索隱系本名伯。

【二】正義括地志云：「故黄城在魏州冠氏縣南十里。陽狐郭在魏州元城縣東北三十二里也。」

【三】正義括地志云：「故魯城在許昌縣南四十里，本魯朝宿邑。長葛故城在許州長葛縣北十三里〔五〕，鄭之葛邑也。鄢陵故城在許州鄢陵縣西北十五里。李奇云六國時爲安陵也。」

莊子卒，子太公和立。【一】田太公相齊宣公。宣公四十八年，取魯之郕。【二】明年，宣公與鄭人會西城。伐衞，取毌丘。【三】宣公五十一年卒，田會自廩丘反。【四】

【一】索隱案：紀年「齊宣公十五年，田莊子卒。明年，立田悼子。悼子卒，乃次立田和」。是莊子後有悼子。蓋立年無幾，所以作系本及記史者不得録也〔六〕。而莊周及鬼谷子亦云「田成子殺齊君，十二代而有齊國」。今據系本、系家，自成子至王建之滅，唯祇十代；若如紀年，則悼子及侯剡即有十二代，乃與莊子、鬼谷説同，明紀年亦非妄。

【二】正義音城。括地志云：「故郕城在兖州泗水縣西北五十里。説文云『郕，魯孟氏邑』是也。」

【三】索隱 毌，音貫，古國名，衞之邑。今作「毌」者，字殘缺耳。正義 括地志云：「故貫城即古貫國，今名蒙澤城，在曹州濟陰縣南五十六里也。」

【四】索隱 紀年「宣公五十一年，公孫會以廩丘叛於趙。十二月，宣公薨」。於周正爲明年二月。

宣公卒，子康公貸立。【一】貸立十四年，淫於酒、婦人，不聽政。太公乃遷康公於海上，食一城，以奉其先祀。明年，魯敗齊平陸。【二】

【一】集解 徐廣曰：「十一年，伐魯，取最。」 索隱 貸音土代反。最音祖外反。

【二】集解 徐廣曰東平平陸。正義 兗州縣也。

三年，太公與魏文侯會濁澤，【一】求爲諸侯。魏文侯乃使使言周天子及諸侯，請立齊相田和爲諸侯。周天子許之。康公之十九年，田和立爲齊侯，列於周室，紀元年。

【一】集解 徐廣曰：「康公之十六年。」 索隱 徐廣云「康公十六年」，蓋依年表爲説，而不省此上文「貸立十四年」，又云「明年會平陸【七】」，又「三年會濁澤」，則是十八年，表及此注並誤也。

齊侯太公和立二年，和卒，【一】子桓公午立。【二】桓公午五年，秦、魏攻韓，韓求救於齊。齊桓公召大臣而謀【三】曰：「蚤救之孰與晚救之？」騶忌曰：「不若勿救。」段干朋【四】曰：「不救，則韓且折而入於魏，不若救之。」田臣思【五】曰：「過矣君之謀也！秦、魏攻韓，楚、趙必救之，是天以燕予齊也。」桓公曰：「善。」乃陰告韓使者而遣之。韓自以爲得齊之救，因與秦、魏戰。楚、趙聞之，果起兵而救之。齊因起兵襲燕國，取桑丘。【六】

【一】集解徐廣曰：「伐魯，破之。」

【二】索隱紀年「齊康公五年，田侯午生。二十二年，田侯剡立。後十年，齊田午弒其君及孺子喜而爲公」。春秋後傳亦云「田午弒田侯及其孺子喜而兼齊，是爲桓侯」。與此系家不同也。

【三】索隱謂騶忌、段干朋。如戰國策威王二十六年邯鄲之役有此謀臣耳。又南梁之難在宣王二年，有騶子、田忌、孫臏之謀。戰國策又有張田〔八〕。其辭前後交互，是記史者所取各異，故不同耳。

【四】索隱段干，姓；朋，名也。戰國策作「段干綸」。

【五】索隱戰國策作「田期思」，紀年謂之徐州子期，蓋即田忌也。

【六】正義括地志云：「桑丘故城俗名敬城，在易州遂城縣。」爾時齊伐燕桑丘，魏、趙來救之。魏、趙世家並云「伐齊，至桑丘」，皆是易州。

六年，救衞。桓公卒，【一】子威王因齊立。是歲，故齊康公卒，絕無後，奉邑皆入田氏。

【一】索隱案紀年，梁惠王十二年當齊桓公十八年〔九〕，後威王始見，則桓公十九年而卒，與此不同。

齊威王元年，三晉因齊喪來伐我靈丘。【一】三年，三晉滅晉後而分其地。六年，魯伐

我，入陽關。【二】晉伐我，至博陵。【三】七年，衞伐我，取薛陵。九年，趙伐我，取甄。【四】

【一】正義靈丘，河東蔚州縣。案：靈丘此時屬齊，三晉因喪伐之。韓、魏、趙世家云「伐齊，至靈丘」，皆是蔚州。

【二】集解徐廣曰：「在鉅平。」正義括地志云：「魯陽關故城在兗州博城縣南二十九里，西臨汶水也。」

【三】正義在濟州西界也。

【四】正義音絹，即濮州甄城縣也。

威王初即位以來，不治，委政卿大夫，九年之閒，諸侯並伐，國人不治。於是威王召即墨大夫而語之曰：「自子之居即墨也，【一】毀言日至。然吾使人視即墨，田野闢，民人給，官無留事，東方以寧。是子不事吾左右以求譽也。」封之萬家。召阿大夫語曰：「自子之守阿，譽言日聞。然使使視阿，田野不闢，民貧苦。昔日趙攻甄，子弗能救。衞取薛陵，子弗知。是子以幣厚吾左右以求譽也。」是日，烹阿大夫，及左右嘗譽者皆并烹之。遂起兵西擊趙、衞，敗魏於濁澤而圍惠王。惠王請獻觀以和解，趙人歸我長城。於是齊國震懼，人人不敢飾非，務盡其誠。齊國大治。諸侯聞之，莫敢致兵於齊二十餘年。

【一】正義萊州膠水縣南六十里即墨故城是也。

騶忌子以鼓琴見威王，威王説而舍之右室。須臾，王鼓琴，騶忌子推户入曰：「善哉鼓琴！」王勃然不説，去琴按劍曰：「夫子見容未察，何以知其善也？」騶忌子曰：「夫大弦濁以春温者〔一〇〕，君也；小弦廉折以清者，相也；〔一〕攫〔二〕之深，醳之愉者，〔三〕政令也；鈞諧以鳴，大小相益，回邪而不相害者，四時也：吾是以知其善也。」王曰：「善語音。」騶忌子曰：「何獨語音，夫治國家而弭人民皆在其中。」王又勃然不説曰：「若夫語五音之紀，信未有如夫子者也。若夫治國家而弭人民，又何爲乎絲桐之閒？」騶忌子曰：「夫大弦濁以春温者，君也；小弦廉折以清者，相也；攫之深而舍之愉者，政令也；鈞諧以鳴，大小相益，回邪而不相害者，四時也。夫復而不亂者，所以治昌也；連而徑者，所以存亡也：故曰琴音調而天下治。夫治國家而弭人民者，無若乎五音者。」王曰：「善。」

〔一〕集解琴操曰：「大弦者，君也，寬和而温。小弦者，臣也，清廉而不亂。」索隱大弦濁以温者君也。案：春秋後語「温」字作「春」，春氣温，義亦相通也。蔡邕曰：「凡弦以緩急爲清濁。琴，緊其弦則清，緩其弦則濁〔一一〕。」

〔二〕集解徐廣曰：「以爪持弦也。」攫音己足反。」

〔三〕集解徐廣曰：「一作『舒』。」索隱醳音釋，與下文「舍」字並同。愉音舒也。

騶忌子見三月而受相印。淳于髡見之曰：「善説哉！髡有愚志，願陳諸前。」騶忌子曰：「謹受教。」淳于髡曰：「得全全昌，【一】失全全亡。」騶忌子曰：「謹受令，請謹毋離前。」【二】淳于髡曰：「豨膏棘軸，所以爲滑也，然而不能運方穿。」【三】騶忌子曰：「謹受令，請謹事左右。」淳于髡曰：「弓膠昔幹，【四】所以爲合也，然而不能傅合疏罅。」【五】騶忌子曰：「謹受令，請謹自附於萬民。」淳于髡曰：「狐裘雖敝，不可補以黄狗之皮。」騶忌子曰：「謹受令，請謹擇君子，毋雜小人其閒。」淳于髡曰：「大車不較，【六】不能載其常任；琴瑟不較，不能成其五音。」騶忌子曰：「謹受令，請謹脩法律而督姦吏。」淳于髡説畢，趨出，至門，而面其僕曰：「是人者，吾語之微言五，其應我若響之應聲，是人必封不久矣。」【七】居朞年，封以下邳，號曰成侯。

【一】索隱案：得全，謂人臣事君之禮全具無失，故云得全也。全昌者，謂若無失則身名獲昌，故云全昌也。

【二】索隱謂佩服此言，常無離心目之前。

【三】索隱豨膏，豬脂也。棘軸，以棘木爲車軸，至滑而堅也。然而穿孔若方，則不能運轉，言逆理反經也。故下忌曰「請謹事左右」，言每事須順從。

【四】集解徐廣曰：「一作『乾』。」索隱音孤捍反。昔，久舊也。幹，弓幹也。徐廣又曰一作「乾」。考工記作「枯幹」，則枯昔音相近。言作弓之法，以膠被昔幹而納諸檠中，則是以勢令合耳。

【五】索隱傅音附。鏬音呼嫁反〔一二〕。以言膠幹可以勢暫合，而久亦不能常傅合於疏鏬隙縫。以言人臣自宜彌縫得所，豈待拘以禮制法式哉。故下云「請自附於萬人」是也。

【六】索隱較者，校量也，言有常制。若大車不較〔一三〕，則車不能載常任，琴瑟不較，則琴不能成五音也〔一四〕。

【七】集解新序曰：「齊稷下先生喜議政事。騶忌既爲齊相，稷下先生淳于髡之屬七十二人皆輕騶忌，以爲設以微辭，騶忌必不能及，乃相與俱往見騶忌。淳于髡之徒禮倨，騶忌之禮卑。淳于髡等稱辭，騶忌知之如應響，淳于髡等辭詘而去，騶忌之禮倨，淳于髡之禮卑。故所以尚干將、莫邪者，貴其立斷也；所以尚騏驥者，爲其立至也。必且歷日曠久，則系氂能挈石，駑馬亦能致遠。是以聰明捷敏，人之美材也。」

威王二十三年，與趙王會平陸。二十四年，與魏王會田於郊。魏王問曰：「王亦有寶乎？」威王曰：「無有。」【一】梁王曰：「若寡人國小也〔一五〕，尚有徑寸之珠照車前後各十二乘者十枚，柰何以萬乘之國而無寶乎？」威王曰：「寡人之所以爲寶與王異。吾臣有檀子者，【二】使守南城，則楚人不敢爲寇東取，泗上十二諸侯【三】皆來朝。吾臣有朌子者，使守高唐，則趙人不敢東漁於河。吾吏有黔夫者，使守徐州，則燕人祭北門，趙人祭西門，【四】

徙而從者七千餘家。吾臣有種首者，使備盜賊，則道不拾遺。將以照千里〔一六〕，豈特十二乘哉！」梁惠王慙，不懌而去。

【一】索隱 案：韓嬰詩外傳以爲齊宣王，其説異也。

【二】索隱 檀子，齊臣。檀，姓；子，美稱，大夫皆稱子。盼子，田盼也。黔夫及種首皆臣名。事悉具戰國策也。

【三】索隱 邾、莒、宋、魯之比。

【四】集解 賈逵曰：「齊之北門西門也。言燕、趙之人畏見侵伐，故祭以求福。」

二十六年，魏惠王圍邯鄲，趙求救於齊。齊威王召大臣而謀曰：「救趙孰與勿救？」騶忌子曰：「不如勿救。」段干朋曰：「不救則不義，且不利。」威王曰：「何也？」對曰：「夫魏氏并邯鄲，其於齊何利哉？且夫救趙而軍其郊，是趙不伐而魏全也。故不如南攻襄陵【一】以獘魏，邯鄲拔而乘魏之獘。」威王從其計。

【一】正義 襄陵故城在兗州鄒縣也。

其後成侯騶忌與田忌不善，公孫閱【一】謂成侯忌曰：「公何不謀伐魏，田忌必將。戰勝有功，則公之謀中也；戰不勝，非前死則後北，而命在公矣。」於是成侯言威王，使田忌南攻襄陵。十月，邯鄲拔，齊因起兵擊魏，大敗之桂陵。【二】於是齊最彊於諸侯，自稱爲王，以令天下。

【一】索隱戰國策作「公孫閎〔七〕」。

【二】索隱在威王二十六年。正義在曹州乘氏縣東北二十一里。

三十三年，殺其大夫牟辛。【一】

【一】集解徐廣曰：「一作『夫人』。」索隱牟辛，大夫姓字也。徐廣曰：「一作『夫人』。」案：年表亦作「夫人」。王劭案紀年云「齊桓公十一年殺其君母。宣王八年殺王后」。然則夫人之字，或如紀年之說。

三十五年，公孫閱又謂成侯忌曰：「公何不令人操十金卜於市，曰『我田忌之人也。吾三戰而三勝，聲威天下。欲爲大事，亦吉乎不吉乎』？」卜者出，因令人捕爲之卜者，驗其辭於王之所。田忌聞之，因率其徒襲攻臨淄〔八〕，求成侯，不勝而犇。【一】

【一】索隱案：戰國策田忌前敗魏於馬陵，因被構，不得入齊，非是居齊歷十年乃出奔也。是時齊都臨淄，且孟嘗列傳云「田忌襲齊之邊邑」，其言爲得，即與系家不同也。

三十六年，威王卒，子宣王辟彊立。

宣王元年，秦用商鞅。周致伯於秦孝公。

二年，魏伐趙。趙與韓親，共擊魏。趙不利，戰於南梁。【一】宣王召田忌復故位。韓氏請救於齊。宣王召大臣而謀曰：「蚤救孰與晚救？」騶忌子曰：「不如勿救。」田忌曰：「弗救，則韓且折而入於魏，不如蚤救之。」【二】孫子【三】曰：「夫韓、魏之兵未獘而救之，是吾代韓受魏之兵，顧反聽命於韓也。且魏有破國之志，韓見亡，必東面而愬於齊矣。吾因深結韓之親而晚承魏之獘，則可重利而得尊名也。」宣王曰：「善。」乃陰告韓之使者而遣之。韓因恃齊，五戰不勝，而東委國於齊。齊因起兵，使田忌、田嬰將，【四】孫子爲師〔九〕，救韓、趙以擊魏，大敗之馬陵，【五】殺其將龐涓，虜魏太子申。其後三晉之王皆因田嬰朝齊王於博望，【六】盟而去。【七】

【一】索隱 晉太康地記曰：「戰國謂梁爲南梁者，別之於大梁、少梁也。」正義 括地志云：「故梁在汝州西南二百步。晉太康地記云『戰國時謂南梁者，別之於大梁、少梁也』。古蠻子邑也。」

【二】索隱 案：紀年威王十四年，田盼伐梁，戰馬陵。戰國策南梁之難，有張田對曰〔一〇〕「蚤救之」。此云騶忌者，王劭云「此時騶忌死已四年，又齊威時未稱王，故戰國策謂之田侯。今此以田侯爲宣王，又橫稱騶忌，皆謬矣」。

【三】索隱 孫臏也。

【四】集解徐廣曰："嬰，一作『朌』。"

【五】索隱在宣王二年。

【六】正義括地志云："博望故城在鄧州向城縣東南四十五里。"

【七】集解徐廣曰："表曰三年，與趙會博望伐魏。"

七年，與魏王會平阿南。【一】明年，復會甄。魏惠王卒。【二】明年，與魏襄王會徐州，諸侯相王也。十年，楚圍我徐州。十一年，與魏伐趙，趙決河水灌齊、魏，兵罷。十八年，秦惠王稱王。

【一】正義沛郡平阿縣也。

【二】索隱明年，梁惠王卒。案紀年，梁惠王乃是齊湣王爲東帝，秦昭王爲西帝時。此時梁惠王改元稱一年，未卒也。而系家以其後即爲魏襄王之年，又以此文當齊宣王時，實所不能詳考。

宣王喜文學游説之士，自如騶衍、淳于髡、【一】田駢、【二】接予、【三】慎到、【四】環淵【五】之徒七十六人，皆賜列第，爲上大夫，不治而議論。是以齊稷下學士復盛，且數百千人。【六】

【一】正義贅聟，齊之稷下先生也。

【二】正義白眠反。藝文志云田駢，齊人，遊稷下，號天口駢，作田子二十五篇也。

【三】正義齊人。藝文志云接予二篇，在道家流。

【四】正義趙人，戰國時處士。藝文志作慎子四十二篇也。

【五】正義楚人。孟子傳云環淵著書上下篇也。

【六】集解劉向別録曰：「齊有稷門，城門也。談說之士期會於稷下也。」索隱劉向別録曰「齊有稷門，齊城門也。談說之士期會於其下」。齊地記曰「齊城西門側，系水左右有講室，趾往往存焉」。蓋因側系水出，故曰稷門，古側稷音相近耳。又虞喜曰「齊有稷山，立館其下，以待游士」，亦異說也。春秋傳曰「莒子如齊，盟于稷門」。

十九年，宣王卒，子湣王地【一】立。

【一】索隱系本名遂。

湣王元年，秦使張儀與諸侯執政會于齧桑。三年，封田嬰於薛。四年，迎婦于秦。七年，與宋攻魏，敗之觀澤。

十二年，攻魏。楚圍雍氏，【一】秦敗屈丐。蘇代謂田軫曰：「臣願有謁於公，其爲事甚完，使楚利公，【二】成爲福，不成亦爲福。今者臣立於門，客有言曰魏王謂韓馮、【三】張儀曰：『煑棗將拔，【三】齊兵又進，子來救寡人則可矣；不救寡人，寡人弗能拔。』【四】此特轉辭也。秦、韓之兵毋東，旬餘，則魏氏轉韓從秦，秦逐張儀，【五】交臂而事齊楚，此公之事成也。」田軫曰：「奈何使無東？」對曰：「韓馮之救魏之辭，必不謂韓王曰『馮以爲魏』，必曰『馮將以秦韓之兵東卻齊宋，馮因摶【六】三國之兵，乘屈丐之獘，【七】南割於楚，故地必盡得之矣』。張儀救魏之辭，必不謂秦王曰『儀以爲魏』，必曰『儀且以秦韓之兵東距齊宋，儀將摶三國之兵，乘屈丐之獘，南割於楚，名存亡國，實伐三川【八】而歸，此王業也』。公令楚王【九】與韓氏地，使秦制和，謂秦王曰『請與韓地，而王以施三川，【一〇】韓氏之兵不用而得地於楚』。韓馮之東兵之辭且謂秦何？曰『秦兵不用而得三川，伐楚韓以窘魏，魏氏不敢東，是孤齊也』。張儀之東兵之辭且謂何？曰『秦韓欲地而兵有案，聲威發於魏，魏氏之欲不失齊楚者有資矣』。魏氏轉秦韓爭事齊楚，楚王欲而無與地，【一一】公令秦韓之兵不用而得地，有一大德也。【一二】秦韓之王劫於韓馮、張儀而東兵以徇服魏，公常執左券【一三】以責於秦、韓【一三】，此其善於公而惡張子多資矣。」【一四】

【一】集解徐廣曰：「在陽翟，屬韓。」
【二】集解徐廣曰：「韓之公仲侈也。」
【三】集解徐廣曰：「在濟陰宛朐。」
【四】索隱能猶勝也。言不勝其拔，故聽齊拔之耳。
【五】索隱逐，隨也。

【六】集解徐廣曰：「音專。專猶并合制領之謂也。」索隱摶音團，團謂握領也。徐作「專」，亦通。

【七】正義屈丐，楚將，爲秦所敗，今更欲乘之。

【八】索隱韓也。

【九】索隱公謂陳軫。

【一〇】正義施，張設也。言秦王於天子都張設迫脅也。

【一一】集解徐廣曰：「楚王欲得魏來事己，而不欲與韓地也。」

【一二】正義蘇代謂陳軫，今秦韓之兵不戰伐而得地，陳軫於秦韓豈不有大恩德。

【一三】索隱券，要也。左，不正也。言我以右執其左而責之。

【一四】正義左券下，右券上也。蘇代說陳軫以上券令秦韓不用兵得地，而以券責秦韓卻韓馮、張儀以徇服魏，故秦韓善陳軫而惡張儀多取矣。

十三年，秦惠王卒。二十三年，與秦擊敗楚於重丘。【一】二十四年，秦使涇陽君質於齊。二十五年，歸涇陽君于秦。孟嘗君薛文入秦，即相秦。文亡去。二十六年，【二】齊與韓魏共攻秦，至函谷軍焉。二十八年，秦與韓河外以和〔三四〕，兵罷。二十九年，趙殺其主父。齊佐趙滅中山。【三】

【一】集解徐廣曰：「表曰與秦擊楚，使公子將，大有功。」

【二】集解徐廣曰：「孟嘗君爲相。」

【三】集解徐廣曰：「三十年，田甲劫王，相薛文走。」

三十六年，王爲東帝，秦昭王爲西帝。蘇代自燕來，入齊，見於章華東門。【一】齊王曰：「嘻，善，子來！秦使魏冄致帝，子以爲何如？」對曰：「王之問臣也卒，而患之所從來微，願王受之而勿備稱也。秦稱之，天下安之，王乃稱之，無後也。且讓爭帝名，無傷也。秦稱之，天下惡之，王因勿稱，以收天下，此大資也。且天下立兩帝，王以天下爲尊齊乎？尊秦乎？」王曰：「尊秦。」曰：「釋帝，天下愛齊乎？愛秦乎？」王曰：「愛齊而憎秦。」曰：「兩帝立約伐趙，孰與伐桀宋之利？」【二】王曰：「伐桀宋利。」對曰：「夫約鈞，然〔二五〕與秦爲帝而天下獨尊秦而輕齊，釋帝則天下愛齊而憎秦，伐趙不如伐桀宋之利，故願王明釋帝以收天下，倍約賓秦，無爭重，而王以其閒舉宋。夫有宋，衞之陽地危；【三】有濟西，趙之阿東國危；【四】有淮北，楚之東國危；【五】有陶、平陸，梁門不開。【六】釋帝而貸之以伐桀宋之事，國重而名尊，燕楚所以形服，天下莫敢不聽，此湯武之舉也。敬秦以爲名，而後使天下憎之，此所謂以卑爲尊者也。願王孰慮之。」於是齊去帝復爲王，秦亦去帝位。

【一】集解左思齊都賦注曰：「齊小城北門也。」而此言東門，不知爲是一門非邪？正義括地志云：「齊城章華之東有閭門、武鹿門也。」

【二】集解宋世家云：宋王偃，諸侯皆曰桀宋也。

【三】集解陽地，濮陽之地。正義案：衞此時河南獨有濮陽也。

【四】正義阿，東阿也。爾時屬趙，故云東國危。

【五】正義淮北，徐、泗也。東國謂下相、僮、取慮也。

【六】正義陶，定陶，今曹州也。平陸，兖州縣也，縣在大梁東界。

三十八年，伐宋。秦昭王怒曰：「吾愛宋與愛新城、陽晉同。【一】韓聶與吾友也，而攻吾所愛，何也？」蘇代爲齊謂秦王曰：「韓聶之攻宋，所以爲王也。齊彊，輔之以宋，楚魏必恐，恐必西事秦，是王不煩一兵，不傷一士，無事而割安邑也，【二】此韓聶之所禱於王也。」秦王曰：「吾患齊之難知。一從一衡，其說何也？」對曰：「天下國令齊可知乎？齊以攻宋，其知事秦以萬乘之國自輔，不西事秦則宋治不安。【三】中國白頭游敖之士皆積智欲離齊秦之交，伏式結軼【四】西馳者，未有一人言善齊者也，伏式結軼東馳者，未有一人言善秦者也。何則？皆不欲齊秦之合也。何晉楚之智而齊秦之愚也！晉楚合必議齊秦，齊秦合必圖晉楚，請以此決事。」秦王曰：「諾。」於是齊遂伐宋，宋王出亡，死於溫。【五】齊南割楚之淮北，西侵三晉，欲以并周室，爲天子。泗上諸侯鄒魯之君皆稱臣，諸侯恐懼。

【一】正義括地志云：「新城故城在宋州宋城縣界。陽晉故城在曹州乘氏縣西北三十七里。」
【二】正義年表云秦昭王二十一年，魏納安邑及河内。
【三】索隱戰國策作「宋地不安」。
【四】索隱軼音姪。軼者，車轍也，言車轍往還如結也。戰國策作「結軼」。
【五】正義懷州有溫城。

三十九年，秦來伐，拔我列城九。

四十年，燕、秦、楚、三晉合謀，各出鋭師以伐，敗我濟西。【一】王解而卻。燕將樂毅遂入臨淄，盡取齊之寶藏器。湣王出亡，之衞。衞君辟宫舍之，稱臣而共具。湣王不遜，衞人侵之。湣王去，走鄒、魯，有驕色，鄒、魯君弗内，遂走莒。楚使淖齒【二】將兵救齊，因相齊湣王。淖齒遂殺湣王而與燕共分齊之侵地鹵器。【三】

【一】集解徐廣曰：「案其餘諸傳無楚伐齊事。年表云楚取淮北。」
【二】索隱淖音女教反。

【三】正義 鹵掠齊寶器也。

湣王之遇殺，其子法章變名姓爲莒太史敫【一】家庸。太史敫女奇法章狀貌，以爲非恒人，憐而常竊衣食之，而與私通焉。淖齒既以去莒，莒中人及齊亡臣相聚求湣王子，欲立之。法章懼其誅己也，久之，乃敢自言「我湣王子也」。於是莒人共立法章，是爲襄王。以保莒城而布告齊國中：「王已立在莒矣。」

【一】集解 徐廣曰：「音躍，一音皎。」

襄王既立，立太史氏女爲王后，是爲君王后，生子建。太史敫曰：「女不取媒因自嫁，非吾種也，汙吾世。」終身不覩君王后。君王后賢，不以不覩故失人子之禮。

襄王在莒五年，田單以即墨攻破燕軍，迎襄王於莒，入臨菑。齊故地盡復屬齊。齊封田單爲安平君。【一】

【一】正義 安平城在青州臨淄縣東十九里，古紀之酅邑也。

十四年，秦擊我剛、壽。十九年，襄王卒，子建立。

王建立六年，秦攻趙，齊楚救之。秦計曰：「齊楚救趙，親則退兵，不親遂攻之。」趙無食，請粟於齊，齊不聽。周子【一】曰：「不如聽之以退秦兵，不聽則秦兵不卻，是秦之計中而齊楚之計過也。且趙之於齊楚，扞蔽也，【二】猶齒之有脣也，脣亡則齒寒。今日亡趙，明日患及齊楚。且救趙之務，宜若奉漏甕沃焦釜也。夫救趙，高義也；卻秦兵，顯名也。義救亡國，威卻彊秦之兵，不務爲此而務愛粟，爲國計者過矣。」齊王弗聽。秦破趙於長平四十餘萬，遂圍邯鄲。

【一】索隱 蓋齊之謀臣，史失名也。戰國策以「周子」爲「蘇秦」，而「楚」字皆作「燕」，然此時蘇秦死已久矣。

【二】正義 此時秦伐趙上黨欲克，無意伐齊、楚，故言趙之於齊、楚爲扞蔽也。

十六年，秦滅周。君王后卒。二十三年，秦置東郡。二十八年，王入朝秦，秦王政置酒咸陽。三十五年，秦滅韓。三十七年，秦滅趙。三十八年，燕使荊軻刺秦王，秦王覺，殺軻。明年，秦破燕，燕王亡走遼東。明年，秦滅魏，秦兵次於歷下。四十二年，秦滅楚。明年，虜代王嘉，滅燕王喜。

四十四年，秦兵擊齊。齊王聽相后勝計，不戰，以兵降秦。秦虜王建，遷之共。【一】遂滅齊爲郡。天下壹并於秦，秦王政立號爲皇帝。始，君王后賢，事秦謹，與諸侯信，齊亦東邊海上，秦日夜攻三晉、燕、楚，五國各自救於秦，以故王建立四十餘年不受兵。君王后死，后勝相齊，多受秦閒金，多使賓客入秦，秦又多予金，客皆爲反閒，勸王去從朝秦，不脩攻戰之備，不助五國攻秦，秦以故得滅五國。五國已亡，秦兵卒入臨淄，民莫敢格者。王建遂降，遷於共。【一】故齊人怨王建不蚤與諸侯合從攻秦，聽姦臣賓客以亡其國，歌之曰：「松耶柏耶？住建共者客耶？」【二】疾建用客之不詳也。【三】

【一】集解 地理志河内有共縣。正義 今衞州共城縣也。

【二】集解 徐廣曰：「戰國策云秦處建於共松柏閒也。」索隱 耶音邪。謂是建客邪，客説建住言遂乃失策，今建遷共。共，今在河内也。

【三】索隱 謂不詳審用客，不知其善否也。

太史公曰：蓋孔子晚而喜易。易之爲術，幽明遠矣，非通人達才孰能注意焉！故周太史之卦田敬仲完，占至十世之後；及完奔齊，懿仲卜之亦云。田乞及常所以比犯二君，【一】專齊國之政，非必事勢之漸然也，蓋若遵厭兆祥云。

【一】索隱 比如字，又頻律反。二君即悼公、簡公也。僖子廢晏孺子，鮑牧以乞故殺悼公，而成子又殺簡公，故云田氏比犯二君也。

【索隱述贊】田完避難，奔于大姜。始辭羈旅，終然鳳皇。物莫兩盛，代五其昌。二君比犯，三晉爭强。和始擅命，威遂稱王。祭急燕、趙，弟列康、莊。秦假東帝，莒立法章。王建失國，松柏蒼蒼。

校勘記

〔一〕宣公二十一年　「二」字原無。梁玉繩志疑卷二四：「春秋事在陳宣公二十一年，此缺『二』字。」今據補。

〔二〕其稟予民以大斗　「稟」，原作「粟」。王念孫雜志史記第三：「『粟』，當爲『稟』。說文：『稟，賜穀也。』『廩』與『稟』古同聲而通用。今本『稟』作『粟』者，『稟』『粟』隸書相似，又涉下文『請粟』而誤耳。太平御覽器物部引史記作『廩』，是其證。」今據改。

〔三〕晏圉奔魯　「晏圉」，原作「晏孺子」。錢大昕考異卷四：「『晏孺子』乃『晏圉』之誤也。使孺子果奔魯，安得還之駘而殺之？」今據改。按：本書卷三二齊太公世家作「晏圉」。左傳哀公六年：「國夏奔莒，遂及高張、晏圉、弦施來奔。」

〔四〕將歸陳氏也　「氏也」二字原無，據耿本、黄本、彭本、柯本、凌本、殿本補。

〔五〕長葛縣北十三里　「十三里」，黄本、彭本、柯本、殿本作「十二里」。

〔六〕記史　耿本、黄本、彭本、柯本、凌本、殿本作「史記」。

〔七〕會平陸　正文云「魯敗齊平陸」。

〔八〕戰國策又有張田　「張田」，耿本、黄本、彭本、柯本、凌本、殿本作「張丑」。按：戰國策齊策一作「張丐」。疑「田」、「丑」皆「丐」之譌。

〔九〕梁惠王十二年　「十二年」，耿本、黄本、彭本、柯本、凌本、殿本作「十三年」。

〔一〇〕濁以春温　王念孫雜志史記第三：「小司馬本無『春』字。今本作『春温』者，一本作『温』，一本作『春』，而後人誤合之耳。」按：御覽卷五七七樂部引此作「濁以温」，卷四六〇人事部引戰國策作「濁以春」。據集解當作「温」。

〔一一〕緩其弦則濁　耿本、黄本、彭本、柯本、凌本、殿本此下有「清濁者言琴之聲也」八字。

〔一二〕鏄音呼嫁反　「呼」，原作「五」，據耿本、黄本、彭本、柯本、凌本、殿本改。

〔一三〕大車　耿本、黄本、彭本、柯本、凌本、殿本無「大」字。

〔一四〕琴瑟不較則琴不能成五音也　「琴瑟不較則」五字原無，據耿本、黄本、彭本、柯本、凌本、殿本補。

〔一五〕若寡人國小也　後漢書卷六七李膺傳李賢注引史記作「寡人之國雖小」，通鑑卷二周紀二顯王十四年作「寡人國雖小」。

〔一六〕將以照千里　後漢書卷六七李膺傳李賢注引史記此上有「以此爲寶」四字。

〔一七〕公孫閱　戰國策齊策一作「公孫閈」。

〔一八〕因率其徒　「因」下景祐本、紹興本、耿本、黄本、彭本、柯本、凌本、殿本有「遂」字。

〔一九〕孫子爲師　「師」，原作「帥」。梁玉繩志疑卷二四：「『帥』乃『師』之誤，在軍中爲軍師也，表、傳可據。」按：本書卷四四魏世家正義引此亦作「孫子爲師」。今據改。

〔二〇〕張田　耿本、黄本、彭本、柯本、殿本作「張田」，凌本作「張丏」。按：戰國策齊策一作「張丏」。疑「田」、「丏」皆「丏」之譌。

〔二一〕劉向別録曰齊有稷門齊城門也談説之士期會於其下　耿本、黄本、彭本、柯本、凌本、殿本無此二十二字。

〔二二〕使楚利公　「使」，戰國縱横家書蘇秦謂陳軫章作「便」，疑是。

〔二三〕公常執左券以責於秦韓　「左券」，疑當作「右券」。按：本書卷七六平原君列傳：「且虞卿操其兩權，事成，操右券以責。」戰國策韓策三：「安成君東重於魏，而西貴於秦，操右契而爲公責德於秦、魏之主，裂地而爲諸侯，公之事也。」據索隱亦當作「右券」。

〔二四〕秦與韓　梁玉繩志疑卷二四：「不言與魏，何也？蓋脱之。」按：本書卷四四魏世家：「（魏哀王）二十三年，秦復予我河外及封陵爲和。」

〔二五〕夫約鈞然　戰國策齊策四作「夫然約」。

史記卷四十七

孔子世家第十七

索隱教化之主，吾之師也。爲帝王之儀表，示人倫之準的。自子思以下，代有哲人。繼世象賢，誠可仰同列國，前史既定，吾無間然。又〔一〕，孔子非有諸侯之位，而亦稱「系家」者，以是聖人爲教化之主，又代有賢哲，故稱「系家」焉。正義孔子無侯伯之位，而稱「世家」者，太史公以孔子布衣傳十餘世，學者宗之，自天子王侯，中國言六藝者宗於夫子，可謂至聖，故爲世家。

孔子生魯昌平鄉陬邑。〔一〕其先宋人也，曰孔防叔。〔二〕防叔生伯夏，伯夏生叔梁紇。〔三〕紇與顏氏女野合而生孔子，〔四〕禱於尼丘得孔子。魯襄公二十二年而孔子生。〔五〕生而首上圩頂，〔六〕故因名曰丘云。字仲尼，姓孔氏。

〔一〕集解徐廣曰：「陬音騶。孔安國曰『陬，孔子父叔梁紇所治邑』。」索隱陬是邑名。昌平，鄉號。孔子居魯之鄹邑昌平鄉之闕里也。正義括地志云：「故鄹城在兗州泗水縣東南六十里。昌平山在泗水縣南六十里。孔子生昌平鄉，蓋鄉取山爲名。故闕里在泗水縣南五十里。輿地志云鄹城西界闕里有尼丘山。」按：今尼丘山在兗州鄒城，闕里即此也。括地志云：「兗州曲阜縣魯城西南三里有闕里，中有孔子宅，宅中有廟。伍緝之從征記云闕里背邾面泗〔二〕，即此也。」按：夫子生在鄹，長從曲阜，仍號闕里。

【二】索隱家語：「孔子，宋微子之後。宋襄公生弗父何，以讓弟厲公。弗父何生宋父周，周生世子勝，勝生正考父，考父生孔父嘉，五世親盡，別爲公族，姓孔氏。孔父生子木金父，金父生睪夷。睪夷生防叔，畏華氏之逼而奔魯。」故孔氏爲魯人也。

【三】正義括地志云：「叔梁紇廟亦名尼丘山祠，在兗州泗水縣五十里尼丘山東趾〔三〕。地理志云魯縣有尼丘山，有叔梁紇廟。」

【四】索隱家語云「梁紇娶魯之施氏，生九女。其妾生孟皮。孟皮病足，乃求婚於顏氏，徵在從父命爲婚」。其文甚明。今此云「野合」者，蓋謂梁紇老而徵在少，非當壯室初笄之禮，故云野合，謂不合禮儀。故論語云「野哉由也」，又「先進於禮樂，野人也」，皆言野者是不合禮耳。正義男八月生齒，八歲毀齒，二八十六陽道通，八八六十四陽道絕。女七月生齒，七歲毀齒，二七十四陰道通，七七四十九陰道絕。婚姻過此者，皆爲野合。故家語云「梁紇娶魯施氏女，生九女，乃求婚於顏氏，顏氏有三女，小女徵在」。據此，婚過六十四矣。

【五】索隱公羊傳「襄公二十一年十有一月庚子，孔子生」。今以爲二十二年，蓋以周正十一月屬明年，故誤也。後序孔子卒，云七十二歲，每少一歲也。

【六】索隱圩音烏，頂音鼎。圩頂言頂上窳也，故孔子頂如反宇。反宇者，若屋宇之反，中低而四傍高也。正義括地志云：「女陵山在曲阜縣南二十八里。干寶三日紀云〔四〕『徵在生孔子空桑之地，今名空竇，在魯南山之空竇中。無水，當祭時洒掃以告，輒有清泉自石門出〔五〕，足以周用，祭訖泉枯。今俗名女陵山』。」

丘生而叔梁紇死，【一】葬於防山。【二】防山在魯東，由是孔子疑其父墓處，母諱之也。【三】孔子爲兒嬉戲，常陳俎豆，【四】設禮容。孔子母死，乃殯五父之衢，【五】蓋其慎也。【六】郰人【七】輓父之母誨孔子父墓，然後往合葬於防焉。

【一】索隱家語云生三歲而梁紇死。

【二】正義括地志云：「防山在兗州曲阜縣東二十五里。禮記云孔子母合葬於防也。」

【三】索隱謂孔子少孤，不的知父墳處，非謂不知其塋地。徵在笄年適於梁紇，無幾而老死，是少寡，蓋以爲嫌，不從送葬，故不知墳處，遂不告耳，非諱之也。

【四】正義俎豆以木爲之，受四升，高尺二寸。大夫以上赤雲氣，諸侯加象飾足，天子玉飾也。

【五】正義括地志云：「五父衢在兗州曲阜縣西南二里，魯城内衢道也。」

【六】集解徐廣曰：「魯縣有闕里，孔子所居也。又有五父之衢也。」索隱謂孔子不知父墓，乃且殯其母於五父之衢，是其謹慎也。正義慎謂以紼引棺就殯所也。

【七】正義上音鄒。

孔子要絰，【一】季氏饗士，孔子與往。【二】陽虎絀曰：「季氏饗士，非敢饗子也。」孔子由是退。

【一】索隱家語「孔子之母喪，既練而見，不非之也」。今此謂孔子實要絰與饗，爲陽虎所絀，亦近誣矣。一作「要經」。要經猶帶經也，故劉氏云嗜學之意是也。

【二】正義與音預。季氏爲饌飲魯文學之士，孔子與迎而往，陽虎以孔子少，故折之也。

孔子年十七，魯大夫孟釐子病且死，【一】誡其嗣懿子曰：「孔丘，聖人之後，【二】滅於宋。【三】其祖弗父何始有宋而嗣讓厲公。【四】及正考父佐戴、武、宣公，【五】三命茲益恭，故鼎銘云：【六】『一命而僂，再命而傴，三命而俯，【七】循牆而走，【八】亦莫敢余侮。【九】饘於是，粥於是，以餬余口。』【一〇】其恭如是。吾聞聖人之後，雖不當世，必有達者。【一一】今孔丘年少好禮，其達者歟？吾即没，若必師之。」及釐子卒，懿子與魯人南宮敬叔【一二】往學禮焉。是歲，季武子卒，平子代立。

【一】索隱昭公七年左傳云「孟僖子病不能相禮，乃講學之。及其將死，召大夫」云云。按：謂病者，不能禮爲病，非疾困之謂也。至二十四年僖子卒，賈逵云「仲尼時年三十五矣」。是此文誤也。

【二】集解服虔曰：「聖人，謂商湯。」

【三】集解杜預曰：「孔子六世祖孔父嘉爲宋華督所殺，其子奔魯也。」

【四】集解杜預曰：「弗父何，孔父嘉之高祖，宋愍公之長子，厲公之兄也。何嫡嗣，當立，以讓厲公也。」

【五】集解服虔曰：「正考父，弗父何之曾孫。」

【六】集解杜預曰：「三命，上卿也。考父廟之鼎。」

【七】集解服虔曰：「僂、傴、俯，皆恭敬之貌也。」

【八】集解杜預曰：「言不敢安行。」

【九】集解杜預曰：「其恭如是，人亦不敢侮慢。」

【一〇】集解杜預曰：「於是鼎中爲饘粥。饘粥，餬屬。言至儉也。」

【一一】集解王肅曰：「謂若弗父何，殷湯之後，而不繼世爲宋君也。」杜預曰：「聖人之後，有明德而不當大位，謂正考父。」

【一二】索隱左傳及系本，敬叔與懿子皆孟僖子之子，不應更言「魯人」，亦太史公之疏耳。

孔子貧且賤。及長，嘗爲季氏史，【一】料量平；嘗爲司職吏而畜蕃息。由是爲司空。已而去魯，斥乎齊，逐乎宋、衛，困於陳蔡之閒，於是反魯。孔子長九尺有六寸，人皆謂之「長人」而異之。魯復善待，由是反魯。

【一】索隱 有本作「委吏」。按：趙岐曰「委吏，主委積倉庫之吏〔六〕」。

魯南宮敬叔言魯君曰：「請與孔子適周。」【一】魯君與之一乘車，兩馬，一豎子俱，適周問禮，蓋見老子云。辭去，而老子送之曰：「吾聞富貴者送人以財，【二】仁人者送人以言。吾不能富貴，竊仁人之號，【三】送子以言，曰：『聰明深察而近於死者，好議人者也。博辯廣大危其身者，發人之惡者也。爲人子者毋以有己，【四】爲人臣者毋以有己。』」【五】孔子自周反于魯，弟子稍益進焉。

【一】索隱 莊子云「孔子年五十一，南見老聃」。蓋系家亦依此爲說而不究其旨，遂俱誤也。何者？孔子適周，豈訪禮之時即在十七耶？且孔子見老聃，云「甚矣道之難行也」，此非十七之人語也，乃既仕之後言耳。

【二】索隱 莊周「財」作「軒」。

【三】集解 王肅曰：「謙言竊仁者之名。」

【四】集解 王肅曰：「身，父母之有。」索隱 家語作「無以有己爲人子者」。

【五】索隱家語作「無以惡己爲人臣者」。王肅云：「言聽則仕，不用則去，保身全行，臣之節也。」

是時也，晉平公淫，六卿擅權，東伐諸侯；楚靈王兵彊，陵轢中國；齊大而近於魯。魯小弱，附於楚則晉怒；附於晉則楚來伐；不備於齊，齊師侵魯。

魯昭公之二十年，而孔子蓋年三十矣。齊景公與晏嬰來適魯，景公問孔子曰：「昔秦穆公國小處辟，其霸何也？」對曰：「秦，國雖小，其志大；處雖辟，行中正。身舉五羖，【一】爵之大夫，起纍紲之中，【二】與語三日，授之以政。以此取之，雖王可也，其霸小矣。」景公說。

【一】正義百里奚也。

【二】索隱家語無此一句。孟子以爲「不然」之言也。

孔子年三十五，而季平子與郈昭伯以鬭雞故【一】得罪魯昭公，昭公率師擊平子，平子與孟氏、叔孫氏三家共攻昭公，昭公師敗，奔於齊，齊處昭公乾侯。【二】其後頃之，魯亂。孔子適齊，爲高昭子家臣，欲以通乎景公。與齊太師語樂，聞韶音，學之，三月不知肉味，【三】齊人稱之。

【一】正義郈音后。括地志云：「鬭雞臺二所，相去十五步，在兗州曲阜縣東南三里魯城中。左傳昭二十五年，季氏與郈昭伯鬬雞，季氏芥雞翼，郈氏爲金距之處。」

【二】正義相州成安縣東南三十里斥丘故城，本春秋時乾侯之邑。

【三】集解周氏曰：「孔子在齊，聞習韶樂之盛美，故忘於肉味也。」索隱按論語「子語魯太師樂」，非齊太師也。又「子在齊聞韶，三月不知肉味」，無「學之」文。今此合論語齊、魯兩文而爲此言，恐失事實。

景公問政孔子，孔子曰：「君君，臣臣，父父，子子。」【一】景公曰：「善哉！信如君不君，臣不臣，父不父，子不子，雖有粟，吾豈得而食諸！」【二】他日又復問政於孔子，孔子曰：「政在節財。」景公說，將欲以尼谿田封孔子。【三】晏嬰進曰：「夫儒者滑稽而不可軌法；倨傲自順，不可以爲下；崇喪遂哀，破産厚葬，不可以爲俗；游說乞貸，不可以爲國。自大賢之息，周室既衰，禮樂缺有閒。【四】今孔子盛容飾，繁登降之禮，趨詳之節，累世不能殫其學，當年不能究其禮。君欲用之以移齊俗，非所以先細民也。」後，景公敬見孔子，不問其禮。異日，景公止孔子曰：「奉子以季氏，【五】吾不能，以季孟之閒待之。」【六】齊大夫欲害孔子，孔子聞之。景公曰：「吾老矣，弗能用也。」孔子遂行，反乎魯。

【一】集解孔安國曰：「當此之時，陳恒制齊，君不君，臣不臣，故以此對也。」

【二】集解孔安國曰：「言將危也。陳氏果滅齊。」

【三】索隱此說出晏子及墨子，其文微異。

【四】索隱息者，生也。言上古大賢生則有禮樂，至周室微而始缺有閒也。

【五】索隱劉氏奉音扶用反，非也。今奉音如字，謂奉待孔子如魯季氏之職，故下文云「以季、孟之閒待之」也。

【六】集解孔安國曰：「魯三卿，季氏爲上卿，最貴；孟氏爲下卿，不用事。言待之以二者之閒也。」

孔子年四十二，魯昭公卒於乾侯，定公立。定公立五年，夏，季平子卒，桓子嗣立。季桓子穿井得土缶，中若羊，【一】問仲尼，云得狗。【二】仲尼曰：「以丘所聞，羊也。丘聞之，木石之怪夔、罔閬，【三】水之怪龍、罔象，【四】土之怪墳羊。」【五】

【一】集解韋昭曰：「羊，生羊也，故謂之怪也。」索隱家語云「桓子穿井於費，得物如土缶，其中有羊焉」是也。

【二】集解韋昭曰：「獲羊而言狗者，以孔子博物，測之。」

【三】集解韋昭曰：「木石謂山也。或云夔一足，越人謂之山繅也。或言獨足。魍魎，山精，好學人聲而迷惑人也。」索隱夔音逵。閬音兩。家語作「魍魎」。繅音騷。然山繅獨一足，是山神名，故謂之夔。夔，一足獸，狀如人也。

【四】集解韋昭曰：「龍，神獸也，非常見，故曰怪。或云『罔象食人，一名沐腫』。」索隱沐腫音木踵。

【五】集解唐固曰：「墳羊，雌雄未成者也。」

吴伐越，墮會稽，【一】得骨節專車。【二】吴使使問仲尼：「骨何者最大？」仲尼曰：「禹致羣神於會稽山，【三】防風氏後至，禹殺而戮之，【四】其節專車，此爲大矣。」吴客曰：「誰爲神？」仲尼曰：「山川之神，足以綱紀天下，其守爲神，【五】社稷爲公侯，【六】皆屬於王者。」客曰：「防風何守？」仲尼曰：「汪罔氏之君守封、禺之山，【七】爲釐姓。【八】在虞、夏、商爲汪罔，於周爲長翟，今謂之大人。」【九】客曰：「人長幾何？」仲尼曰：「僬僥氏【一〇】三尺，短之至也。長者不過十之，數之極也。」【一一】於是吴客曰：「善哉聖人！」

【一】集解王肅曰：「墮，毁也。」索隱隳會稽。會稽，山名，越之所都。隳，毁也。吴伐越在魯哀元年。

【二】集解韋昭曰：「骨一節，其長專車。專，擅也。」

【三】集解韋昭曰：「羣神，謂主山川之君，爲羣神之主，故謂之神也。」

【四】集解韋昭曰：「防風氏違命後至，故禹殺之。陳尸爲戮。」

【五】集解王肅曰「守山川之祀者爲神」，謂諸侯也。韋昭曰：「足以綱紀天下，謂名山大川能興雲致雨以利天下也。」

【六】集解王肅曰：「但守社稷無山川之祀者，直爲公侯而已。」

【七】集解韋昭曰：「封，封山；禺，禺山：在吳郡永安縣。」駰案：晉太康元年改永安爲武康縣，今屬吳興郡。

【八】索隱釐音僖。家語云姓漆，蓋誤。系本無漆姓。

【九】集解王肅曰：「周之初及當孔子之時，其名異也。」

【一〇】集解韋昭曰：「僬僥，西南蠻之別名也。」正義按：括地志「在大秦國南也〔七〕」。

【一一】集解王肅曰：「十之，謂三丈也，數極於此也。」

桓子嬖臣曰仲梁懷，與陽虎有隙。陽虎欲逐懷，公山不狃【一】止之。其秋，懷益驕，陽虎執懷。桓子怒，陽虎因囚桓子，與盟而醳之。【二】陽虎由此益輕季氏。季氏亦僭於公室，陪臣執國政，是以魯自大夫以下皆僭離於正道。故孔子不仕，退而脩詩書禮樂，弟子彌衆，至自遠方，莫不受業焉。

【一】集解孔安國曰：「不狃爲季氏宰。」索隱狃音女久反。鄒氏云一作「蹂」。論語作「弗擾」。

【二】正義醳音釋。

定公八年，公山不狃不得意於季氏，因陽虎爲亂，欲廢三桓之適，【一】更立其庶孽陽虎素所善者，遂執季桓子。桓子詐之，得脱。定公九年，陽虎不勝，奔于齊。是時孔子年五十。

【一】正義 適音嫡。

公山不狃以費畔季氏，使人召孔子。孔子循道彌久，温温無所試，莫能己用，曰：「蓋周文武起豐鎬而王，今費雖小，儻庶幾乎！」【一】欲往。子路不説，止孔子。孔子曰：「夫召我者豈徒哉？如用我，其爲東周乎！」【二】然亦卒不行。

【一】索隱 檢家語及孔氏之書，並無此言，故桓譚亦以爲誣也。

【二】集解 何晏曰：「興周道於東方，故曰東周也。」

其後定公以孔子爲中都宰，一年，四方皆則之。【一】由中都宰爲司空，由司空爲大司寇。

【一】索隱 家語作「西方」。王肅云：「魯國近東〔八〕，故西方諸侯皆取法則焉。」

定公十年春，及齊平。【一】夏，齊大夫黎鉏言於景公曰：「魯用孔丘，其勢危齊。」乃使使告魯爲好會，會於夾谷。【二】魯定公且以乘車好往。孔子攝相事，曰：「臣聞有文事者必有武備，有武事者必有文備。古者諸侯出疆，必具官以從。請具左右司馬。」定公曰：「諾。」具左右司馬。會齊侯夾谷，爲壇位，土階三等，以會遇之禮相見，【三】揖讓而登。獻酬之禮畢，齊有司趨而進曰：「請奏四方之樂。」景公曰：「諾。」於是旍旄羽袚矛戟劍撥鼓噪而至。【四】孔子趨而進，歷階【五】而登，不盡一等，舉袂而言曰：「吾兩君爲好會，夷狄之樂何爲於此！請命有司！」有司卻之，不去，則左右視晏子與景公。景公心怍，麾而去之。有頃，齊有司趨而進曰：「請奏宮中之樂。」景公曰：「諾。」優倡侏儒爲戲而前。孔子趨而進，歷階而登，不盡一等，曰：「匹夫而營惑【六】諸侯者罪當誅！請命有司！」有司加法焉，手足異處。景公懼而動，知義不若，歸而大恐，告其羣臣曰：「魯以君子之道輔其君，而子獨以夷狄之道教寡人，使得罪於魯君，爲之柰何？」有司進對曰：「君子有過則謝以質，小人有過則謝以文。君若悼之，則謝以質。」於是齊侯乃歸所侵魯之鄆、汶陽、龜陰之田以謝過。【七】

【一】索隱及，與也。平，成也。謂與齊和好，故云平。

【二】集解徐廣曰：「司馬彪云今在祝其縣也。」

【三】集解王肅曰：「會遇之禮，禮之簡略也。」

〔四〕索隱家語作「萊人以兵鼓譟劫定公」。祓音弗，謂舞者所執，故周禮樂有祓舞。撥音伐，謂大楯也。

〔五〕索隱謂歷階級也。故王肅云「歷階，登階不聚足」。

〔六〕索隱謂經營而惑亂也。家語作「熒侮」。

〔七〕集解服虔曰：「三田汶陽田也。龜，山名。陰之田，得其田不得其山也。」杜預曰：「太山博縣北有龜山。」索隱左傳「鄆、讙及龜陰之田」，則三田皆在汶陽也。正義鄆，今鄆州鄆城縣，在兗州龔丘縣東北五十四里。故謝城在龔丘縣東七十里。齊歸侵魯龜陰之田以謝魯，魯築城於此，以旌孔子之功，因名謝城。

定公十三年夏，孔子言於定公曰：「臣無藏甲，大夫毋百雉之城。」〔一〕使仲由爲季氏宰，將墮三都。〔二〕於是叔孫氏先墮郈。〔三〕季氏將墮費，公山不狃、叔孫輒率費人襲魯。公與三子入于季氏之宮，〔四〕登武子之臺。費人攻之，弗克，入及公側。〔五〕孔子命申句須、樂頎下伐之，〔六〕費人北。國人追之，敗諸姑蔑。〔七〕二子奔齊，遂墮費。將墮成，〔八〕公斂處父〔九〕謂孟孫曰：「墮成，齊人必至于北門。且成，孟氏之保鄣，無成，是無孟氏也。我將弗墮。」十二月，公圍成，弗克。

〔一〕集解王肅曰：「高丈長丈曰堵，三堵曰雉。」

〔二〕集解服虔曰："三都，三家之邑也。"

〔三〕集解杜預曰："東平無鹽縣東南郈鄉亭。"正義括地志云："郈亭在鄆州宿城縣東三十二里。"

〔四〕集解服虔曰："三子，季孫、孟孫、叔孫也。"

〔五〕集解服虔曰："人有入及公之臺側。"

〔六〕集解服虔曰："申句須、樂頎，魯大夫。"

〔七〕集解杜預曰："魯國卞縣南有姑蔑城。"正義括地志云："姑蔑故城在兖州泗水縣東四十五里。"按：泗水縣本漢卞縣地。

〔八〕集解杜預曰："泰山鉅平縣東南有成城也。"正義括地志云："故郕城在兖州泗水縣西北五十里。"

〔九〕集解服虔曰："成宰也。"

定公十四年，孔子年五十六，由大司寇行攝相事，〔九〕有喜色。門人曰："聞君子禍至不懼，福至不喜。"孔子曰："有是言也。不曰『樂其以貴下人』乎？"於是誅魯大夫亂政者少正卯。與聞國政三月，粥羔豚者弗飾賈，男女行者别於塗，塗不拾遺；四方之客至乎邑者不求有司，〔一〕皆予之以歸。〔二〕

【一】集解王肅曰：「有司常供其職，客求而有在也〔一〇〕。」

【二】索隱家語作「皆如歸」。

齊人聞而懼，曰：「孔子爲政必霸，霸則吾地近焉，我之爲先并矣。盍致地焉？」犂鉏曰：「請先嘗沮之；沮之而不可則致地，庸遲乎！」於是選齊國中女子好者八十人，皆衣文衣而舞康樂，【一】文馬三十駟，遺魯君。陳女樂文馬於魯城南高門外。季桓子微服往觀再三，將受，乃語魯君爲周道游，【二】往觀終日，怠於政事。子路曰：「夫子可以行矣。」孔子曰：「魯今且郊，如致膰乎大夫，【三】則吾猶可以止。」桓子卒受齊女樂，三日不聽政；郊，又不致膰俎於大夫。孔子遂行，宿乎屯。【四】而師己送，曰：「夫子則非罪。」孔子曰：「吾歌可夫？」歌曰：「彼婦之口，可以出走；彼婦之謁，可以死敗。【五】蓋優哉游哉，維以卒歲！」【六】師己反，桓子曰：「孔子亦何言？」師己以實告。桓子喟然歎曰：「夫子罪我以羣婢故也夫！」

【一】索隱家語作「容璣」。王肅云：「舞曲名也。」

【二】索隱謂請魯君爲周偏道路游行，因出觀齊之女樂。

【三】集解王肅曰：「膰，祭肉。」

【四】集解屯在魯之南也。索隱地名。

【五】集解王肅曰：「言婦人之口請謁，足以憂使人死敗，故可以出走也。」

【六】集解王肅曰：「言仕不遇也，故且優游以終歲。」

孔子遂適衛，主於子路妻兄顏濁鄒家。【一】衛靈公問孔子：「居魯得禄幾何？」對曰：「奉粟六萬。」衛人亦致粟六萬。【二】居頃之，或譖孔子於衛靈公。靈公使公孫余假一出一入。【三】孔子恐獲罪焉，居十月，去衛。

【一】索隱孟子曰「孔子於衛，主顏讎由。彌子之妻與子路之妻，兄弟也」。今此云濁鄒是子路之妻兄，所説不同。

【二】索隱若六萬石似太多，當是六萬斗，亦與漢之秩禄不同。正義六萬小斗，計當今二千石也。周之斗升斤兩皆用小也。

【三】索隱謂以兵仗出入，以脅夫子也。

將適陳，過匡，【一】顏刻爲僕，以其策指之曰：「昔吾入此，由彼缺也。」【二】匡人聞之，以爲魯之陽虎。陽虎嘗暴匡人，匡人於是遂止孔子。【三】孔子狀類陽虎，拘焉五日。顏淵後，【四】子曰：「吾以汝爲死矣。」顏淵曰：「子在，回何敢死！」【五】匡人拘孔子益急，弟子懼。孔子曰：「文王既没，文不在兹乎？【六】天之將喪斯文也，後死者不得與于斯文

也。【七】天之未喪斯文也，匡人其如予何！」【八】孔子使從者爲甯武子臣於衛，然後得去。【九】

【一】正義 故匡城在滑州匡城縣西南十里。

【二】索隱 謂昔所被攻缺破之處也。正義 琴操云：「孔子到匡郭外，顏淵舉策指匡穿垣曰：『往與陽貨正從此入。』匡人聞其言，告君曰：『往者陽貨今復來。』乃率衆圍孔子數日，乃和琴而歌，音曲甚哀，有暴風擊軍士僵仆，於是匡人乃知孔子聖人〔一二〕，自解也。」

【三】索隱 匡，宋邑也。家語云匡人簡子以甲士圍夫子。

【四】集解 孔安國曰：「言與孔子相失，故在後也。」

【五】集解 包氏曰：「言夫子在，已無所致死也〔一三〕。」

【六】集解 孔安國曰：「茲，此也。言文王雖已没，其文見在此。此，自謂其身也。」

【七】集解 孔安國曰：「文王既没，故孔子自謂後死也。言天將喪此文者，本不當使我知之；今使我知之，未欲喪之也。」

【八】集解 馬融曰：「如予何猶言『柰我何』也。天未喪此文，則我當傳之，匡人欲柰我何！言不能違天以害己。」

【九】索隱 家語「子路彈劍而歌，孔子和之，曲三終，匡人解圍而去」。今此取論語「文王既没」之文，及從者臣甯武子然後得去。蓋夫子再戹匡人，或設辭以解圍，或彈劍而釋難。今此合論語、家語之文以爲一事，故彼此文交互耳。

去即過蒲。【一】月餘，反乎衞，主蘧伯玉家。靈公夫人有南子者，使人謂孔子曰：「四方之君子不辱欲與寡君爲兄弟者，必見寡小君。寡小君願見。」孔子辭謝，不得已而見之。夫人在絺帷中。孔子入門，北面稽首。夫人自帷中再拜，環珮玉聲璆然。【二】孔子曰：「吾鄉爲弗見，見之禮答焉。」【三】子路不說。孔子矢之曰：「予所不者，天厭之！天厭之！」【四】居衞月餘，靈公與夫人同車，宦者雍渠參乘，出，使孔子爲次乘，招搖市過之。【五】孔子曰：「吾未見好德如好色者也。」【六】於是醜之，去衞，過曹。是歲，魯定公卒。

【一】集解徐廣曰：「長垣縣有匡城、蒲鄉。」正義括地志云：「故蒲城在滑州匡城縣北十五里。匡城本漢長垣縣。」

【二】正義璆音虯。

【三】索隱上「見」如字。下「見」音賢徧反，去聲。言我不爲相見之禮現而答之。

【四】集解欒肇曰：「見南子者，時不獲已，猶文王之拘羑里也。天厭之者，言我之否屈乃天命所厭也。」蔡謨曰：「矢，陳也。夫子爲子路陳天命也。」

【五】集解徐廣曰：「招搖，翺翔也。」索隱家語作「遊過市」。

【六】集解何晏曰：「疾時薄於德，厚於色，故發此言也。」李充曰：「使好德如好色，則弃邪而反正矣。」

孔子去曹適宋，【一】與弟子習禮大樹下。宋司馬桓魋欲殺孔子，拔其樹。孔子去。弟子曰：「可以速矣。」孔子曰：「天生德於予，桓魋其如予何！」【二】

【一】集解徐廣曰：「年表定公十三年，孔子至衞；十四年，至陳；哀公三年，孔子過宋。」

【二】集解包氏曰：「天生德者，謂授以聖性，德合天地，吉無不利，故曰其如予何。」

孔子適鄭，與弟子相失，孔子獨立郭東門。鄭人或謂子貢曰：【一】「東門有人，其顙似堯，【二】其項類皋陶，其肩類子產，然自要以下不及禹三寸，纍纍若喪家之狗。」【三】子貢以實告孔子。孔子欣然笑曰：「形狀，末也。而謂似喪家之狗，然哉！然哉！」

【一】索隱家語姑布子卿謂子貢曰。

【二】索隱家語云「河目而隆顙，其顙似堯」。

【三】集解王肅曰：「喪家之狗，主人哀荒，不見飲食，故纍然而不得意。孔子生於亂世，道不得行故。纍然，不得志之貌也。」韓詩外傳曰「喪家之狗，既斂而槨，有席而祭〔三〕，顧望無人」也。

孔子遂至陳，主於司城貞子家。歲餘，吳王夫差伐陳，取三邑而去。趙鞅伐朝歌。楚圍蔡，蔡遷于吳。吳敗越王句踐會稽。

有隼集于陳廷而死，楛矢貫之，石砮，矢長尺有咫。【一】陳湣公使使問仲尼。【二】仲尼曰：「隼來遠矣，此肅慎之矢也。【三】昔武王克商，通道九夷百蠻，【四】使各以其方賄來貢，【五】使無忘職業。於是肅慎貢楛矢，石砮，長尺有咫。先王欲昭其令德，以肅慎矢分大姬，【六】配虞胡公而封諸陳。分同姓以珍玉，展親；【七】分異姓以遠方職，使無忘服。【八】故分陳以肅慎矢。」試求之故府，果得之。【九】

【一】集解韋昭曰：「隼，鷙鳥，今之鶚也。楛，木名。砮，鏃也，以石爲之。八寸曰咫。楛矢貫之，墜而死。」正義隼音筍。毛詩義疏：「鶚，齊人謂之擊征，或謂之題肩，或曰省鷹〔一四〕，春化爲布穀。」此屬數種皆爲隼。

【二】索隱家語、國語皆作「陳惠公」，非也。按：惠公以魯昭元年立〔一五〕，定四年卒。又按系家，湣公六年孔子適陳〔一六〕，十三年亦在陳，則此湣公爲是。

【三】正義肅慎國記云：「肅慎，其地在夫餘國東北可六十日行〔一七〕。其弓四尺，强勁弩射四百步，今之靺鞨國方有此矢〔一八〕。」

【四】集解王肅曰：「九夷，東方夷有九種也。百蠻，夷狄之百種。」

【五】集解王肅曰：「各以其方面所有之財賄而來貢。」

【六】集解韋昭曰：「大姬，武王元女也。」

【七】集解韋昭曰：「展，重也。玉謂若夏后氏之璜。」

【八】集解王肅曰：「使無忘服從於王也。」

【九】集解韋昭曰：「故府，舊府也。」

孔子居陳三歲，會晉楚爭彊，更伐陳，及吳侵陳，陳常被寇。孔子曰：「歸與，歸與！吾黨之小子狂簡，進取不忘其初。」於是孔子去陳。

過蒲，會公叔氏以蒲畔，蒲人止孔子。弟子有公良孺者，以私車五乘從孔子。其爲人長賢，有勇力，謂曰：「吾昔從夫子遇難於匡，今又遇難於此，命也已。吾與夫子再罹難，寧鬬而死。」鬬甚疾。蒲人懼，【一】謂孔子曰：「苟毋適衞，吾出子。」與之盟，出孔子東門。孔子遂適衞。子貢曰：「盟可負邪？」孔子曰：「要盟也，神不聽。」

【一】索隱家語云「『我寧鬬死』。挺劍而合衆，將與之戰，蒲人懼」是也。

衞靈公聞孔子來，喜，郊迎。問曰：「蒲可伐乎？」對曰：「可。」靈公曰：「吾大夫以爲不可。今蒲，衞之所以待晉楚也，【一】以衞伐之，無乃不可乎？」孔子曰：「其男子有死之志，【二】婦人有保西河之志。【三】吾所伐者不過四五人。」【四】靈公曰：「善。」然不伐蒲。

【一】正義衛在濮州。蒲在滑州，在衛西也。韓魏及楚從西向東伐，先在蒲，後及衛。
【二】集解王肅曰：「公叔氏欲以蒲適他國，而男子欲死之，不樂適他。」
【三】集解王肅曰：「婦人恐懼，欲保西河，無戰意也。」索隱此西河在衛地，非魏之西河也。
【四】集解王肅曰：「本與公叔同畔者。」

孔子行。

靈公老，怠於政，不用孔子。孔子喟然歎曰：「苟有用我者，朞月而已，三年有成。」【一】

【一】集解孔安國曰：「言誠有用我於政事者，朞年而可以行其政教，必三年乃有成也。」

佛肸爲中牟宰。【一】趙簡子攻范、中行，伐中牟。佛肸畔，使人召孔子。孔子欲往。子路曰：「由聞諸夫子，『其身親爲不善者，君子不入也』。【二】今佛肸親以中牟畔，子欲往，如之何？」孔子曰：「有是言也。不曰堅乎，磨而不磷；不曰白乎，涅而不淄。【三】我豈匏瓜也哉，焉能繫而不食？」【四】

【一】集解孔安國曰：「晉大夫趙簡子之邑宰。」索隱此河北之中牟，蓋在漢陽西。
【二】集解孔安國曰：「不入其國。」
【三】集解孔安國曰：「磷，薄也。涅，可以染皁者也。言至堅者磨之而不薄，至白者染之於涅中而不黑，君子雖在濁亂，不能汙也。」

【四】集解何晏曰：「言匏瓜得繫一處者，不食故也。吾自食物當東西南北，不得如不食之物繫滯一處。」

孔子擊磬。有荷蕢而過門者，曰：「有心哉，擊磬乎！【一】硜硜乎，莫己知也夫而已矣！」【二】

【一】集解何晏曰：「蕢，草器也。有心謂契契然也。」

【二】集解何晏曰：「此硜硜，信己而已，言亦無益也。」

孔子學鼓琴師襄子，【一】十日不進。師襄子曰：「可以益矣。」孔子曰：「丘已習其曲矣，未得其數也。」有閒，曰：「已習其數，可以益矣。」孔子曰：「丘未得其志也。」有閒，曰：「已習其志，可以益矣。」孔子曰：「丘未得其爲人也。」有閒，曰有所穆然深思焉【一九】，有所怡然高望而遠志焉。曰：「丘得其爲人，黯然而黑，【二】幾然而長，【三】眼如望羊，【四】如王四國，非文王其誰能爲此也！」師襄子辟席再拜，曰：「師蓋云文王操也。」

【一】索隱家語師襄子曰「吾雖以擊磬爲官，然能於琴」。蓋師襄子魯人，論語謂之「擊磬襄」是也。

【二】集解王肅曰：「黯，黑貌。」

【三】集解徐廣曰：「詩云『頎而長兮』。」索隱「幾」與注「頎」，並音祈，家語無此四字。

【四】集解王肅曰：「望羊，望羊視也。」索隱王肅云：「望羊，望羊視也〔二〇〕。」

孔子既不得用於衞，將西見趙簡子。至於河而聞竇鳴犢、舜華【一】之死也，臨河而歎曰：「美哉水，洋洋乎！丘之不濟此，命也夫！」子貢趨而進曰：「敢問何謂也？」孔子曰：「竇鳴犢、舜華，晉國之賢大夫也。趙簡子未得志之時，須此兩人而後從政；及其已得志，殺之乃從政。丘聞之也，刳胎殺夭則麒麟不至郊，竭澤涸漁則蛟龍不合陰陽〔二一〕，【二】覆巢毀卵則鳳皇不翔。何則？君子諱傷其類也。夫鳥獸之於不義也尚知辟之，而況乎丘哉！」乃還息乎陬鄉，作爲陬操【三】以哀之。而反乎衞，入主蘧伯玉家。

【一】集解徐廣曰：「或作『鳴鐸竇犨』，又作『竇犨鳴犢舜華』也。」索隱家語云「聞趙簡子殺竇犨鳴犢及舜華」，國語云「鳴鐸竇犨」，則竇犨字鳴犢，聲轉字異，或作「鳴鐸」。慶華當作「舜華」，諸說皆同。

【二】索隱有角曰蛟龍。龍能興雲致雨〔二二〕，調和陰陽之氣。

【三】集解王肅曰：「陬操，琴曲名也。」索隱此陬鄉非魯之陬邑。家語云「作槃操」也。

他日，靈公問兵陳。【一】孔子曰：「俎豆之事則嘗聞之，軍旅之事未之學也。」【二】明日，與孔子語，見蜚鴈，仰視之，色不在孔子。孔子遂行，【三】復如陳。

【一】集解孔安國曰：「軍陳行列之法。」

【二】集解鄭玄曰：「萬二千人爲軍【二三】，五百人爲旅。軍旅末事，本未立，不可教以末也。」

【三】索隱此魯哀二年也。

夏，衛靈公卒，立孫輒，是爲衛出公。六月，趙鞅内太子蒯聵于戚。陽虎使太子絻，八人衰絰，僞自衛迎者，哭而入，遂居焉。冬，蔡遷于州來。是歲魯哀公三年，而孔子年六十矣。齊助衛圍戚，以衛太子蒯聵在故也。

夏，魯桓釐廟燔，南宫敬叔救火。孔子在陳，聞之，曰：「災必於桓釐廟乎？」【一】已而果然。

【一】集解服虔曰：「桓釐當毁，而魯事非禮之廟，故孔子聞有火災，知其加桓僖也。」

秋，季桓子病，輦而見魯城，喟然歎曰：「昔此國幾興矣，以吾獲罪於孔子，故不興也。」顧謂其嗣康子曰：「我即死，若必相魯；相魯，必召仲尼。」後數日，桓子卒，康子代立。已葬，欲召仲尼。公之魚曰：「昔吾先君用之不終，終爲諸侯笑。今又用之，不能終，是再爲諸侯笑。」康子曰：「則誰召而可？」曰：「必召冉求。」於是使使召冉求。冉求將行，孔子曰：「魯人召求，非小用之，將大用之也。」是日，孔子曰：「歸乎歸乎！【一】吾黨之小子狂簡，斐然成章，吾不知所以裁之。」【三】子贛知孔子思歸，送冉求，因誡曰「即用，以孔子爲招」云。

【二】索隱 此系家再有「歸與」之辭者，前辭出孟子，此辭見論語，蓋止是一稱「歸與」，二書各記之，今前後再引，亦失之也。

【三】集解 孔安國曰：「簡，大也。孔子在陳，思歸欲去，曰：『吾黨之小子狂者進取於大道，妄穿鑿以成章，不知所以裁制，當歸以裁耳。』」

冉求既去，明年，孔子自陳遷于蔡。蔡昭公將如吳，吳召之也。前昭公欺其臣遷州來，後將往，大夫懼復遷，公孫翩射殺昭公。【一】楚侵蔡。秋，齊景公卒。【二】

【一】集解 徐廣曰：「哀公四年也。」

【二】集解 徐廣曰：「哀公五年也。」

明年，孔子自蔡如葉。葉公問政，孔子曰：「政在來遠附邇。」他日，葉公問孔子於子路，子路不對。【一】孔子聞之，曰：「由，爾何不對曰『其爲人也，學道不倦，誨人不厭，發憤忘食，樂以忘憂，不知老之將至云爾』？」

【一】集解 孔安國曰：「葉公名諸梁，楚大夫，食菜於葉，僭稱公。不對，未知所以對也。」

去葉，反于蔡。長沮、桀溺耦而耕，孔子以爲隱者，使子路問津焉。【一】長沮曰：「彼執輿者爲誰？」子路曰：「爲孔丘。」曰：「是魯孔丘與？」曰：「然。」曰：「是知津矣。」【二】桀溺謂子路曰：「子爲誰？」曰：「爲仲由。」曰：「子，孔丘之徒與？」曰：「然。」桀溺曰：「悠悠者天下皆是也，而誰以易之？【三】且與其從辟人之士，豈若從辟世之士哉！」【四】耰而不輟。【五】子路以告孔子，孔子憮然【六】曰：「鳥獸不可與同羣。【七】天下有道，丘不與易也。」【八】

【一】集解鄭玄曰：「耜廣五寸，二耜爲耦。津，濟渡處也。」正義括地志云：「黄城山俗名菜山〔二四〕，在許州葉縣西南二十五里。聖賢冢墓記云黄城山即長沮、桀溺所耕處。下有東流〔二五〕，則子路問津處也。」

【二】集解馬融曰：「言數周流，自知津處。」

【三】集解孔安國曰：「悠悠者，周流之貌也。言當今天下治亂同，空舍此適彼，故曰『誰以易之』。」

【四】集解何晏曰：「士有辟人之法，有辟世之法。長沮、桀溺謂孔子爲士，從辟人之法者也；己之爲士，則從辟世之法也。」

【五】集解鄭玄曰：「耰，覆種也。輟，止也。覆種不止，不以津告也。」

【六】集解何晏曰：「爲其不達己意而非己。」

【七】集解孔安國曰：「隱於山林是同羣。」

【八】集解何晏曰：「凡天下有道者，丘皆不與易也，己大而人小故也。」

他日，子路行，遇荷蓧丈人，【一】曰：「子見夫子乎？」丈人曰：「四體不勤，五穀不分，孰爲夫子！」【二】植其杖而芸。【三】子路以告，孔子曰：「隱者也。」復往，則亡。【四】

【一】集解包氏曰：「丈人，老者。蓧，草器名也〔二六〕。」

【二】集解包氏曰：「丈人曰不勤勞四體，分植五穀〔二七〕，誰爲夫子而索也？」

【三】集解孔安國曰：「植，倚也。除草曰芸。」

【四】集解孔安國曰：「子路反至其家，丈人出行不在。」

孔子遷于蔡三歲，吳伐陳。楚救陳，【一】軍于城父。聞孔子在陳蔡之閒，楚使人聘孔子。孔子將往拜禮，陳蔡大夫謀曰：「孔子賢者，所刺譏皆中諸侯之疾。今者久留陳蔡之閒，諸大夫所設行皆非仲尼之意。今楚，大國也，來聘孔子。孔子用於楚，則陳蔡用事大夫危矣。」於是乃相與發徒役圍孔子於野。不得行，絕糧。從者病，莫能興。【二】孔子講誦弦歌不衰。子路慍，見曰：「君子亦有窮乎？」孔子曰：「君子固窮，小人窮斯濫矣。」【三】

【一】集解徐廣曰：「哀公四年也〔二八〕。」

【二】集解孔安國曰：「興，起也。」

【三】集解何晏曰：「濫，溢也。君子固亦有窮時，但不如小人窮則濫溢爲非。」

子貢色作。孔子曰：「賜，爾以予爲多學而識之者與？」曰：「然。【一】非與？」【二】孔子曰：「非也。予一以貫之。」【三】

【一】集解孔安國曰：「然謂多學而識之。」

【二】集解孔安國曰：「問今不然耶。」

【三】集解何晏曰：「善有元，事有會，天下殊塗而同歸，百慮而一致。知其元則衆善舉也，故不待學，以一知之。」

孔子知弟子有愠心，乃召子路而問曰：「詩云『匪兕匪虎，率彼曠野』。【一】吾道非邪？吾何爲於此？」子路曰：「意者吾未仁邪？人之不我信也。【二】意者吾未知邪？人之不我行也。」【三】孔子曰：「有是乎！由，譬使仁者而必信，安有伯夷、叔齊？【四】使知者而必行，安有王子比干？」【五】

【一】集解王肅曰：「率，循也。言非兕虎而循曠野也。」

【二】集解王肅曰：「言人不信吾，豈以未仁故乎？」

【三】集解王肅曰：「言人不使通行而困窮者，豈以吾未智乎？」

【四】正義言仁者必使四方信之，安有伯夷、叔齊餓死乎？

【五】正義言智者必使處事通行，安有王子比干剖心哉？

子路出，子貢入見。孔子曰：「賜，詩云『匪兕匪虎，率彼曠野』。吾道非邪？吾何爲於此？」子貢曰：「夫子之道至大也，故天下莫能容夫子。夫子蓋少貶焉？」孔子曰：「賜，良農能稼而不能爲穡，【一】良工能巧而不能爲順。【二】君子能脩其道，綱而紀之，統而理之，而不能爲容。今爾不脩爾道而求爲容。賜，而志不遠矣！」

【一】集解王肅曰：「種之爲稼，斂之爲穡。言良農能善種之，未必能斂穫之。」

【二】集解王肅曰：「言良工能巧而已，不能每順人之意。」

子貢出，顏回入見。孔子曰：「回，詩云『匪兕匪虎，率彼曠野』。吾道非邪？吾何爲於此？」顏回曰：「夫子之道至大，故天下莫能容。雖然，夫子推而行之，不容何病？不容然後見君子！夫道之不脩也，是吾醜也。夫道既已大脩而不用，是有國者之醜也。不容何病？不容然後見君子！」孔子欣然而笑曰：「有是哉顏氏之子！使爾多財，吾爲爾宰。」【一】

【一】集解王肅曰：「宰，主財者也。爲汝主財，言志之同也。」

於是使子貢至楚。楚昭王興師迎孔子，然後得免。

昭王將以書社地七百里【一】封孔子。楚令尹子西曰：「王之使使諸侯有如子貢者乎？」曰：「無有。」「王之輔相有如顏回者乎？」曰：「無有。」「王之將率有如子路者乎？」曰：「無有。」「王之官尹有如宰予者乎？」曰：「無有。」「且楚之祖封於周，號爲子男五十里。今孔丘述三五之法，明周召之業，王若用之，則楚安得世世堂堂方數千里乎？夫文王在豐，武王在鎬，百里之君，卒王天下。今孔丘得據土壤，賢弟子爲佐，非楚之福也。」昭王乃止。其秋，楚昭王卒于城父。

【一】集解服虔曰：「書，籍也。」索隱古者二十五家爲里，里則各立社，則書社者，書其社之人名於籍。蓋以七百里書社之人封孔子也，故下冄求云「雖累千社而夫子不利」是也。

楚狂接輿歌而過孔子，【一】曰：「鳳兮鳳兮，何德之衰！【二】往者不可諫兮，【三】來者猶可追也！【四】已而已而，今之從政者殆而！」【五】孔子下，欲與之言。【六】趨而去，弗得與之言。

【一】集解孔安國曰：「接輿，楚人也。佯狂而來歌，欲以感切孔子也。」

【二】集解孔安國曰：「比孔子於鳳鳥，待聖君乃見。非孔子周行求合，故曰『衰』也。」

【三】集解孔安國曰：「已往所行，不可復諫止也。」

【四】集解孔安國曰：「自今已來，可追自止，避亂隱居。」

【五】集解孔安國曰：「言『已而』者，言世亂已甚，不可復治也。再言之者，傷之深也。」

【六】集解包氏曰：「下，下車也。」

於是孔子自楚反乎衛。是歲也，孔子年六十三，而魯哀公六年也。

其明年，吳與魯會繒，徵百牢。【一】太宰嚭召季康子。康子使子貢往，然後得已。

【一】索隱此哀七年時也。百牢，牢具一百也。周禮上公九牢，侯伯七牢，子男五牢。今吳徵百牢，夷不識禮故也。子貢對以周禮，而後吳亡是徵也。正義括地志云：「故鄫城在沂州承縣。地理志云繒縣屬東海郡也。」

孔子曰：「魯衛之政，兄弟也。」【一】是時，衛君輒父不得立，在外，諸侯數以爲讓。而孔子弟子多仕於衛，衛君欲得孔子爲政。子路曰：「衛君待子而爲政，子將奚先？」【二】孔子曰：「必也正名乎！」【三】子路曰：「有是哉，子之迂也！何其正也？」【四】孔子曰：「野哉由也！【五】夫名不正則言不順，言不順則事不成，事不成則禮樂不興，禮樂不興則刑罰不中，【六】刑罰不中則民無所錯手足矣。夫君子爲之必可名，言之必可行。【七】君子於其言，無所苟而已矣。」

【一】集解包氏曰：「周公、康叔既爲兄弟，康叔睦於周公，其國之政亦如兄弟也。」

【二】集解包氏曰：「問往將何所先行。」

【三】集解馬融曰：「正百事之名也。」

【四】集解包氏曰：「迂猶遠也。言孔子之言遠於事也。」

【五】集解孔安國曰：「野，不達也。」

【六】集解孔安國曰：「禮以安上，樂以移風。二者不行，則有淫刑濫罰也。」

【七】集解王肅曰：「所名之事，必可得明言；所言之事，必可得遵行者。」

其明年，冄有爲季氏將師，與齊戰於郎，克之。【一】季康子曰：「子之於軍旅，學之乎？性之乎？」冄有曰：「學之於孔子。」季康子曰：「孔子何如人哉？」對曰：「用之有名；播之百姓，質諸鬼神而無憾。求之至於此道，雖累千社，夫子不利也。」【二】康子曰：「我欲召之，可乎？」對曰：「欲召之，則毋以小人固之，則可矣。」而衞孔文子【三】將攻太叔，【四】問策於仲尼。仲尼辭不知，退而命載而行，曰：「鳥能擇木，木豈能擇鳥乎！」【五】文子固止。會季康子逐公華〔二九〕、公賓、公林，以幣迎孔子，孔子歸魯。

【一】集解徐廣曰：「此哀公十一年也，去吳會繒已四年矣。年表哀公十年，孔子自陳至衞也。」

【索隱】徐説去會四年，是也。按：左傳及此文，孔子是時在衞歸魯，不見有在陳之文，在陳當哀公之初，蓋年表誤爾。【正義】括地志云：「郎亭在徐州滕縣西五十三里。」

【二】【索隱】二十五家爲社，千社即二萬五千家〔三〇〕。

【三】【集解】服虔曰：「文子，衞卿也。」

【四】【集解】左傳曰太叔名疾。

【五】【集解】服虔曰：「鳥喻己，木以喻所之之國。」

孔子之去魯凡十四歲而反乎魯。【一】

【一】【索隱】前文孔子以定公十四年去魯，計至此十三年。魯系家云定公十二年孔子去魯，則首尾計十五年矣。

魯哀公問政，對曰：「政在選臣。」季康子問政，曰：「舉直錯諸枉，【一】則枉者直。」康子患盜，孔子曰：「苟子之不欲，雖賞之不竊。」【二】然魯終不能用孔子，孔子亦不求仕。

【一】【集解】包氏曰：「錯，置也。舉正直之人用之，廢置邪枉之人。」【索隱】論語「季康子問政，子曰『政者，正也』」。又「哀公問曰『何爲則人服』？子曰『舉直錯諸枉則人服』」。今此初論康子問政，未合以孔子答哀公使人服，蓋太史公撮略論語爲文而失事實。

【二】【集解】孔安國曰：「欲，情慾也。言民化於上，不從其所令，從其所好也。」

孔子之時，周室微而禮樂廢，詩書缺。追迹三代之禮，序書傳，上紀唐虞之際，下至秦繆，編次其事。曰：「夏禮吾能言之，杞不足徵也。殷禮吾能言之，宋不足徵也。【一】足，則吾能徵之矣。」觀殷夏所損益，曰：「後雖百世可知也，【二】以一文一質。周監二代，郁郁乎文哉。吾從周。」【三】故書傳、禮記自孔氏。

【一】集解包氏曰：「徵，成也。杞宋二國，夏殷之後也。夏殷之禮吾能說之，杞宋之君不足以成也。」

【二】集解何晏曰：「物類相召，勢數相生，其變有常，故可預知者也。」

【三】集解孔安國曰：「監，視也。言周文章備於二代，當從之也。」

孔子語魯大師：「樂其可知也。始作翕如，【一】縱之純如，【二】皦如，【三】繹如也，以成。」【四】「吾自衛反魯，然後樂正，雅頌各得其所。」【五】

【一】集解何晏曰：「太師，樂官名也。五音始奏，翕如盛也。」

【二】集解何晏曰：「言五音既發放縱盡，其聲純和諧也〔三〕。」

【三】集解何晏曰：「言其音節明。」

【四】集解何晏曰：「縱之以純如，皦如，繹如，言樂始於翕如而成於三者也。」

【五】集解鄭玄曰：「反魯，魯哀公十一年冬。是時道衰樂廢，孔子來還，乃正之，故雅頌各得其所。」

古者詩三千餘篇，及至孔子，去其重，【一】取可施於禮義，上采契后稷，中述殷周之盛，至幽厲之缺，始於衽席，故曰「關雎之亂以爲風始，【二】鹿鳴爲小雅始，【三】文王爲大雅始，【四】清廟爲頌始」。【五】三百五篇孔子皆弦歌之，以求合韶武雅頌之音。禮樂自此可得而述，以備王道，成六藝。

【一】正義去，丘呂反。重，逐龍反。

【二】正義亂，理也。詩小序云：「關雎，后妃之德也，風之始也，所以風天下而正夫婦也。」毛萇云：「關關，和聲。雎鳩，王雎也，鳥摯而有別。后妃悦樂君子之德，無不和諧，又不淫色，慎固幽深，若雎鳩之有別，然後可以風化天下。夫婦有別則父子親，父子親則君臣敬，君臣敬則朝廷正，朝廷正則王化成也。」按：王雎，金口鶚也。

【三】正義小序云：「鹿鳴，宴羣臣嘉賓也。既飲食之，又實幣帛筐篚以將其厚意，然後忠臣嘉賓得盡其心矣。」毛萇云：「鹿得苹，呦呦鳴而相呼，懇誠發乎中，以興嘉樂賓客，當有懇誠相招呼以成禮也。」

【四】正義小序云：「文王，文王受命作周。」鄭玄云：「文王初爲西伯，有功於民，其德著見於天，故天命之以爲王，使君天下。」

【五】正義小序云：「清廟，祀文王也。周公既成雒邑，朝諸侯，率以祀文王焉。」毛萇云：「清廟者，祭有清明之德者之宮也。謂祭文王，天德清明，文王象焉，故祭之而歌此詩也。」

孔子晚而喜易，序【一】彖、【二】繫、【三】象、【四】說卦、【五】文言。【六】讀易，韋編三絶。曰：「假我數年，若是，我於易則彬彬矣。」

【一】正義序，易序卦也。夫子作十翼，謂上彖、下彖、上象、下象、上繫、下繫、文言、序卦、說卦、雜卦也。易正義曰：「文王既繇六十四卦分爲上下篇，先後之次，其理不易。孔子就上下二經，各序其相次之義。」

【二】正義吐亂反。上彖，卦下辭；下彖，爻卦下辭〔三二〕。易正義曰：「夫子所作，統論一卦之義，或說其卦德，或說其卦義，或說其卦名。莊氏云『彖，斷也，言斷定一卦之義』也。」

【三】正義如字，又音系。易正義云：「繫辭者，聖人繫屬此辭於爻卦之下。分爲上下篇者，以簡編重大，是以分之。」又言「繫辭者，取綱系之義」也。

【四】正義上象，卦辭；下象，爻辭。易正義云：「萬物之體自然，各有形象，聖人設卦以寫萬物之象，今夫子釋此卦之象也。」

【五】正義易正義云：「說卦者，陳說八卦德業變化法象所爲也。」

【六】正義易正義云：「夫子贊明易道，申說義理，釋乾坤二卦經文之言，故稱文言。」又：「雜卦者，六十四卦以爲義〔三三〕，於序卦之外，別言聖人之興，因時而作，隨其事宜，不必相因襲，當有損益。」又云：「雜揉衆卦，錯綜其義，或以同相類，或以異相明。」按：史不出雜卦，故附之。

孔子以詩書禮樂教，弟子蓋三千焉，身通六藝者七十有二人〔三四〕。如顏濁鄒之徒，【一】頗受業者甚衆。

【一】正義濁音卓。鄒音聚。顏濁鄒，非七十七人數也。

孔子以四教：文，行，忠，信。【一】絶四：毋意，【二】毋必，【三】毋固，【四】毋我。【五】所慎：齊，戰，疾。【六】子罕言利與命與仁。【七】不憤不啓，舉一隅不以三隅反，則弗復也。【八】

【一】集解何晏曰：「四者有形質，可舉以教。」

【二】集解何晏曰：「以道爲度，故不任意也。」

【三】集解何晏曰：「用之則行，舍之則藏，故無專必。」

【四】集解何晏曰：「無可無不可，故無固行也。」

【五】集解何晏曰：「述古而不自作，處羣萃而不自異，唯道是從，故不有其身。」

【六】集解何晏曰：「此三者，人所不能慎，而夫子慎也。」

【七】集解何晏曰：「罕者，希也。利者，義之和也。命者，天之命也。仁者，行之盛也。寡能及之，故希言之。」

【八】集解鄭玄曰：「孔子與人言，必待其人心憤憤，口悱悱，乃後啓發爲説之，如此則識思之深也。説則舉一端以語之，其人不思其類，則不重教也。」

其於鄉黨，恂恂【一】似不能言者。其於宗廟朝廷，辯辯【二】言，唯謹爾。【三】朝，與上大夫言，誾誾如也；【四】與下大夫言，侃侃如也。【五】

【一】集解王肅曰：「恂恂，温恭貌也。」索隱有本作「逡逡」，音七旬反。

【二】索隱論語作「便便」。

【三】集解鄭玄曰：「唯辯而謹敬也。」

【四】集解孔安國曰：「中正之貌也。」

【五】集解孔安國曰：「和樂貌。」

入公門，鞠躬如也；趨進，翼如也。【一】君召使儐，【二】色勃如也。【三】君命召，不俟駕行矣。【四】

【一】集解孔安國曰：「言端好也。」

【二】集解鄭玄曰：「有賓客使迎之也。」

【三】集解孔安國曰：「必變色。」

【四】集解鄭玄曰：「急趨君命也，行出而車駕隨之。」

魚餒，肉敗，割不正，不食。【一】席不正，不坐。食於有喪者之側，未嘗飽也。

【一】集解孔安國曰：「魚敗曰餒也。」

是日哭，則不歌。見齊衰、瞽者，雖童子必變。【一】

【一】集解包氏曰：「瞽，盲。」

「三人行，必得我師。」【一】「德之不脩，學之不講，聞義不能徙，不善不能改，是吾憂也。」【二】使人歌，善，則使復之，然後和之。【三】

【一】集解何晏曰：「言我三人行，本無賢愚，擇善而從之，不善而改之，無常師。」

【二】集解孔安國曰：「夫子常以此四者爲憂也。」

【三】集解何晏曰：「樂其善，故使重歌而自和也。」

子不語：怪、力、亂、神。【一】

【一】集解王肅曰：「怪，怪異也；力謂若奡盪舟、烏獲舉千鈞之屬也；亂謂臣弑君、子弑父也；神謂鬼神之事。或無益於教化，或所不忍言也。」李充曰：「力不由理，斯怪力也。神不由正，斯亂神也。怪力、亂神，有與於邪，無益於教，故不言也。」

子貢曰：「夫子之文章，可得聞也；【一】夫子言天道與性命，弗可得聞也已。」【二】顏淵喟然歎曰：「仰之彌高，鑽之彌堅。【三】瞻之在前，忽焉在後。【四】夫子循循然善誘人，【五】博我以文，約我以禮，欲罷不能。既竭我才，如有所立，卓爾。雖欲從之，蔑由也已。」【六】

達巷黨人曰〔三五〕：「大哉孔子，博學而無所成名。」〔七〕子聞之曰：「我何執？執御乎？執射乎？我執御矣。」〔八〕牢曰：「子云『不試，故藝』。」〔九〕

〔一〕集解何晏曰：「章，明。文彩形質著見，可以耳目循也。」

〔二〕集解何晏曰：「性者，人之所受以生也。天道者，元亨日新之道。深微，故不可得而聞之。」

〔三〕集解何晏曰：「言不可窮盡。」

〔四〕集解何晏曰：「言忽怳不可爲形象。」

〔五〕集解何晏曰：「循循，次序貌也。誘，進也。言夫子正以此道進勸人學有次序也。」

〔六〕集解孔安國曰：「言夫子既以文章開博我，又以禮節節約我，使我欲罷不能。已竭吾才矣，其有所立，則卓然不可及。言已雖蒙夫子之善誘，猶不能及夫子所立也。」

〔七〕集解鄭玄曰：「達巷者，黨名。五百家爲黨。此黨之人美孔子博學道藝，不成一名而已。」

〔八〕集解鄭玄曰：「聞人美之，承以謙也。吾執御者，欲明六藝之卑。」

〔九〕集解鄭玄曰：「牢者，弟子子牢也。試，用也。言孔子自云我不見用故多伎藝也。」

魯哀公十四年春，狩大野。〔一〕叔孫氏車子鉏商獲獸，〔二〕以爲不祥。仲尼視之，曰：「麟也。」取之。〔三〕曰：「河不出圖，雒不出書，吾已矣夫！」〔四〕顏淵死，孔子曰：「天喪予！」【五】及西狩見麟，曰：「吾道窮矣！」【六】喟然歎曰：「莫知我夫！」子貢曰：「何爲莫知子？」【七】子曰：「不怨天，不尤人，【八】下學而上達，【九】知我者其天乎！」【一〇】

【一】集解 服虔曰：「大野，藪名，魯田圃之常處，蓋今鉅野是也。」 正義 括地志云：「獲麟堆在鄆州鉅野縣東十二里。春秋哀十四年經云『西狩獲麟』。國都城記云『鉅野故城東十里澤中有土臺，廣輪四五十步，俗云獲麟堆，去魯城可三百餘里』。」

【二】集解 服虔曰：「車子，微者也；鉏商，名也。」 索隱 春秋傳及家語並云「車子鉏商」，而服虔以「子」爲姓，非也。今以車子爲主車車士，微者之人也。人微故略其姓，則「子」非姓也。

【三】集解 服虔曰：「麟非時所常見，故怪之，以爲不祥也。仲尼名之曰『麟』，然後魯人乃取之也。明麟爲仲尼至也。」

【四】集解 孔安國曰：「聖人受命，則河出圖，今無此瑞。吾已矣夫者，不得見〔三六〕。河圖，八卦是也。」

【五】集解 何休曰：「予，我也。天生顏淵爲夫子輔佐，死者，是天將亡夫子之證者也。」

【六】集解 何休曰：「麟者，太平之獸〔三七〕，聖人之類也。時得而死，此天亦告夫子將殁之證〔三八〕，故云爾。」

【七】集解 何晏曰：「子貢怪夫子言何爲莫知己，故問之。」

【八】集解 馬融曰：「孔子不用於世，而不怨天；不知己〔三九〕，亦不尤人。」

〔九〕集解孔安國曰：「下學人事，上達天命。」

〔一〇〕集解何晏曰：「聖人與天地合其德，故曰唯天知己。」

「不降其志，不辱其身，伯夷、叔齊乎！」〔一〕謂「柳下惠、少連降志辱身矣」。謂「虞仲、夷逸隱居放言，〔二〕行中清，廢中權」。〔三〕「我則異於是，無可無不可。」〔四〕

〔一〕集解鄭玄曰：「言其直己之心，不入庸君之朝。」

〔二〕集解包氏曰：「放，置也。置不復言世務也。」

〔三〕集解馬融曰：「清，純絜也。遭世亂，自廢弃以免患，合於權也。」

〔四〕集解馬融曰：「亦不必進，亦不必退，唯義所在。」

子曰：「弗乎弗乎，君子病没世而名不稱焉。吾道不行矣，吾何以自見於後世哉？」乃因史記作春秋，上至隱公，下訖哀公十四年，十二公。據魯，親周，〔一〕故殷，運之三代。〔二〕約其文辭而指博。故吳楚之君自稱王，而春秋貶之曰「子」；踐土之會實召周天子，而春秋諱之曰「天王狩於河陽」：推此類以繩當世。貶損之義，後有王者舉而開之。春秋之義行，則天下亂臣賊子懼焉。

〔一〕索隱言夫子修春秋，以魯爲主，故云據魯。親周，蓋孔子之時周雖微，而親周王者，以見天下之有宗主也。

【三】正義殷，中也。又中運夏、殷、周之事也。

孔子在位聽訟，文辭有可與人共者，弗獨有也。至於爲春秋，筆則筆，削則削，子夏之徒不能贊一辭。弟子受春秋，孔子曰：「後世知丘者以春秋，而罪丘者亦以春秋。」【一】

【一】集解劉熙曰：「知者，行堯舜之道者也。罪者，在王公之位見貶絶者。」

明歲，子路死於衞。孔子病，子貢請見。孔子方負杖逍遥於門，曰：「賜，汝來何其晚也？」孔子因歎，歌曰：「太山壞乎！【一】梁柱摧乎！哲人萎乎！」【二】因以涕下。謂子貢曰：「天下無道久矣，莫能宗予。【三】夏人殯於東階，周人於西階，殷人兩柱閒。昨暮予夢坐奠兩柱之閒，予始殷人也。」後七日卒。【四】

【一】集解鄭玄曰：「太山，衆山所仰。」

【二】集解王肅曰：「萎，頓也。」

【三】集解王肅曰：「傷道之不行也。」

【四】集解鄭玄曰：「明聖人知命也。」正義括地志云：「漢封夫子十二代孫忠爲褒成侯，生光，爲丞相，封侯。平帝封孔霸孫莽二千户爲褒成侯。後漢封十七代孫志爲褒成侯。魏封二十二代孫羡爲崇聖侯。晉封二十三代孫震爲奉聖亭侯。後魏封二十七代孫爲崇聖大夫〔四〇〕。孝文帝又封三十一代孫珍爲崇聖侯〔四一〕，高齊改封珍爲恭聖侯〔四二〕，周武帝改封鄒國公；隋文帝仍舊封鄒國公，煬帝改爲紹聖侯；皇唐給復二千户，封孔子裔孫孔德倫爲褒聖侯也。」

孔子年七十三，以魯哀公十六年四月己丑卒。〔一〕

〔一〕索隱若孔子以魯襄二十一年生，至哀十六年爲七十三；若襄二十二年生，則孔子年七十二。經傳生年不定，致使孔子壽數不明。

哀公誄之曰：「旻天不弔，不憖遺一老，〔一〕俾屏余一人以在位，煢煢余在疚。〔二〕嗚呼哀哉！尼父，毋自律！」〔三〕子貢曰：「君其不没於魯乎！夫子之言曰：『禮失則昏，名失則愆。失志爲昏，失所爲愆。』〔四〕生不能用，死而誄之，非禮也。稱『余一人』，非名也。」〔五〕

〔一〕集解王肅曰：「弔，善也。憖，且也。一老謂孔子也。」

〔二〕集解王肅曰：「疚，病也。」

〔三〕集解王肅曰：「父，丈夫之顯稱也。律，法也。言毋以自爲法也。」

〔四〕索隱失禮爲昏，失所爲僁。左傳及家語皆云「失志爲昏，失禮爲僁」，與此不同也。

〔五〕集解服虔曰：「天子自謂『一人』，非諸侯所當名也。」

孔子葬魯城北泗上，〔一〕弟子皆服三年。三年心喪畢，相訣而去，〔二〕則哭，各復盡哀；或復留。唯子贛廬於冢上，〔三〕凡六年，然後去。弟子及魯人往從冢而家者百有餘室，因命曰孔里。魯世世相傳以歲時奉祠孔子冢，而諸儒亦講禮鄉飲大射於孔子冢。孔子冢大一頃。故所居堂、弟子內，後世因廟，藏孔子衣冠琴車書，【四】至于漢二百餘年不絶。高皇帝過魯，以太牢祠焉。諸侯卿相至，常先謁，然後從政。

【一】集解皇覽曰：「孔子冢去城一里。冢塋百畝，冢南北廣十步，東西十三步，高一丈二尺。冢前以瓴甓爲祠壇，方六尺，與地平。本無祠堂。冢塋中樹以百數，皆異種，魯人世世無能名其樹者。民傳言『孔子弟子異國人，各持其方樹來種之』。其樹柞、枌、雒離、安貴、五味、毚檀之樹。孔子塋中不生荊棘及刺人草。」索隱雒離，各離二音，又音落藜。藜是草名也。安貴，香名，出西域。五味，藥草也。毚音讒。毚檀，檀樹之別種。

【二】索隱訣音決。訣者，別也。

【三】索隱按：家語無「上」字。且禮云「適墓不登隴」，豈合廬於冢上乎？蓋「上」者，亦是邊側之義。

【四】索隱謂孔子所居之堂，其弟子之中，孔子没後，後代因廟藏夫子平生衣冠琴書於壽堂中。

孔子生鯉，字伯魚。【一】伯魚年五十，先孔子死。【二】

【一】索隱按：家語孔子年十九，娶於宋之并官氏之女，一歲而生伯魚。伯魚之生，魯昭公使人遺之鯉魚。夫子榮君之賜，因以名其子也。

【二】集解皇覽曰：「伯魚冢在孔子冢東，與孔子並，大小相望也。」

伯魚生伋，字子思，年六十二。嘗困於宋。子思作中庸。【一】

【一】集解皇覽曰：「子思冢在孔子冢南，大小相望。」

子思生白，字子上，年四十七。子上生求，字子家，年四十五。子家生箕，字子京，年四十六。子京生穿，字子高，年五十一。子高生子慎，年五十七，嘗爲魏相。

子慎生鮒，年五十七，爲陳王涉博士，死於陳下。

鮒弟子襄，年五十七。嘗爲孝惠皇帝博士，遷爲長沙太守〔四三〕。長九尺六寸。

子襄生忠，年五十七。忠生武，武生延年及安國。安國爲今皇帝博士，至臨淮太守，蚤卒。安國生卬，卬生驩。

太史公曰：詩有之：「高山仰止，景行行止。」雖不能至，然心鄉往之。余讀孔氏書，想見其爲人。適魯，觀仲尼廟堂車服禮器，諸生以時習禮其家，余祗迴留之不能去云。【一】天下君王至于賢人衆矣，當時則榮，沒則已焉。孔子布衣，傳十餘世，學者宗之。自天子王侯，中國言六藝者折中於夫子，【二】可謂至聖矣！

〔一〕索隱祇，敬也。言祇敬遲回不能去之。有本亦作「低回」，義亦通。

〔二〕索隱離騷云「明五帝以折中〔四四〕」。王師叔云〔四五〕「折中，正也」。宋均云「折，斷也。中，當也」。按：言欲折斷其物而用之，與度相中當，故以言其折中也。

【索隱述贊】孔子之胄〔四六〕，出于商國。弗父能讓，正考銘勒。防叔來奔，鄒人掎足。尼丘誕聖，闕里生德。七十升堂，四方取則。卯誅兩觀，攝相夾谷。歌鳳遽衰，泣麟何促！九流仰鏡，萬古欽躅。

校勘記

〔一〕此上四十八字原無，據黄本、彭本、索隱本、柯本、凌本、殿本補。

〔二〕闕里背邾面泗　「邾」，疑當作「洙」。按：水經注卷二五泗水：「從征記曰：洙、泗二水，交于魯城東北十七里。闕里背洙面泗。」後漢書卷二明帝紀「幸孔子宅」李賢注亦云闕里「背洙面泗」。

〔三〕泗水縣五十里　「縣」下疑脱「南」字。按：元和志卷一〇河南道六兖州泗水縣：「尼丘山，在縣南五十里。」

〔四〕三日紀　東京大學史料編纂所藏括地志殘卷作「晉紀」，金程宇東京大學史料編纂所藏括地志殘卷跋：「『三日』爲『晉』字之譌。」

〔五〕石門　東京大學史料編纂所藏括地志殘卷作「石間」，疑是。

〔六〕倉庫　孟子萬章下「孔子嘗爲委吏矣」趙岐注作「倉庾」。

〔七〕正義按括地志在大秦國南也　「正義」二字原無，「南」，原作「北」。張文虎札記卷四：「裴駰無引括地志之理，而各本集解中皆有之，不得獨咎合刻本以正義誤入。尋大宛傳正義引括地志固有『小人國』一條，云在大秦南，即僬僥國。蓋後人撮注其文於旁，遂混入集解，又誤『南』爲『北』也。」今據補改。

〔八〕魯國近東　「近」，孔子家語相魯王肅注作「在」。

〔九〕行攝　本書卷三一吴太伯世家索隱引孔子世家作「攝行」，重廣會史卷三三引同。孔子家語始誅亦作「攝行」。

〔一〇〕客求而有在也　疑文有脱誤。按：孔子家語相魯「四方客至於邑，不求有司」王肅注：「有司常供其職，客不求而有司存焉。」

〔一一〕乃知孔子聖人　「乃」，原作「有」，據黄本、彭本、柯本、凌本、殿本改。按：御覽卷四〇一引琴操亦作「乃」。

〔一二〕己無所致死也　「致」，論語先進何晏集解引包氏作「敢」。

〔一三〕有席而祭　「有」，韓詩外傳作「布」。

〔一四〕省鴈　疑當作「雀鷹」。按：詩小雅采芑「鴥彼飛隼」孔穎達疏引陸機疏作「雀鷹」，爾雅釋鳥「鷹隼醜」邢昺疏引同。張文虎札記卷四：「沔水疏、御覽引陸疏並作『雀鷹』。」

〔一五〕惠公以魯昭元年立　「元年」，疑當作「九年」。按：本書卷一四十二諸侯年表陳惠公元年當魯昭公九年。

〔一六〕湣公六年孔子適陳　「六年」，原作「十六年」。張文虎札記卷四：「年表、世家皆六年，『十』字衍。」今據刪。

〔一七〕可六十日行　「可」，原作「河」。張文虎札記卷四：「『河』字譌，御覽七百八十四引肅慎國記作『可』。」今據改。

〔一八〕有此矢　「矢」，原作「矣」，據殿本改。

〔一九〕曰有所穆然深思焉　張文虎札記卷四：「此『曰』字疑涉上而衍。家語無。」按：「曰」，通志卷八八列傳一作「若」。

〔二〇〕望羊望羊視也　今本家語王肅注作「望羊遠視也」。

〔二一〕竭澤涸漁　疑文有譌誤。按：後漢書卷八一李業傳「趙殺鳴犢，孔子臨河而逝」李賢注、通鑑卷六五漢紀五十七獻帝建安十三年「趙殺鳴犢，仲尼回輪」胡三省注引史記並作「竭澤而漁」。後漢書卷六一黄瓊傳「昔趙殺鳴犢，孔子臨河而反」李賢注引史記作「涸澤而漁」。

〔二二〕有角曰蛟龍龍能興雲致雨　張文虎札記卷四：「説文：『無角曰蛟。』疑此本作『無角曰蛟，有角曰龍，能興雲致雨』，文有脱誤。」

〔二三〕萬二千人爲軍　「人」上疑脱「五百」二字。按：論語衞靈公何晏集解：「鄭曰：『萬二千五百人爲軍，五百人爲旅。』」周禮夏官司馬：「凡制軍，萬有二千五百人爲軍。」

〔二四〕黄城山俗名菜山　「菜山」，疑當作「苦菜山」。按：水經注卷三一潕水：「苦菜即黄城也。」又卷三五江水：「浦東有苦菜山，江逕其北，故浦有苦菜之名焉，山上有苦菜可食。」元和志卷六河南道三汝州葉縣：「黄城山，一名苦菜山，在縣西二十五里。」

〔二五〕下有東流　水經注卷三一潕水引聖賢冢墓記「流」下有「水」字。

〔二六〕蓧草器名也　論語微子何晏集解引包氏曰：「蓧，竹器。」

〔二七〕分植五穀　「分」上疑脱「不」字。按：論語微子何晏集解引包氏曰：「丈人云：不勤勞四體，不分殖五穀，誰爲夫子而索之邪？」

〔二八〕哀公四年也　「四年」，疑當作「六年」。按：本書卷一四十二諸侯年表吴伐陳、楚救陳在魯哀公六年。

〔二九〕逐公華　「逐」，左傳哀公十一年孔穎達疏引孔子世家作「使」。

〔三〇〕此條索隱原無，據耿本、黄本、彭本、柯本、凌本、殿本、會注本補。張文虎札記卷四：「書社前已有注，此後人妄竄，今删。」按：「千社即二萬五千家」釋「千社」；上文「昭王將以書社地七百里封孔子」索隱：「古者二十五家爲里，里則各立社，則書社者，書其社之人名於籍。蓋以七百里書社之人封孔子也，故下冉求云『雖累千社而夫子不利』是也。」此條釋「社」，二者不盡相同。

〔二一〕言五音既發放縱盡其聲純和諧也　「聲」上疑脱「音」字，「純」字疑當重。按：論語八佾何晏集解：「言五音既發，放縱盡其音聲，純純和諧也。」

〔二二〕爻卦下辭　「爻」字原無，據黄本、彭本、柯本、凌本、殿本補。

〔二三〕六十四卦以爲義　周易雜卦孔穎達疏此上有「雜」字。

〔二四〕七十有二人　疑當依正義作「七十有七人」。按：本書卷六七仲尼弟子列傳「孔子曰『受業身通者七十有七人』」索隱：「孔子家語亦有七十七人。」傳載「顯有年名及受業聞見于書傳」者三十五人，「無年及不見書傳者」四十二人，正合七十七人之數。漢書卷二八下地理志下：「（孔子）弟子受業而通者七十有七人。」卷八八儒林傳「仲尼既没，七十子之徒散遊諸侯」顔師古注：「七十子，謂弟子者七十七人也。」

〔二五〕達巷黨人曰　「黨人」下原有「童子」二字。張文虎札記卷四：「『童子』二字似因『闕黨童子』而誤衍。」按：論語子罕：「達巷黨人曰：『大哉孔子！博學而無所成名。』」今據删。

〔二六〕不得見　論語子罕何晏集解引孔安國注作「傷不得見也」。

〔二七〕太平之獸　公羊傳哀公十四年何休注作「大平之符」，後漢書卷四三何敞傳李賢注引同。

〔三八〕天亦　公羊傳哀公十四年何休注作「亦天」，後漢書卷四三何敞傳李賢注引同。

〔三九〕不知己　論語憲問何晏集解引馬融此上有「人」字，後漢書卷八〇下趙壹傳李賢注引同。

〔四〇〕二十七代孫　「孫」下疑脱「乘」字。按：魏書卷七高祖紀上延興三年詔以魯郡孔乘爲崇聖大夫，北史卷三魏本紀同。後漢書卷七九上儒林傳上「世世相傳，至獻帝初，國絶」李賢注：「後魏封二十七葉孫乘爲崇聖大夫。」

〔四一〕三十一代孫珍　「三十一」，疑當作「二十八」。按：後漢書卷七九上儒林傳上李賢注：「太和十九年，孝文幸魯，親祠孔子廟，又改封二十八葉孫珍爲崇聖侯。」通鑑卷六九魏紀一文帝黄初二年「春正月，以議郎孔羨爲宗聖侯」胡三省注：「孝文太和十九年幸魯，又改封二十八世孫珍爲崇聖侯。」

〔四二〕高齊改封珍爲恭聖侯　「封」下疑當有「三十一代孫」五字，此蓋以「崇聖侯」、「恭聖侯」相混而致誤。參見上條。又，「珍」疑當作「長」。北史卷七齊本紀中：「（天保元年）六月辛巳，詔改封崇聖侯孔長爲恭聖侯。」後漢書卷七九上儒林傳上李賢注：「北齊改封三十一葉孫爲恭聖侯。」通鑑卷六九魏紀一文帝黄初二年「春正月，以議郎孔羨爲宗聖侯」胡三省注：「北齊改封三十一世孫□爲恭聖侯。」李、胡二注不言恭聖侯之名，得傳疑闕疑之義。

〔四三〕長沙太守　錢大昕考異卷四：「漢書孔光傳作『長沙太傅』。惠帝時長沙爲王國，不得有太守，漢書云『太傅』，是也。」按：本書卷一二一儒林列傳集解引徐廣亦作「長沙太傅」。

〔四四〕明五帝　「明」，楚辭作「令」。

〔四五〕王師叔　張文虎札記卷四：「後漢書文苑傳王逸字叔師，而索隱皆作『師叔』，屈賈傳注同，或別有所據，仍之。」

〔四六〕孔子之胄　「胄」，黄本、彭本、柯本、凌本、殿本作「先」。

史記卷四十八

陳涉世家第十八

索隱按：勝立數月而死，無後，亦稱「系家」者，以其所遣王侯將相竟滅秦，以其首事也。然時因擾攘，起自匹夫，假託妖祥，一朝稱楚，歷年不永，勳業蔑如，繼之齊、魯，曾何等級。可降爲列傳〔一〕。

陳勝者，陽城人也，〔一〕字涉。吴廣者，陽夏人也，〔二〕字叔。陳涉少時，嘗與人傭耕，〔三〕輟耕之壟上，悵恨久之，曰：「苟富貴，無相忘。」庸者笑而應曰：「若爲庸耕，何富貴也？」陳涉太息曰：「嗟乎，燕雀安知鴻鵠之志哉！」〔四〕

〔一〕索隱韋昭云屬潁川，地理志云屬汝南。不同者，按郡縣之名隨代分割。蓋陽城舊屬汝南，史遷云今爲汝陰〔二〕，後又分隸潁川，韋昭據以爲説，故其不同。他皆放此。正義即河南陽城縣也。

【二】索隱夏音賈。韋昭云：「淮陽縣，後屬陳。」正義括地志云：「陳州太康縣，本漢陽夏縣也。」

【三】索隱廣雅云：「傭，役也。」按：謂役力而受雇直也。

【四】索隱尸子云「鴻鵠之鷇，羽翼未合，而有四海之心」是也。按：鴻鵠是一鳥，若鳳皇然，非謂鴻鴈與黃鵠也。鵠音户酷反。

二世元年七月，發閭左【一】適戍漁陽【二】九百人，屯大澤鄉。【三】陳勝、吳廣皆次當行，爲屯長。會天大雨，道不通，度已失期。失期，法皆斬。陳勝、吳廣乃謀曰：「今亡亦死，舉大計亦死，等死，死國可乎？」【四】陳勝曰：「天下苦秦久矣。吾聞二世少子也，【五】不當立，當立者乃公子扶蘇。扶蘇以數諫故，上使外將兵。今或聞無罪，二世殺之。百姓多聞其賢，未知其死也。【六】項燕爲楚將，數有功，愛士卒，楚人憐之。或以爲死，或以爲亡。今誠以吾衆詐自稱公子扶蘇、項燕，爲天下唱，【七】宜多應者。」吳廣以爲然。乃行卜。【八】卜者知其指意，曰：「足下事皆成，有功。然足下卜之鬼乎！」【九】陳勝、吳廣喜，念鬼，【一〇】曰：「此教我先威衆耳。」乃丹書帛曰「陳勝王」，置人所罾魚腹中。【一一】卒買魚烹食，得魚腹中書，固以怪之矣。又閒令【一二】吳廣之次所旁叢祠中，【一三】夜篝火，【一四】狐鳴呼曰「大楚興，陳勝王」。卒皆夜驚恐。旦日，卒中往往語，皆指目陳勝。

【一】索隱 閭左謂居閭里之左也。秦時復除者居閭左。今力役凡在閭左者盡發之也。又云，凡居以富强爲右，貧弱爲左。秦役戍多，富者役盡，兼取貧弱者而發之也〔三〕。

【二】索隱 適音直革反，又音磔。故漢書有七科適。戍者，屯兵而守也。地理志漁陽，縣名，在漁陽郡也。 正義 括地志云：「漁陽故城在檀州密雲縣南十八里，在漁水之陽也。」

【三】集解 徐廣曰：「在沛郡蘄縣。」

【四】索隱 謂欲經營圖國，假使不成而敗，猶愈爲戍卒而死也。

【五】索隱 姚氏按：隱士遺章邯書云「李斯爲二世廢十七兄而立今王」，則二世是始皇第十八子也。

【六】索隱 如淳云：「扶蘇自殺，故人不知其死。或以爲不知何坐而死，故天下冤二世殺之。」其意亦得〔四〕。今宜依文而解，直是扶蘇爲二世所殺，而百姓未知，故欲詐自稱之也。

【七】索隱 漢書作「倡」，倡謂先也。說文云：「倡，首也〔五〕。」

【八】索隱 行者，先也。一云行，往也。

【九】集解 蘇林曰：「狐鳴祠中則是也。」瓚曰：「假託鬼神以威衆也，故勝、廣曰『此教我威衆也』。」 索隱 裴注引蘇林、臣瓚義亦當矣。而李奇又云「卜者戒曰『所卜事雖成，當死爲鬼』，惡指斥言之，而勝失其旨，反依鬼神起怪」，蓋亦得本旨也。

【一〇】索隱 念者，思也。謂思念欲假鬼神事耳。

【一一】集解 漢書音義曰：「罾音曾。」文穎曰：「罾，魚網也。」

【二】索隱服虔云「閒音『中閒』之『閒』」。鄭氏云「閒謂竊令人行也」。孔文祥又云「竊伺閒隙，不欲令衆知之也」。

【三】集解張晏曰：「戍人所止處也。叢，鬼所憑焉。」索隱次，師所次舍處也。墨子云「建國必擇木之修茂者以爲叢位」。高誘注戰國策云「叢祠，神祠也。叢，樹也」。

【四】集解徐廣曰：「或作『帶』也。篝者，籠也，音溝。」索隱篝音溝。漢書作「構」。郭璞云：「篝，籠也。」

吴廣素愛人，士卒多爲用者。將尉【一】醉，廣故數言欲亡，忿恚尉，令辱之，以激怒其衆。尉果笞廣。尉劍挺，【二】廣起，奪而殺尉。陳勝佐之，并殺兩尉。召令徒屬曰：「公等遇雨，皆已失期，失期當斬。藉弟令毋斬，【三】而戍死者固十六七。且壯士不死即已，死即舉大名耳，【四】王侯將相寧有種乎！」徒屬皆曰：「敬受命。」乃詐稱公子扶蘇、項燕，從民欲也。袒右，稱大楚。爲壇而盟，祭以尉首。陳勝自立爲將軍，吴廣爲都尉。攻大澤鄉，收而攻蘄。【五】蘄下，【六】乃令符離【七】人葛嬰將兵徇蘄【八】以東。攻銍、酇、苦、柘、譙，【九】皆下之。行收兵。比至陳，【一〇】車六七百乘，騎千餘，卒數萬人。攻陳，【一一】陳守令皆不在，【一二】獨守丞與戰譙門中。【一三】弗勝，守丞死，乃入據陳。數日，號令召三老、豪傑與皆來會計事。三老、豪傑皆曰：「將軍身被堅執鋭，伐無道，誅暴秦，復立楚國之社

稷，功宜爲王。」陳涉乃立爲王，號爲「張楚」。【一四】

【一】索隱 官也。漢舊儀「大縣二人」，其尉將屯九百人，故云將尉也。

【二】集解 徐廣曰：「挺猶脱也。」 索隱 徐廣云「挺，奪也」。按：奪即脱也〔六〕。説文云「挺，拔也」。案：謂尉拔劍而廣因奪之，故得殺尉。

【三】集解 服虔曰：「藉，假也。弟，次弟也〔七〕。」應劭曰：「藉，吏士名藉也。今失期當斬〔八〕，就使藉弟幸得不斬，戍死者固十六七。此激怒其衆也。」蘇林曰：「弟，且也。」 索隱 蘇林云「藉第，假借。且〔九〕令失期不斬，則戍死者固十七八」。然「弟」一音「次第」之「第」。又小顏云「弟，但也」；劉氏云「藉音子夜反」；應劭讀如字，云「藉，吏士之名藉也」。各以意言，蘇説爲近之也。

【四】索隱 大名謂大名稱也。

【五】索隱 音機，又音祈，縣名，屬沛郡。

【六】索隱 下，降也。謂以兵臨而即降也。

【七】索隱 韋昭云：「屬沛郡。」

【八】索隱 李奇云：「徇，略也。」音辭峻反。

【九】集解 徐廣曰：「苦、柘屬陳，餘皆在沛也。」

【一〇】索隱 地理志陳縣屬淮陽。

【一一】正義今陳州城也。本楚襄王築，古陳國城也。

【一二】索隱張晏云「郡守縣令皆不在〔一〇〕」，非也。按：地理志云秦三十六郡並無陳郡，則陳止是縣。言守令，則守非官也，與下守丞同也，則「皆」字是衍字。

【一三】索隱蓋謂陳縣之城門，一名麗譙，故曰譙門中，非上譙縣之門也。譙縣守已下訖故也。

【一四】索隱按：李奇云「欲張大楚國，故稱『張楚』也」。

當此時，諸郡縣苦秦吏者，皆刑其長吏，殺之以應陳涉。乃以吳叔爲假王，監諸將以西擊滎陽。令陳人武臣、張耳、陳餘徇趙地，令汝陰人鄧宗徇九江郡。當此時，楚兵數千人爲聚者，不可勝數。

葛嬰至東城，【一】立襄彊爲楚王。嬰後聞陳王已立，因殺襄彊還報。至陳，陳王誅殺葛嬰。陳王令魏人周市北徇魏地。吳廣圍滎陽。李由爲三川守，【二】守滎陽，吳叔弗能下。陳王徵國之豪傑與計，以上蔡人房君蔡賜爲上柱國。【三】

【一】索隱地理志屬九江〔一一〕。正義括地志云：「東城故城在濠州定遠縣東南五十里也。」

【二】索隱三川，今洛陽也。地有伊、洛、河，故曰三川。秦曰三川，漢曰河南郡。李由，李斯子也。

【三】集解漢書音義曰：「房君，官號也，姓蔡，名賜。」瓚曰：「房邑君也。」索隱房，邑也。爵之於房，號曰房君；蔡賜，其姓名。晉灼按張耳傳，言「相國房君」者，蓋誤耳。涉始號楚，因楚有柱國之官，故以官蔡賜。蓋其時草創，亦未置相國之官也。正義豫州吴房縣，本房子國，是所封也。

周文，陳之賢人也，〔一〕嘗爲項燕軍視日，〔二〕事春申君，自言習兵，陳王與之將軍印，西擊秦。行收兵至關，車千乘，卒數十萬，至戲，軍焉。〔三〕秦令少府章邯免酈山徒、人奴產子生，〔四〕悉發以擊楚大軍，盡敗之。周文敗，走出關，止次曹陽〔五〕二三月。章邯追敗之，復走次澠池〔六〕十餘日。章邯擊，大破之。周文自剄，〔七〕軍遂不戰。

〔一〕集解文穎曰：「即周章。」

〔二〕集解如淳曰：「視日時吉凶舉動之占也。司馬季主爲日者。」

〔三〕正義即京東戲亭也。

〔四〕集解服虔曰：「家人之產奴也。」索隱人奴產子生〔一三〕。按：漢書無「生」字，小顏云「猶今言家產奴也」。

〔五〕索隱晉灼云：「亭名也，在弘農東十三里〔一四〕。」小顏云「曹水之陽也。其水出陝縣西南峴頭山，北流入河」。魏武帝謂之好陽也〔一五〕。正義括地志云：「曹陽故亭亦名好陽亭，在陝州桃林縣東南十四里。崔浩云『曹陽，阬名，自南出，北通於河〔一六〕』。按：魏武帝改曰好陽也。」

【六】正義 澠池，河南府縣是也。

【七】集解 徐廣曰：「十一月也。」索隱 越系家「句踐使罪人三行，屬劍於頸，曰『不敢逃刑』，乃自剄」。郭璞注三蒼，以爲剄，刺也。

武臣到邯鄲，自立爲趙王，陳餘爲大將軍，張耳、召騷爲左右丞相。陳王怒，捕繫武臣等家室，欲誅之。柱國曰：「秦未亡而誅趙王將相家屬，此生一秦也。不如因而立之。」陳王乃遣使者賀趙，而徙繫武臣等家屬宮中，而封耳子張敖爲成都君，【一】趣趙兵【二】亟入關。【三】趙王將相相與謀曰：「王王趙，非楚意也。楚已誅秦，必加兵於趙。計莫如毋西兵，使使北徇燕地以自廣也。趙南據大河，北有燕、代，楚雖勝秦，不敢制趙。若楚不勝秦，必重趙。趙乘秦之獘，可以得志於天下。」趙王以爲然，因不西兵，而遣故上谷卒史韓廣將兵北徇燕地。

【一】正義 成都，蜀郡縣，涉遥封之。

【二】索隱 上音促。促謂催促也。

【三】索隱 亟音棘。亟，急也。

燕故貴人豪傑謂韓廣曰：「楚已立王，趙又已立王。燕雖小，亦萬乘之國也，願將軍立爲燕王。」韓廣曰：「廣母在趙，不可。」燕人曰：「趙方西憂秦，南憂楚，其力不能禁我。且以楚之彊，不敢害趙王將相之家，趙獨安敢害將軍之家！」韓廣以爲然，乃自立爲燕王。居數月，趙奉燕王母及家屬歸之燕。

當此之時，諸將之徇地者，不可勝數。周市北徇地至狄，【一】狄人田儋殺狄令，自立爲齊王，以齊反，擊周市。市軍散，還至魏地，欲立魏後故甯陵【二】君咎爲魏王。【三】時咎在陳王所，不得之魏。魏地已定，欲相與立周市爲魏王，周市不肯。使者五反，陳王乃立甯陵君咎爲魏王，遣之國。周市卒爲相。

【一】集解徐廣曰：「今之臨濟。」

【二】索隱晉灼云：「今在梁國也。按：今梁國有寧陵縣是也，字轉異耳。」正義括地志云：「宋州寧陵縣城，古甯陵城也。」

【三】集解應劭曰：「魏之諸公子，名咎。欲立六國後以樹黨。」

將軍田臧等相與謀曰：「周章軍已破矣，秦兵旦暮至，我圍滎陽城弗能下，秦軍至，必大敗。不如少遺兵，【一】足以守滎陽，悉精兵迎秦軍。今假王驕，不知兵權，不可與計，非誅之，事恐敗。」因相與矯王令以誅吳叔，獻其首於陳王。陳王使使賜田臧楚令尹印，使爲上將。田臧乃使諸將李歸等守滎陽城，自以精兵西迎秦軍於敖倉。與戰，田臧死，軍破。

章邯進兵擊李歸等滎陽下，破之，李歸等死。

【一】索隱按：遺謂留餘也。

陽城人鄧説【一】將兵居郯，【二】章邯別將擊破之，鄧説軍散走陳。銍人伍徐【三】將兵居許，【四】章邯擊破之，伍徐軍皆散走陳。陳王誅鄧説。

【一】索隱地理志陽城縣屬潁川。説音悦，凡人名皆音悦。

【二】索隱音談。小顏云東海之縣名，非也。按：章邯軍此時未至東海，此郯別是地名。或恐「郯」當作「郟」，郟是郟鄏之地，或見下有東海郯，故誤。正義屬海州。疑「郯」當作「郟」，音紀洽反。郟即春秋時郟地，楚郟敖葬之，今汝州郟城縣是。鄧悦是陽城人，陽城河南府縣，與郟城縣相近，又走陳，蓋「郟」字誤作「郯」耳。

【三】集解徐廣曰：「一作『逢』。」索隱地理志銍，縣名，屬沛。伍徐，漢書作「伍逢」也。

【四】正義括地志云：「許州許昌縣，本漢許縣。地理志云許縣，故國【一七】，姜姓，四岳之後，大叔所封，二十四君，爲楚所滅，漢以爲縣。魏文帝即位，改許曰許昌也。」

陳王初立時，陵人秦嘉、【一】銍人董緤、符離人朱雞石、取慮【二】人鄭布、徐人丁疾等皆特起，將兵圍東海【三】守慶於郯。陳王聞，乃使武平君畔爲將軍，【四】監郯下軍。秦嘉不受命，嘉自立爲大司馬，惡屬武平君。告軍吏曰：「武平君年少，不知兵事，勿聽！」因矯以王命殺武平君畔。

【一】集解 地理志泗水國有陵縣也。

【二】索隱 地理志縣名，屬臨淮。音秋閭二音。取，又音子臾反。

【三】正義 今海州。

【四】集解 張晏曰：「畔，名也。」

章邯已破伍徐，擊陳，柱國房君死。章邯又進兵擊陳西張賀軍。陳王出監戰，軍破，張賀死。

臘月，【一】陳王之汝陰，還至下城父，【二】其御莊賈殺以降秦。陳勝葬碭，【三】謚曰隱王。

【一】集解 張晏曰：「秦之臘月，夏之九月。」瓚曰：「建丑之月也。」 索隱 臣瓚云：「建丑之月也。」顏游秦云：「按史記表二世二年十月，誅葛嬰；十一月，周文死；十二月，陳涉死是也。」宗懔荊楚記云：「臘節在十二月，故因是謂之臘月也。」

【二】索隱 按：舊以陳王從汝陰還至城父縣，因降之〔一八〕，故云「還至下城父」。又顧氏按郡國志，山桑縣有下城父聚，在城父縣東，「下」讀如字。其說爲得之。

【三】正義音唐，今宋州碭山縣是。

陳王故涓人將軍呂臣【一】爲倉頭軍，【二】起新陽，【三】攻陳，下之，殺莊賈，復以陳爲楚。【四】

【一】集解應劭曰：「涓人，如謁者。將軍姓呂名臣也。」晉灼曰：「呂氏春秋『荆柱國莊伯令謁者駕，令涓人取冠』。」索隱涓音公玄反。服虔云：「給、涓通也。如今謁者。」

【二】索隱韋昭云：「軍皆著青帽〔一九〕。」

【三】集解徐廣曰：「在汝南也。」正義括地志云：「新陽故城在豫州真陽縣西南四十二里，漢新陽縣城。應劭云在新水之陽也。」

【四】索隱爲，如字讀。謂又以陳地爲楚國。

初，陳王至陳，令銍人宋留將兵定南陽，入武關。留已徇南陽，聞陳王死，南陽復爲秦。宋留不能入武關，乃東至新蔡，遇秦軍，宋留以軍降秦。秦傳留至咸陽，車裂留以徇。

秦嘉等聞陳王軍破出走，乃立景駒爲楚王，【一】引兵之方與，【二】欲擊秦軍定陶下。【三】使公孫慶使齊王，欲與并力俱進。齊王曰：「聞陳王戰敗，不知其死生，楚安得不請而立王！」公孫慶曰：「齊不請楚而立王，楚何故請齊而立王！且楚首事，當令於天下。」田儋誅殺公孫慶。

【一】集解徐廣曰：「正月，嘉爲上將軍。」

【二】正義房預二音。方與，兗州縣也。

【三】正義今曹州也。

秦左右校【一】復攻陳，下之。呂將軍走，收兵復聚。鄱盜【二】當陽君黥布之兵相收，復擊秦左右校，破之青波，【三】復以陳爲楚。會項梁立懷王孫心爲楚王。

【一】索隱按：即左右校尉軍也。

【二】集解鄱音婆。英布居江中爲羣盜，陳勝之起，布歸番君吴芮，故謂之「鄱盜」者也。

【三】集解漢書音義曰：「地名也。」

陳勝王凡六月。已爲王，王陳。其故人嘗與庸耕者聞之，之陳，扣宮門曰：「吾欲見涉。」宮門令欲縛之。自辯數，【一】乃置，不肯爲通。陳王出，遮道而呼涉。陳王聞之，乃召見，載與俱歸。入宮，見殿屋帷帳，客曰：「夥頤！涉之爲王【二】沈沈者！」【三】楚人謂多爲夥，故天下傳之，夥涉爲王，由陳涉始。客出入愈益發舒，言陳王故情。或說陳王曰：

「客愚無知，顓妄言，輕威。」陳王斬之。諸陳王故人皆自引去，由是無親陳王者。【四】陳王以朱房爲中正，胡武爲司過，主司羣臣。諸將徇地，至，令之不是者，繫而罪之，以苛察爲忠。其所不善者，弗下吏，輒自治之。【五】陳王信用之。諸將以其故不親附。此其所以敗也。

【一】集解晉灼曰：「數音『朋友數，斯疏矣』。」　索隱一音疏主反。謂自辯說，數與涉有故舊事驗也。又音朔。數謂自辯往數與涉有故。此數猶「朋友數」之「數」也。

【二】索隱服虔云：「楚人謂多爲夥。」按：又言「頤」者，助聲之辭也。謂涉爲王，宫殿帷帳庶物夥多，驚而偉之，故稱夥頤也。

【三】集解應劭曰：「沈沈，宫室深邃之貌也。沈音長含反。」　索隱應劭以爲沈沈，宫室深邃貌，故音長含反。而劉伯莊以「沈沈」猶「談談」，謂故人呼爲「沈沈」者，猶俗云「談談漢」是。

【四】索隱顧氏引孔叢子云：「陳勝爲王，妻之父兄往焉。勝以衆賓待之。妻父怒云：『怙强而傲長者，不能久焉。』不辭而去。」是其事類也。

【五】索隱謂朱房、胡武等以素所不善者，即自驗問，不往下吏。

陳勝雖已死，其所置遣侯王將相竟亡秦，由涉首事也。高祖時爲陳涉置守冢三十家碭〔二〇〕，至今血食。

褚先生曰：【一】地形險阻，所以爲固也；兵革刑法，所以爲治也。猶未足恃也。夫先王以仁義爲本，而以固塞文法爲枝葉，豈不然哉！吾聞賈生之稱曰：

【一】集解 徐廣曰：「一作『太史公』。」駰案：班固奏事云「太史遷取賈誼過秦上下篇以爲秦始皇本紀、陳涉世家下贊文」，然則言「褚先生」者，非也。索隱 徐廣與裴駰據所見別本及班彪奏事，皆云合作「太史公」。今據此是褚先生述史記，加此贊首「地形險阻」數句，然後始稱賈生之言，因即改太史公之目，而自題己位號也。已下義並已見始皇之本紀訖。

「秦孝公據殽函之固，【一】擁雍州之地，君臣固守，以窺周室。有席卷天下，包舉宇內，囊括四海之意，并吞八荒之心。當是時也，商君佐之，內立法度，務耕織，修守戰之備；外連衡而鬬諸侯。於是秦人拱手而取西河之外。

【一】集解 韋昭曰：「殽謂二殽。函，函谷關也。」

「孝公既没，惠文王、武王、昭王蒙故業，因遺策，南取漢中，西舉巴蜀，東割膏腴之地，收要害之郡。諸侯恐懼，會盟而謀弱秦。不愛珍器重寶肥饒之地，以致天下之士。合從締交，相與爲一。當此之時，齊有孟嘗，趙有平原，楚有春申，魏有信陵：此四君者，皆明知而忠信，寬厚而愛人，尊賢而重士。約從連衡，兼韓、魏、燕、趙、宋、衞、中山之衆。於是六國之士有甯越、徐尚、蘇秦、杜赫之屬爲之謀，齊明、周最、【一】陳軫、邵滑、【二】樓緩、翟景、蘇厲、樂毅之徒通其意，吴起、孫臏、帶他、兒良、王廖、田忌、廉頗、趙奢之倫制其兵。嘗以什倍之地，百萬之師仰關而攻秦。【三】秦人開關而延敵，九國之師【四】遁逃而不敢進。秦無亡矢遺鏃之費，而天下固已困矣。於是從散約敗，爭割地而賂秦。秦有餘力而制其獘，追亡逐北，伏尸百萬，流血漂櫓，【五】因利乘便，宰割天下，分裂山河，彊國請服，弱國入朝。

【一】正義音聚。

【二】正義邵，作「昭」。

【三】索隱「仰」字亦作「卬」，並音仰。謂秦地形高，故並仰向關門而攻秦。有作「叩」字，非也。

【四】索隱九國者，謂六國之外，更有宋、衞、中山。

【五】索隱説文云：「櫓，大楯也。」

「施及孝文王、莊襄王，享國之日淺，國家無事。

「及至始皇，奮六世之餘烈，振長策而御宇内，吞二周而亡諸侯，履至尊而制六合，執敲朴〔一〕以鞭笞天下，威振四海。南取百越之地，以爲桂林、象郡，百越之君俛首係頸，委命下吏。乃使蒙恬北築長城而守藩籬，卻匈奴七百餘里，胡人不敢南下而牧馬，士亦不敢貫弓〔二〕而報怨。於是廢先王之道，燔百家之言，以愚黔首。墮名城，殺豪俊，收天下之兵聚之咸陽，銷鋒鍉，〔三〕鑄以爲金人十二，〔四〕以弱天下之民。然後踐華爲城，因河爲池，據億丈之城，臨不測之谿以爲固。良將勁弩，守要害之處，信臣精卒，陳利兵而誰何。〔五〕天下已定，始皇之心，自以爲關中之固，金城千里，子孫帝王萬世之業也。

〔一〕索隱臣瓚云：「短曰敲，長曰朴。」

〔二〕索隱貫音烏還反，又如字。貫謂上弦也。

〔三〕集解徐廣曰：「一作『鏑』。」

〔四〕索隱各重千石，坐高二丈，號曰「翁仲」。

〔五〕索隱音呵，亦「何」字。猶今巡更問何誰。

「始皇既没，餘威振於殊俗。然而陳涉甕牖繩樞之子，甿隸之人，〔一〕而遷徙之徒也。材能不及中人，非有仲尼、墨翟之賢，陶朱、猗頓之富也。躡足行伍之閒，俛仰仟佰之中，〔二〕率罷散之卒，將數百之衆，轉而攻秦。斬木爲兵，揭竿爲旗，天下雲會響應，贏糧而景從，山東豪俊遂並起而亡秦族矣。

【一】集解徐廣曰：「田民曰甿。音亡更反。」

【二】索隱仟佰謂千人百人之長也，音千百。漢書作「阡陌」，如淳云「時皆僻屈在阡陌之中」。陌音貊。

「且天下非小弱也；雍州之地，殽函之固自若也。陳涉之位，非尊於齊、楚、燕、趙、韓、魏、宋、衞、中山之君也；鉏耰棘矜，【一】非銛於句戟長鎩也；適戍之衆，非儔於九國之師也；深謀遠慮，行軍用兵之道，非及鄉時之士也。【二】然而成敗異變，功業相反也。嘗試使山東之國與陳涉度長絜大，【三】比權量力，則不可同年而語矣。然而秦以區區之地，致萬乘之權，抑八州而朝同列，【四】百有餘年矣。然後以六合爲家，殽函爲宮。一夫作難而七廟墮，身死人手，爲天下笑者，何也？仁義不施，【五】而攻守之勢異也。」

【一】索隱鉏耰謂鉏木也。論語曰「耰而不輟」是也。棘，戟也。矜，戟柄也，音勤。

【二】索隱鄉音香亮反。鄉時猶往時也。蓋謂孟嘗、信陵、蘇秦、陳軫之比也。

【三】索隱絜音下結反。謂如結束知其大小也。

【四】索隱謂秦强而抑八州使朝己也。漢書作「招八州」，亦通也。

【五】索隱式豉反。言秦虎狼之國，其仁義不施及於天下，故亡也。

【索隱述贊】天下匈匈，海内乏主，掎鹿爭捷，瞻烏爰處。陳勝首事，厥號張楚。鬼怪是憑，鴻鵠自許。葛嬰東下，周文西拒。始親朱房，又任胡武。夥頤見殺，腹心不與。莊賈何人，反噬城父！

校勘記

〔一〕然時因擾攘起自匹夫假託妖祥一朝稱楚歷年不永勳業蔑如繼之齊魯曾何等級可降爲列傳 此三十八字原無，據耿本、黄本、彭本、索隱本、柯本、凌本、殿本、會注本補。「歷」，黄本作「曆」。

〔二〕史遷云今爲汝陰 錢大昕考異卷四：「『史遷云今爲汝陰』句疑有譌。漢書地理志潁川、汝南皆有陽城縣。而汝南之陽城，則爲侯國，宗室劉德所封。傳三世，至王莽敗而國除。故後漢志有潁川之陽城，無汝南之陽城，非本隸汝南，而後分隸潁川也。」

〔三〕兼取貧弱者而發之也 「而發之」三字原無，據耿本、黄本、彭本、柯本、凌本、殿本補。按：通鑑卷七秦紀二二世皇帝元年胡三省注引索隱亦有此三字。

〔四〕其意亦得 耿本、黄本、彭本、柯本、凌本、殿本作「或説爲非」。

〔五〕倡首也　「首」，疑當作「導」。按：説文口部：「唱，導也。」段玉裁注：「古多以倡字爲之。」

〔六〕奪即脱也　耿本、黄本、彭本、柯本、凌本、殿本作「脱即奪也」。

〔七〕次弟　漢書卷三一陳勝傳顏師古注引服虔作「使」。

〔八〕今失期當斬　會注本此上有「言」字，漢書卷三一陳勝傳顏師古注引應劭同。

〔九〕藉第假借且　漢書卷三一陳勝傳顏師古注引蘇林作「藉假第且也」。

〔一〇〕縣令　原作「及令」，據耿本、黄本、彭本、柯本、凌本、殿本改。按：漢書卷三一陳勝傳「陳守令皆不在」顏師古注：「守，郡守也。令，縣令也。」

〔一一〕地理志屬九江　耿本、黄本、彭本、柯本、凌本、殿本此上有「東城縣名」四字。按：漢書卷三一陳勝傳顏師古注：「東城，縣名，地理志屬九江郡。」

〔一二〕人奴産子生　景祐本、紹興本、耿本、黄本、彭本、柯本、凌本、殿本無「生」字，漢書卷三一陳勝傳同，疑此衍。

〔一三〕人奴産子生　此五字原無，據索隱本補。

〔一四〕十三里　原作「十二里」，據耿本、黄本、彭本、柯本、凌本、殿本改。按：漢書卷三一陳勝傳顏師古注引晉灼作「十三里」，本書卷六秦始皇本紀「遂殺章曹陽」集解引同。

〔一五〕謂之好陽　耿本、黄本、彭本、柯本、凌本、殿本作「改爲好陽」。

〔一六〕自南出北通於河　「出」，疑當作「山」。按：後漢書卷九獻帝紀李賢注：「曹陽，澗名，在今陜州西南七里，俗謂之七里澗。崔浩云：『自南山北通於河。』」水經注卷四河水：「河水又東，得七里澗，澗在陝西七里，故因名焉。其水自南山通河，亦謂之曹陽坑。」

〔一七〕故國　本書卷四四魏世家正義引作「古許國」。

〔一八〕因降之　「降」，耿本、黄本、彭本、柯本、淩本、殿本作「降下」。

〔一九〕軍皆著青帽　耿本、黄本、彭本、柯本、淩本、殿本此下有「故曰倉頭」四字。

〔二〇〕守冢三十家　「三」字疑衍。按：本書卷八高祖本紀、漢書卷一下高帝紀下皆作「十家」。

史記卷四十九

外戚世家第十九

索隱 外戚，紀后妃也，后族亦代有封爵故也。漢書則編之列傳之中。王隱則謂之爲紀，而在列傳之首也。

自古受命帝王及繼體守文之君，〔一〕非獨内德茂也，蓋亦有外戚之助焉。〔二〕夏之興也以塗山，〔三〕而桀之放也以末喜。〔四〕殷之興也以有娀，〔五〕紂之殺也嬖妲己。〔六〕周之興也以姜原〔七〕及大任，〔八〕而幽王之禽也淫於褒姒。〔九〕故易基乾坤，詩始關雎，書美釐降，春秋譏不親迎。〔一〇〕夫婦之際，人道之大倫也。禮之用，唯婚姻爲兢兢。夫樂調而四時和，陰陽之變，萬物之統也。〔一一〕可不慎與？人能弘道，無如命何。甚哉，妃匹之愛，〔一二〕君不能得之於臣，〔一三〕父不能得之於子，況卑下乎！既驩合矣，或不能成子姓；〔一四〕能成子姓矣，或不能要其終：〔一五〕豈非命也哉？孔子罕稱命，蓋難言之也。非通幽明之變，惡能〔一六〕識乎性命哉？

【一】索隱　按：繼體謂非創業之主，而是嫡子繼先帝之正體而立者也。守文猶守法也，謂非受命創制之君，但守先帝法度爲之主耳。

【二】索隱　按：謂非獨君德於内茂盛，而亦有賢后妃外戚之親以助教化。

【三】索隱　韋昭云：「塗山，國名，禹所娶，在今九江。」應劭云：「九江當塗有禹墟。大戴禮〔一〕云『禹娶塗山氏之女，謂之僑，僑産啓』。」

【四】索隱　國語「桀伐有施，有施人以妹喜女焉」，韋昭云有施氏女，姓喜〔二〕。

【五】索隱　韋昭云：「契母簡狄，有娀國女。音嵩〔三〕。」

【六】索隱　國語「殷辛伐有蘇氏，有蘇氏以妲己女焉」。按：有蘇，國也。己，姓也。妲，字也。包愷云「妲音丁達反」。

【七】索隱　系本云：「帝嚳上妃，有邰氏之女，曰姜原。」鄭玄箋詩云：「姜，姓；嫄，名。」履大人跡而生后稷。

【八】索隱　按：大任，文王之母，故詩云「摯仲氏任」，毛詩云〔四〕「摯國任姓之中女也」。

【九】索隱　國語曰：「幽王伐有褒，有褒人以褒姒女焉。」按：褒是國名，姒是其姓，即龍漦之子，褒人育而以女於幽王也。然此文自「夏之興」至「褒姒」皆是魏如耳之母詞〔五〕，見國語及列女傳。

【一〇】索隱按：公羊「紀裂繻來逆女，何以書？譏也，譏不親迎也〔六〕」。

【一一】索隱以言若樂聲調，能令四時和，而陰陽變，則能生萬物，是陰陽即夫婦也。夫婦道和而能化生萬物，萬物人爲之本，故云「萬物之統」。

【一二】索隱妃音配，又如字。

【一三】索隱以言夫婦親愛之情，雖君父之尊而不奪臣子所好愛，使移其本意，是不能得也。故曰「匹夫不可奪志」是也。

【一四】索隱按：鄭玄注禮記云：姓者，生也。子姓，謂衆孫也〔七〕。按即趙飛燕等是也。

【一五】索隱按：謂有始不能要其終也。以言雖有子姓而意不能要終，如栗姬、衞后等皆是也。

【一六】索隱上音烏。惡猶於何也。

太史公曰：秦以前尚略矣，其詳靡得而記焉。漢興，呂娥姁【一】爲高祖正后，男爲太子。及晚節色衰愛弛，而戚夫人有寵，【二】其子如意幾代太子者數矣。及高祖崩，呂后夷戚氏，誅趙王，而高祖後宮唯獨無寵疏遠者得無恙。【三】

【一】集解徐廣曰：「姁音況羽反。呂后姊字長姁也。」索隱呂后字。音況羽反。按：漢書小顏云呂后名雉，字娥姁〔八〕。

【二】索隱漢書云「得定陶戚姬」。

【三】索隱爾雅云「恙，憂也」。一說，古者野居露宿，恙，噬人蟲也，故人相恤云「得無恙乎」。

呂后長女爲宣平侯張敖妻，敖女爲孝惠皇后。【一】呂太后以重親故，欲其生子萬方，終無子，詐取後宮人子爲子。及孝惠帝崩，天下初定未久，繼嗣不明。於是貴外家，王諸呂以爲輔，而以呂祿女爲少帝后，欲連固根本牢甚，然無益也。

【一】索隱按：皇甫謐云名嫣。

高后崩，合葬長陵。【一】祿、產等懼誅，謀作亂。大臣征之，天誘其統，【二】卒滅呂氏。唯獨置孝惠皇后居北宮。【三】迎立代王，是爲孝文帝，奉漢宗廟。此豈非天邪？非天命孰能當之？

【一】集解關中記曰：「高祖陵在西，呂后陵在東。漢帝后同塋，則爲合葬，不合陵也。諸陵皆如此。」

【二】集解徐廣曰：「一作『衷』。」

【三】索隱按：宮在未央北，故曰北宮。正義括地志云：「北宮在雍州長安縣西北十三里，與桂宮相近，在長安故城中。」

薄太后，父吳人，姓薄氏，秦時與故魏王宗家女魏媼通，【一】生薄姬，而薄父死山陰，因

葬焉。【二】

【一】索隱 媼音烏老反。然媼是婦人之老者通號，故趙太后自稱媼，及王媼、劉媼之屬是也〔九〕。

【二】索隱 顧氏按冢墓記〔一〇〕，在會稽縣，縣西北櫼山上今猶有兆域。櫼音莊洽反。正義 括地志云：「櫼山在越州會稽縣西北三里，一名稷山。」櫼音莊洽反。

及諸侯畔秦，魏豹立爲魏王，而魏媼内其女於魏宮。媼之許負所相，相薄姬，云當生天子。是時項羽方與漢王相距滎陽，天下未有所定。豹初與漢擊楚，及聞許負言，心獨喜，因背漢而畔，中立，更與楚連和。漢使曹參等擊虜魏王豹，以其國爲郡，而薄姬輸織室。豹已死，漢王入織室，見薄姬有色，詔内後宮，歲餘不得幸。始姬少時，與管夫人、趙子兒相愛，約曰：「先貴無相忘。」已而管夫人、趙子兒先幸漢王。漢王坐河南宮成皋臺，【一】此兩美人相與笑薄姬初時約。漢王聞之，問其故，兩人具以實告漢王。漢王心慘然，憐薄姬，是日召而幸之。薄姬曰：「昨暮夜妾夢蒼龍據吾腹。」高帝曰：「此貴徵也，吾爲女遂成之。」一幸生男，是爲代王。其後薄姬希見高祖。

【一】索隱 按：是河南宮之成皋臺，漢書作「成皋靈臺」。西征記云「武牢城内有高祖殿，西南有武庫」。正義 括地志云：「洛州汜水縣，古東虢州〔一一〕，故鄭之制邑，漢之成皋縣也。」

高祖崩，諸御幸姬戚夫人之屬，呂太后怒，皆幽之，不得出宮。而薄姬以希見故，得出，從子之代，爲代王太后。太后弟薄昭從如代。

代王立十七年，高后崩。大臣議立後，疾外家吕氏彊，皆稱薄氏仁善，故迎代王，立爲孝文皇帝，而太后改號曰皇太后，弟薄昭封爲軹侯。【一】

【一】索隱按地理志，軹縣在河内，恐地遠非其封也。按：長安東有軹道亭，或當是所封也。

薄太后母亦前死，葬櫟陽北。於是乃追尊薄父爲靈文侯，會稽郡置園邑三百家，長丞已下吏奉守冢寢廟上食祠如法。而櫟陽北亦置靈文侯夫人園，如靈文侯園儀。薄太后以爲母家魏王後，早失父母，其奉薄太后諸魏有力者，於是召復魏氏，賞賜各以親疏受之【二】。薄氏侯者凡一人。

薄太后後文帝二年，以孝景帝前二年崩，葬南陵。【一】以吕后會葬長陵，故特自起陵，近孝文皇帝霸陵。【二】

【一】索隱按：廟記云「在霸陵南十里，故謂南陵」。按：今在長安東滻水東原上，名曰少陰。在霸陵西南，故曰「東望吾子，西望吾夫」是也。正義括地志云：「南陵故縣在雍州萬年縣東南二十四里。漢南陵縣，本薄太后陵邑。陵在東北，去縣六里。」

【二】集解徐廣曰：「霸陵縣有軹道亭。」

竇太后，〔一〕趙之清河觀津人也。〔二〕呂太后時，竇姬以良家子入宮侍太后。太后出宮人以賜諸王，各五人，竇姬與在行中。竇姬家在清河，欲如趙近家，請其主遣宦者吏：〔三〕「必置我籍趙之伍中。」宦者忘之，誤置其籍代伍中。籍奏，詔可，當行。竇姬涕泣，怨其宦者，不欲往，相彊，乃肯行。至代，代王獨幸竇姬，生女嫖，〔四〕後生兩男。而代王王后生四男。先代王未入立爲帝而王后卒。及代王立爲帝，而王后所生四男更病死。孝文帝立數月，公卿請立太子，而竇姬長男最長，立爲太子。立竇姬爲皇后，女嫖爲長公主。其明年，立少子武爲代王，已而又徙梁，是爲梁孝王。

〔一〕索隱按：皇甫謐云名猗房。

〔二〕正義在冀州棗强縣東北二十五里。

〔三〕正義謂宦者爲吏，主發遣宮人也。

〔四〕索隱音疋消反。

竇皇后親蚤卒，葬觀津。〔一〕於是薄太后乃詔有司，追尊竇后父爲安成侯，母曰安成夫人。令清河置園邑二百家，長丞奉守，比靈文園法。

〔一〕索隱按：摯虞注決録云「竇太后父少遭秦亂〔一三〕，隱身漁釣，墜泉而死。景帝立，太后遣使者填父所墜淵，起大墳於觀津城南，人閒號曰竇氏青山也〔一四〕」。

竇皇后兄竇長君，【一】弟曰竇廣國，字少君。【二】少君年四五歲時，家貧，爲人所略賣，其家不知其處。傳十餘家，至宜陽，爲其主入山作炭，暮卧岸下百餘人〔一五〕，岸崩，盡壓殺卧者，少君獨得脱，不死。自卜數日當爲侯，從其家之長安。【三】聞竇皇后新立，家在觀津，姓竇氏。廣國去時雖小，識其縣名及姓，又常與其姊採桑墮，用爲符信，上書自陳。竇皇后言之於文帝，召見，問之，具言其故，果是。又復問他何以爲驗？對曰：「姊去我西時，與我決於傳舍中，【四】丐沐沐我，【五】請食飯我，乃去。」於是竇后持之而泣，泣涕交横下。侍御左右皆伏地泣，助皇后悲哀。乃厚賜田宅金錢，封公昆弟，家於長安。【六】

【一】索隱按：決録云建字長君。

【二】正義括地志云：「竇少君墓在冀州武邑縣東南二十七里。」

【三】索隱謂從逐其宜陽之主人家，而皆往長安也。

【四】索隱決者，别也。傳音轉。傳舍謂郵亭傳置之舍。蓋竇后初入宮時，别其弟於傳舍之中也。

【五】索隱丐音蓋。丐者，乞也。沐，米潘也。謂后乞潘爲弟沐。

【六】索隱按：公亦祖也，謂皇后同祖之昆弟，如竇嬰即皇后之兄子之比〔一六〕，亦得家於長安。故劉氏云「公昆弟謂廣國等」。

絳侯、灌將軍等曰：「吾屬不死，命乃且縣此兩人。兩人所出微，不可不爲擇師傅賓客，又復效呂氏大事也。」於是乃選長者士之有節行者與居。竇長君、少君由此爲退讓君子，不敢以尊貴驕人。

竇皇后病，失明。文帝幸邯鄲慎夫人、尹姬，皆毋子。孝文帝崩，孝景帝立，乃封廣國爲章武侯。〔一〕長君前死，封其子彭祖爲南皮侯。〔二〕吴楚反時，竇太后從昆弟子竇嬰，任俠自喜，將兵，以軍功爲魏其侯。〔三〕竇氏凡三人爲侯。

〔一〕索隱地理志縣名，屬勃海。正義括地志云：「滄州魯城縣。」

〔二〕索隱地理志縣名，屬勃海。正義括地志云：「故南皮城在滄州南皮縣北四里，漢南皮縣也。」

〔三〕索隱地理志縣名，屬琅邪。

竇太后好黄帝、老子言，帝及太子諸竇不得不讀黄帝、老子，尊其術。

竇太后後孝景帝六歲，建元六年崩，〔一〕合葬霸陵。遺詔盡以東宫金錢財物賜長公主嫖。

〔一〕索隱是當武帝建元六年，此文是也。而漢書作「元光」，誤。

王太后，〔一〕槐里人，〔二〕母曰臧兒。臧兒者，故燕王臧荼孫也。臧兒嫁爲槐里王仲妻，生男曰信，與兩女。【一】而仲死，臧兒更嫁長陵田氏，生男蚡、勝。【二】臧兒長女嫁爲金王孫婦，生一女矣，而臧兒卜筮之，曰兩女皆當貴。【三】因欲奇兩女，【四】乃奪金氏。金氏怒，不肯予決，乃內之太子宮。太子幸愛之，生三女一男。男方在身時，王美人夢日入其懷。以告太子，太子曰：「此貴徵也。」未生而孝文帝崩，孝景帝即位，王夫人生男。【五】

【一】索隱按：皇甫謐云名娡。音志。

【二】索隱按：地理志右扶風槐里，本名廢丘。正義括地志云：「犬丘故城一名槐里，亦曰廢丘，城在雍州始平縣東南十里也。」

【三】索隱即后及兒姁也。

【四】索隱奇者，異之也。漢書作「倚」。倚者，依也。

【五】索隱即武帝也。漢武故事云「帝以乙酉年七月七日生於猗蘭殿」。

先是臧兒又入其少女兒姁，【一】兒姁生四男。【二】

【一】索隱況羽反。

【二】索隱謂廣川王越、膠東王寄、清河王乘、常山王舜也。

景帝爲太子時，薄太后以薄氏女爲妃。及景帝立，立妃曰薄皇后。皇后毋子，毋寵。薄太后崩，廢薄皇后。

景帝長男榮，其母栗姬。栗姬，齊人也。立榮爲太子。長公主嫖有女，欲予爲妃。栗姬妒，而景帝諸美人皆因長公主見景帝，得貴幸，皆過栗姬，【一】栗姬日怨怒，謝長公主，不許。長公主欲予王夫人，王夫人許之。長公主怒，而日讒栗姬短於景帝曰：「栗姬與諸貴夫人幸姬會，常使侍者祝唾其背，挾邪媚道。」景帝以故望之。【二】

【一】索隱過音戈，謂踰之。

【二】索隱望猶責望，謂恨之也。

景帝嘗體不安，心不樂，屬諸子爲王者於栗姬，曰：「百歲後，善視之。」栗姬怒，不肯應，言不遜。景帝恚，心嗛之而未發也。【一】

【一】索隱嗛音銜。銜謂恨也。

長公主日譽王夫人男之美，景帝亦賢之，又有曩者所夢日符，計未有所定。王夫人知帝望栗姬，因怒未解，陰使人趣大臣立栗姬爲皇后。大行奏事【一】畢，曰：「『子以母貴，母以子貴』，【二】今太子母無號，宜立爲皇后。」景帝怒曰：「是而所宜言邪！」遂案誅大行，而廢太子爲臨江王。栗姬愈恚恨，不得見，以憂死。卒立王夫人爲皇后，其男爲太子，封皇后兄信爲蓋侯。【三】

【一】索隱大行，禮官。行音衡。

【二】索隱此皆公羊傳文。

【三】索隱地理志蓋縣屬太山。

景帝崩，太子襲號爲皇帝。尊皇太后母臧兒爲平原君。【一】封田蚡爲武安侯，【二】勝爲周陽侯。【三】

【一】正義德州縣也。

【二】索隱地理志縣名，屬魏郡。正義括地志云：「武安故城在洺州武安縣西南七里，六國時趙邑，漢武安縣城也。」

【三】索隱地理志縣名，屬上郡。正義括地志云：「周陽故城在絳州聞喜縣東二十九里也。」

景帝十三男，〔一七〕一男爲帝，十二男皆爲王〔一八〕。而兒姁早卒，其四子皆爲王。王太后長女號曰平陽公主，【一】次爲南宮公主，【二】次爲林慮公主。【三】

【一】正義括地志云：「平陽故城即晉州城西面，今平陽故城東面也。城記云堯築也。」

【二】正義南宮，冀州縣也。

【三】索隱縣名，屬河內。本名隆慮，避殤帝諱，改名林慮。慮音廬。正義林慮，相州縣也。

蓋侯信好酒。田蚡、勝貪，巧於文辭。王仲蚤死，葬槐里，追尊爲共侯，置園邑二百家。及平原君卒，從田氏葬長陵，置園比共侯園。而王太后後孝景帝十六歲〔一九〕，以元朔四年崩〔二〇〕，合葬陽陵。【一】王太后家凡三人爲侯。

【一】正義括地志云：「陽陵在雍州咸陽縣東四十里〔二一〕。」

衞皇后字子夫，生微矣。蓋其家號曰衞氏，【一】出平陽侯邑。【二】子夫爲平陽主謳者。武帝初即位，數歲無子。平陽主求諸良家子女十餘人，飾置家。武帝祓【三】霸上還，因過平陽主。主見所侍美人，上弗說。既飲，謳者進，上望見，獨說衞子夫。是日，武帝起更衣，子夫侍尚衣軒中，得幸。【四】上還坐，驩甚，賜平陽主金千斤。主因奏子夫奉送入宫。子夫上車，平陽主拊其背曰：「行矣，彊飯，勉之！即貴，無相忘。」入宫歲餘，竟不復幸。武帝擇宫人不中用者，斥出歸之。衞子夫得見，涕泣請出。上憐之，復幸，遂有身，尊寵日隆。召其兄衞長君、弟青爲侍中。而子夫後大幸，有寵，凡生三女【五】一男。男名據。【六】

【一】正義衞青傳云：「父鄭季爲吏，給事平陽侯家，與侯妾衞媪通，生青，故冒衞氏。」

【二】集解徐廣曰：「平陽侯曹壽尚平陽公主。」

【三】集解徐廣曰：「三月上巳，臨水祓除謂之禊。」吕后本紀亦云『三月，祓，還過軹道』。蓋與

『游』字相似，故或定之也。」索隱蘇林音廢，今亦音拂，謂祓禊之，游水自潔，故曰祓除。

【四】正義尚，主也。於主衣車中得幸也。

【五】索隱按：謂諸邑、石邑及衞長公主後封當利公主是。

【六】索隱即戾太子也。

初，上爲太子時，娶長公主女爲妃。立爲帝，妃立爲皇后，姓陳氏，【一】無子。上之得爲嗣，大長公主有力焉，【二】以故陳皇后驕貴。聞衞子夫大幸，恚，幾死者數矣。上愈怒。陳皇后挾婦人媚道，其事頗覺，於是廢陳皇后，【三】而立衞子夫爲皇后。

【一】索隱漢武故事云「后名阿嬌」，即長公主嫖女也。曾祖父嬰，堂邑侯，傳至父午，尚長公主，生后。

【二】集解徐廣曰：「即景帝姊嫖也。」

【三】索隱按：漢書云「女子楚服等坐爲皇后咒詛，大逆無道，相連誅者三百餘人〔二二〕」，乃廢后居長門宮。故司馬相如賦云「陳皇后別在長門宮，愁悶悲思〔二三〕，奉黃金百斤爲相如取酒，乃爲作頌以奏，皇后復親幸」。作頌信有之也，復親幸之恐非實也。

陳皇后母大長公主，景帝姊也，數讓武帝姊平陽公主曰：「帝非我不得立，已而弃捐吾女，壹何不自喜而倍本乎！」平陽公主曰：「用無子故廢耳。」陳皇后求子，與醫錢凡九千萬，然竟無子。

衞子夫已立爲皇后，先是衞長君死，乃以衞青爲將軍，擊胡有功，封爲長平侯。【一】青三子在襁褓中，皆封爲列侯。及衞皇后所謂姊衞少兒，少兒生子霍去病，以軍功封冠軍侯，【二】號驃騎將軍。青號大將軍。立衞皇后子據爲太子。衞氏枝屬以軍功起家，五人爲侯。

【一】索隱 地理志縣名，屬汝南。

【二】索隱 子夫姊少兒之子去病封也。地理志冠軍屬河陽〔二四〕。

及衞后色衰，趙之王夫人【一】幸，有子，爲齊王。

【一】索隱 生齊王閎。

王夫人蚤卒。而中山李夫人【一】有寵，有男一人，爲昌邑王。【二】

【一】索隱 生昌邑哀王髆。

【二】正義 名賀。

李夫人蚤卒，【一】其兄李延年以音幸，號協律。協律者，故倡也。兄弟皆坐姦，族。是時其長兄廣利爲貳師將軍，伐大宛，不及誅，還，而上既夷李氏，後憐其家，乃封爲海

西侯。【二】

【一】索隱李延年之女弟。漢書云帝悼之，李少翁致其形〔二五〕，帝爲作賦。此史記以爲王夫人最寵，武帝悼惜。新論亦同史記爲王夫人〔二六〕。

【二】正義漢武帝令李廣利征大宛，國近西海，故號海西侯也。

他姬子二人爲燕王、廣陵王。【一】其母無寵，以憂死。

【一】索隱漢書云李姬生廣陵王胥、燕王旦也。

及李夫人卒，則有尹婕妤之屬，更有寵。然皆以倡見，非王侯有土之士女，不可以配人主也。

褚先生曰：【一】臣爲郎時，問習漢家故事者鍾離生〔二七〕。曰：王太后在民閒時所生子女者〔二八〕，【二】父爲金王孫。王孫已死，景帝崩後，武帝已立，王太后獨在。而韓王孫名嫣，素得幸武帝，承閒白言太后有女在長陵也。武帝曰：「何不蚤言！」乃使使往先視之，在其家。武帝乃自往迎取之。蹕道，先驅旄騎出横城門，【三】乘輿馳至長陵。當小市西入里，里門閉，暴開門，乘輿直入此里，通至金氏門外止，使武騎圍其宅，爲其亡走，身自往取不得也。即使左右羣臣入呼求之。家人驚恐，女亡匿内中牀下。扶持出門，令拜謁。武帝下車泣曰：「嚄！【四】大姊，何藏之深也！」詔副車載之，迴車馳還，而直入長樂宫。行詔門著引籍，【五】通到謁太后。太后曰：「帝倦矣，何從來？」帝曰：「今者至長陵得臣姊，與俱來。」顧曰：「謁太后！」太后曰：「女某邪？」曰：「是也。」太后爲下泣，女亦伏地泣。武帝奉酒前爲壽，奉錢千萬，奴婢三百人，公田百頃，甲第，以賜姊。太后謝曰：「爲帝費焉。」於是召平陽主、南宫主、林慮主三人俱來謁見姊，因號曰脩成君。有子男一人，女一人。男號爲脩成子仲，【六】女爲諸侯王王后。【七】此二子非劉氏，以故太后憐之。脩成子仲驕恣，陵折吏民，皆患苦之。

【一】正義疑此元成之閒褚少孫續之也。

【二】集解徐廣曰：「名俗。」正義按：後封修成君者。

【三】集解如淳曰：「横音光。三輔黃圖云北面西頭門。」正義括地志云：「渭橋本名横橋，架渭水上，在雍州咸陽縣東南二十二里。」按：此橋對門也。

【四】索隱烏百反。蓋驚怪之辭耳。正義嚄，嘖，失聲驚愕貌也。

【五】正義武帝道上詔令通名狀於門使，引入至太后所。

【六】索隱金氏甥，修成君之子也。而名仲者，又與大外祖王氏同字，恐非也。

【七】集解徐廣曰：「嫁爲淮南王安太子妃也。」

衛子夫立爲皇后，后弟衛青字仲卿，以大將軍封爲長平侯。四子，長子伉爲侯世子，侯世子常侍中，貴幸。其三弟皆封爲侯，各千三百户，一曰陰安侯，【一】二曰發干侯，【二】三曰宜春侯，【三】貴震天下。天下歌之曰：「生男無喜，生女無怒，獨不見衛子夫霸天下！」

【一】索隱名不疑。地理志縣名，屬魏郡。正義括地志云：「陰安故城在魏州頓丘縣北六十里也。」

【二】索隱名登。地理志縣名，屬東郡。正義括地志云：「發干故城在博州堂邑縣西南二十三里。」

【三】索隱名伉。地理志宜春，縣名，屬汝南。正義括地志云：「宜春故城在豫州汝陽縣西六十七里。」

是時平陽主寡居，當用列侯尚主。主與左右議長安中列侯可爲夫者，皆言大將軍可。主笑曰：「此出吾家，常使令騎從我出入耳，柰何用爲夫乎？」左右侍御者曰：「今大將軍姊爲皇后，三子爲侯，富貴振動天下，主何以易之乎？」於是主乃許之。言之皇后，令白之武帝，乃詔衛將軍尚平陽公主焉。

褚先生曰：丈夫龍變。傳曰：「蛇化爲龍，不變其文；家化爲國，不變其姓。」丈夫當時富貴，百惡滅除，光耀榮華，貧賤之時何足累之哉！

武帝時，幸夫人尹婕妤。【一】邢夫人號娙娥，【二】衆人謂之「娙何」。娙何秩比中二千石，【三】容華秩比二千石，【四】婕妤秩比列侯。常從婕妤遷爲皇后。

【一】索隱韋昭云「婕，承；好，助也」。一云「美好也」。聲類云幸也，字亦從女。漢舊儀云「皇后爲婕妤下輿，禮比丞相也」。

【二】索隱服虔云：「娙音近妍」。徐廣音五耕反。鄒誕生音莖。字林音五經反。說文云「娙，長也，好也〔三九〕」。許慎云「秦晉之閒謂好爲娙」。又方言曰「美貌謂之娥」。漢舊儀云「娙娥秩比將軍、御史大夫」。

【三】索隱按：崔浩云「中猶滿也。漢制九卿已上秩一歲滿二千斛」。又漢官儀云「中二千石俸月百八十斛」。

【四】索隱按：二千石是郡守之秩。漢官儀云「其俸月百二十斛」。又有真二千石者，如淳云「諸侯王相在郡守上，秩真二千石」。漢律真二千石俸月二萬。按是二萬斗也，則二萬斗亦是二千石也。崔浩云「列卿已上秩石皆正二千石」。按此則是真二千石也。其云中二千石，亦不滿二千，蓋千八九百耳。此崔氏之說，今兼引而解之。

尹夫人與邢夫人同時並幸，有詔不得相見。尹夫人自請武帝，願望見邢夫人，帝許之。即令他夫人飾，從御者數十人，爲邢夫人來前。尹夫人前見之，曰：「此非邢夫人身也。」帝曰：「何以言之？」對曰：「視其身貌形狀〔三〇〕，不足以當人主矣。」於是帝乃詔使邢夫人衣故衣，獨身來前。尹夫人望見之，曰：「此真是也。」於是乃低頭俛而泣，自痛其不如也。諺曰：「美女入室，惡女之仇。」

褚先生曰：浴不必江海，要之去垢；馬不必騏驥，要之善走；士不必賢世，要之知道；女不必貴種，要之貞好。傳曰：「女無美惡，入室見妒；士無賢不肖，入朝見嫉。」美女者，惡女之仇。豈不然哉！

鉤弋夫人〔一〕姓趙氏，〔二〕河間人也。得幸武帝，生子一人，昭帝是也。武帝年七十，乃生昭帝。昭帝立時，年五歲耳。〔三〕

〔一〕索隱按：夫人姓趙，河間人。漢書云「武帝過河間，望氣者言此有奇女，天子亟使使召之〔三一〕。女兩手皆拳，上自披之，手即時伸。由是得幸〔三二〕，號曰拳夫人」。後居鉤弋宮，號曰鉤弋夫人。列仙傳云「發手得一玉鉤，故號焉〔三三〕」。漢武故事云「宮在直城門南」。廟記云「宮有千門萬户，不可記名也」。正義括地志云：「鉤弋宮在長安城中，門名堯母門也。」

【二】索隱按漢書，昭帝即位，追尊太后父趙父爲順成侯。

【三】集解徐廣曰：「武帝崩年正七十，昭帝年八歲耳。」索隱按：徐廣依漢書，以武帝年七十崩，崩時昭帝年八歲。此褚先生之記。漢書云元始三年，昭帝生，誤也。按：元始當爲太始。

衛太子廢後，未復立太子。而燕王旦上書，願歸國入宿衛。武帝怒，立斬其使者於北闕。

上居甘泉宮，召畫工圖畫周公負成王也。於是左右羣臣知武帝意欲立少子也。後數日，帝譴責鉤弋夫人。夫人脱簪珥叩頭。帝曰：「引持去，送掖庭獄！」夫人還顧，帝曰：「趣行，女不得活！」夫人死雲陽宮。【一】時暴風揚塵，百姓感傷。使者夜持棺往葬之，【二】封識其處。

【一】索隱按：三輔故事云「葬甘泉宮南。後昭帝起雲陵，邑三千户」。漢武故事云「既殯，香聞十里，上疑非常人，發棺視之，無尸，衣履存焉」。正義括地志云：「雲陽宮，秦之甘泉宮，在雍州雲陽縣西北八十里。秦始皇作甘泉宮，去長安三百里，黄帝以來祭圜丘處也〔三四〕。」

【二】正義括地志云：「雲陽陵，漢鉤弋夫人陵也，在雲陽縣西北五十八里。孝武帝鉤弋趙婕妤，昭帝之母，齊人，姓趙。少好清靜，六年卧病，右手捲，飲食少。望氣者云『東北有貴人』，推而得之。召到，姿色甚佳。武帝持其手伸之，得玉鉤。後生昭帝。武帝末年殺夫人，殯之而尸香一日。昭帝更葬之，棺但存絲履也。宮記云『武帝思之，爲起通靈臺於甘泉，常有一青鳥集臺上往來，至宣帝時乃止』。」

其後帝閑居，問左右曰：「人言云何？」左右對曰：「人言且立其子，何去其母乎？」帝曰：「然。是非兒曹愚人所知也。往古國家所以亂也，由主少母壯也。女主獨居驕蹇，淫亂自恣，莫能禁也。女不聞呂后邪？」故諸爲武帝生子者，無男女，其母無不譴死，豈可謂非賢聖哉！昭然遠見，爲後世計慮，固非淺聞愚儒之所及也。謚爲「武」，豈虛哉！

【索隱述贊】禮貴夫婦，易敍乾坤。配陽成化，比月居尊。河洲降淑，天曜垂軒。德著任、姒，慶流娀、嫄。逮我炎曆，斯道克存。呂權大寶，竇喜玄言。自茲已降，立嬖以恩。内無常主，後嗣不繁。

校勘記

〔一〕大戴禮　「禮」字原無，據耿本、黄本、彭本、柯本、凌本補。

〔三〕有施氏女姓喜　耿本、黄本、彭本、柯本、凌本、殿本作「有施喜姓之國末喜其女也」，國語晉語一韋昭注同。

〔三〕韋昭云契母簡狄有娀國女音嵩　耿本、彭本、柯本、凌本、殿本作「有娀國名其女簡狄吞燕卵而生契故詩云天命玄鳥降而生商是也」。「玄鳥」，黄本作「鳦鳥」。

〔四〕毛詩　疑當作「毛詩傳」。

〔五〕魏如耳之母詞　耿本、黄本、彭本、柯本、凌本、殿本、會注本作「史蘇之詞」。

〔六〕何以書譏也譏　耿本、凌本、殿本作「傳曰外逆女不書此何以書譏何譏爾始」，黄本、彭本、柯本作「傳曰外逆女書此何以書譏何譏爾始」。按：公羊傳隱公二年：「外逆女不書，此何以書？譏。何譏爾？譏始不親迎也。」

〔七〕謂衆孫也　「衆孫」，禮記喪大記鄭玄注作「衆子孫」。

〔八〕漢書小顔云吕后名雉字娥姁　「小顔云」、「字娥姁」六字原無，據耿本、黄本、彭本、柯本、凌本、殿本補。按：漢書卷三高后紀「高皇后吕氏」顔師古注：「吕后名雉，字娥姁，故臣下諱雉也。」

〔九〕王媪劉媪　耿本、黄本、彭本、柯本、凌本、殿本作「劉媪衛媪」。

〔一〇〕冢墓記　耿本、黄本、彭本、柯本、凌本、殿本此下有「薄父冢」三字。

〔一一〕東虢州　疑當作「東虢國」。按：「州」，本書卷五秦本紀「鄭伯、虢叔殺子穨而入惠王」、「韓獻成皋」正義引括地志皆作「國」，卷四二鄭世家「地近虢、鄶」正義引同。卷一〇五扁鵲倉公列傳「扁鵲過虢」正義亦作「東虢國」。

〔一三〕賞賜各以親疏受之　此上原有「及尊」二字。梁玉繩志疑卷二六：「『及尊』二字衍，漢書無。」今據刪。

〔一三〕少遭秦亂　「少」下疑脱「翁」字。按：水經注卷一〇衡漳水：「又南屈，東逕竇氏青山南，側堤東出。青山即漢文帝竇后父少翁冢也。少翁是縣人，遭秦之亂，漁釣隱身，墜淵而死。景帝立，后遣使者填以葬父，起大墳于觀津城東南，故民號曰青山也。」若竇后父少年即逝，不當更有竇后三兄妹也。

〔一四〕人閒號曰竇氏青山也　黄本、彭本、柯本、凌本、殿本此下有正義：「括地志云：『竇少君墓在冀州武邑縣東南二十七里。』」

〔一五〕暮卧岸下百餘人　「暮」，原作「寒」。王念孫雜志史記第三：「『寒』當從漢書作『暮』，字之誤也。太平御覽火部引史記亦作『暮』。」今據改。

〔一六〕之兄　耿本、黄本、彭本、柯本、凌本、殿本作「從昆弟」。

〔一七〕景帝十三男　「十三男」，疑當作「十四男」。按：本書卷五九五宗世家、漢書卷五三景十三王傳皆云景帝十四子，一人爲帝，十三人爲王。

〔一八〕十二男皆爲王　「十二男」，疑當作「十三男」。參見上條。

〔一九〕十六歲　漢書卷九七上外戚傳上作「十五歲」，疑是。參見下條。

〔一〇〕元朔四年　漢書卷九七上外戚傳上作「元朔三年」，疑是。據漢書卷六武帝紀，王太后崩於元朔三年六月庚午。

〔一一〕四十里　本書卷一一孝景本紀正義引括地志作「三十里」。

〔一二〕三百餘人　「餘」字原無，據耿本、黄本、彭本、柯本、凌本、殿本補。按：漢書卷九七上外戚傳上：「相連及誅者三百餘人。」

〔一三〕怨悶　耿本、黄本、彭本、柯本、凌本、殿本作「愁悶」，文選卷一六司馬相如長門賦同。

〔一四〕地理志冠軍屬河陽　「河陽」，疑當作「南陽」。按：漢書卷二八上地理志上南陽郡：「冠軍，武帝置。」本書卷二〇建元以來侯者年表「冠軍」索隱：「縣名，屬南陽。」

〔一五〕李少翁致其形　「形」，漢書卷九七上外戚傳上作「神」。

〔一六〕此史記以爲王夫人最寵武帝悼惜新論亦同史記爲王夫人　此二十四字耿本、黄本、彭本、柯本、凌本、殿本無。

〔一七〕問習漢家故事者　「問」，百衲本作「聞」。水澤利忠校補：「『問』，南化、楓、三、梅『聞』。」

〔一八〕所生子女　張文虎札記卷四：「御覽五百三十九引『子』作『一』，正與上史文『生一女矣』相應。」按：張説誤。「子」爲子女之通稱，史、漢習見「子男」、「子女」、「子男女」之稱。

〔一九〕娙長也好也　上「也」字疑衍。按：説文女部：「娙，長好也。」段玉裁注：「體長之好也，故其字從巠。」

〔三〇〕身貌　王念孫雜志史記第三：「古書無以『身貌』二字連文者，『身』當爲『體』，俗書作『軆』，因脱其右半耳。藝文類聚人部、初學記中宮部、太平御覽皇親部、人事部引此竝作『體貌』。」

〔三一〕亟使使　「亟」，原作「乃」，據耿本、黄本、彭本、柯本、凌本、殿本改。按：漢書卷九七上外戚傳上亦作「亟」。

〔三二〕由是得幸　「得」字原無，據耿本、黄本、彭本、柯本、凌本、殿本補。按：漢書卷九七上外戚傳上有「得」字。

〔三三〕故號焉　耿本、黄本、彭本、柯本、凌本、殿本此下有「黄圖云鉤弋宮在城外」九字，疑此脱。漢書卷九七上外戚傳上「居鉤弋宮」顔師古注：「黄圖鉤弋宮在城外，漢武故事曰在直門南也。」

〔三四〕祭圜丘處　「祭」下疑脱「天」字。按：本書卷一二孝武本紀「皇帝始郊見泰一雲陽」正義引括地志作「祭天圜丘之處」，卷一一〇匈奴列傳「至雍甘泉」正義引括地志作「祭天圜丘處」。

史記卷五十

楚元王世家第二十

楚元王劉交者，【一】高祖之同母【二】少弟也，字游。

【一】正義年表云「都彭城」。

【二】集解徐廣曰：「一作『父』。」索隱按：漢書作「同父」。言同父者，以明異母也。

高祖兄弟四人，長兄伯，伯蚤卒。始高祖微時，嘗辟事，時時與賓客過巨嫂食。【一】嫂厭叔，叔與客來，嫂詳爲羹盡，櫟釜，【二】賓客以故去。已而視釜中尚有羹，高祖由此怨其嫂。及高祖爲帝，封昆弟，而伯子獨不得封。太上皇以爲言，高祖曰：「某非忘封之也，爲其母不長者耳。」於是乃封其子信爲羹頡侯。【三】而王次兄仲於代。【四】

【一】集解徐廣曰：「漢書云丘嫂也。」索隱漢書作「丘」。應劭云「丘，姓也」。孟康云「丘，空也。兄亡，空有嫂也」。今此作「巨」，巨，大也，謂長嫂也。劉氏云「巨，一作『丘』」。

【二】索隱 櫟音歷。謂以杓歷釜旁，使爲聲。漢書作「轑」，音勞。

【三】集解 徐廣曰：「羹頡侯以高祖七年封，封十三年，高后元年，有罪，削爵一級，爲關內侯。」索隱 羹頡，爵號耳，非縣邑名，以其櫟釜故也。正義 括地志云：「羹頡山在嬀州懷戎縣東南十五里。」按：高祖取其山名爲侯號者，怨故也。

【四】集解 徐廣曰：「次兄名喜，字仲，以六年立爲代王，其年罷。卒謚頃王。有子曰濞。」

高祖六年，已禽楚王韓信於陳，乃以弟交爲楚王，都彭城。【一】即位二十三年卒，子夷王郢立。【二】夷王四年卒，子王戊立。

【一】索隱 漢書云「楚王王薛郡、東海、彭城三十六縣」也。

【二】索隱 漢書名郢客。

王戊立二十年，冬，坐爲薄太后服私姦，【一】削東海郡。春，戊與吴王合謀反，其相張尚、太傅趙夷吾諫，不聽。戊則殺尚、夷吾，起兵與吴西攻梁，破棘壁。【二】至昌邑南，【三】與漢將周亞夫戰。漢絶吴楚糧道，士卒飢，吴王走，楚王戊自殺，軍遂降漢。

【一】索隱 漢書云私姦服舍中。姚察云「姦於服舍，非必宮中」。又按：集注服虔云「私姦中人」。蓋以罪重，故至削郡也。

【二】正義 括地志云：「大棘故城在宋州寧陵縣西七十里〔一〕，即梁棘壁。」

【三】正義括地志云「有梁丘故城在曹州成武縣東北三十二里」也。

漢已平吳楚，孝景帝欲以德侯子續吳，【一】以元王子禮續楚。竇太后曰：「吳王，老人也，宜爲宗室順善。今乃首率七國，紛亂天下，柰何續其後！」不許吳，許立楚後。是時禮爲漢宗正。乃拜禮爲楚王，奉元王宗廟，是爲楚文王。

【一】集解徐廣曰：「德侯名廣，吳王濞之弟也。其父曰仲。」

文王立三年卒，子安王道立。安王二十二年卒，子襄王注立。襄王立十四年卒，子王純代立。王純立，地節二年，中人上書告楚王謀反，王自殺，國除，入漢爲彭城郡〔二〕。【一】

【一】集解徐廣曰：「純立十七年卒，謚節王。子延壽立，十九年死。」索隱注「子延壽立十九年死」〔三〕。按：太史公唯記王純爲國人告反，國除。蓋延壽後更封，至十九年又謀反誅死，故不同也。正義漢書云王純嗣十六年，子延壽嗣，與趙何齊謀反，延壽自殺，立三十二年國除。與此不同。地節是宣帝年號，去天漢四年二十九年，仍隔昭帝世。言到地節二年以下者，蓋褚先生誤也。

趙王劉遂者，【一】其父高祖中子，名友，謚曰「幽」。幽王以憂死，故爲「幽」。高后王呂祿於趙，一歲而高后崩。大臣誅諸呂呂祿等，乃立幽王子遂爲趙王。

【一】正義年表云「都邯鄲」。

孝文帝即位二年，立遂弟辟彊，【一】取趙之河閒郡爲河閒王，【二】是爲文王〔四〕。立十三年卒，子哀王福立。一年卒，無子，絶後，國除，入于漢。

【一】索隱音壁强二音，又音闢疆。

【二】正義河閒，今瀛州也。

遂既王趙二十六年，孝景帝時坐鼂錯以適削趙王常山之郡。吴楚反，趙王遂與合謀起兵。其相建德、【一】内史王悍諫，不聽。遂燒殺建德、王悍，發兵屯其西界，欲待吴與俱西。北使匈奴，與連和攻漢。漢使曲周侯酈寄擊之。趙王遂還，城守邯鄲，相距七月。吴楚敗於梁，不能西。匈奴聞之，亦止，不肯入漢邊。欒布自破齊還，乃并兵引水灌趙城。趙城壞，趙王自殺，邯鄲遂降。【二】趙幽王絶後。

【一】索隱建德，其相名，史先失姓也。

【二】正義邯鄲，洺州縣也。

太史公曰：國之將興，必有禎祥，君子用而小人退。國之將亡，賢人隱，亂臣貴。使楚王戊毋刑申公，〔一〕遵其言，趙任防與先生，〔二〕豈有篡殺之謀，爲天下僇哉？賢人乎，賢人乎！非質有其內，惡能用之哉？甚矣，「安危在出令，存亡在所任」，誠哉是言也！

〔一〕索隱 漢書申公名培，王戊胥靡之。

〔二〕集解 趙堯傳曰：「趙人防與公也。」索隱 此及漢書雖不見趙不用防與公，蓋當時猶知事迹，或別有所見，故太史公明引以結其贊。

【索隱述贊】漢封同姓，楚有令名。既滅韓信，王於彭城。穆生置醴，韋孟作程。王戊弃德，與吳連兵。太后命禮，爲楚罪輕。文襄繼立，世挺才英。如何趙遂，代殞厥聲！興亡之兆，所任宜明。

校勘記

〔一〕寧陵縣西七十里　「西」，本書卷五八梁孝王世家正義引括地志作「西南」，通鑑卷一六漢紀八景帝前三年胡三省注引同。本書卷一〇六吳王濞列傳「與楚王遂西敗棘壁」正義：「在宋州寧陵縣西南七十里。」

〔二〕王純立地節二年中人上書告楚王謀反王自殺國除入漢爲彭城郡　梁玉繩志疑卷二六：「（王純立）此下二十七字後人妄續，當削之。」

〔三〕注子延壽立十九年死　此九字原無，據索隱本補。

〔四〕是爲文王　「是」，原作「以」。梁玉繩志疑卷二六：「『以』當作『是』。」按：漢書卷三八高五王傳作「是」。今據改。

史記卷五十一

荆燕世家第二十一

荆王劉賈者，〔一〕諸劉，不知其何屬〔二〕初起時。漢王元年，還定三秦，劉賈爲將軍，定塞地，〔三〕從東擊項籍。

〔一〕正義年表云「都吴」也。

〔二〕集解漢書「賈，高帝從父兄」。索隱按：注引漢書云「賈，高祖從父兄」，則班固或别有所見也。

〔三〕索隱賈將兵定塞地，塞即桃林之塞。

漢四年，漢王之敗成皋，北渡河，得張耳、韓信軍，軍脩武，深溝高壘，使劉賈將二萬人，騎數百，渡白馬津入楚地，〔一〕燒其積聚，以破其業，無以給項王軍食。已而楚兵擊劉賈，賈輒壁不肯與戰，而與彭越相保。

【一】正義括地志云：「黎陽〔一〕，一名白馬津，在滑州白馬縣北三十里。」按：賈從此津南過入楚地也。

漢五年，漢王追項籍至固陵，【一】使劉賈南渡淮圍壽春。【二】還至，使人閒招楚大司馬周殷。周殷反楚，佐劉賈舉九江，迎武王黥布兵，皆會垓下，共擊項籍。漢王因使劉賈將九江兵，與太尉盧綰西南擊臨江王共尉。【三】共尉已死，以臨江爲南郡。【四】

【一】集解徐廣曰：「在陽夏。」正義括地志云：「固陵，陵名。在陳州宛丘縣西北四十二里。」

【二】正義今壽州壽春縣是也。

【三】索隱共敖之子。

【四】正義今荊州也。

漢六年春，會諸侯於陳，【一】廢楚王信，囚之，分其地爲二國。當是時也，高祖子幼，昆弟少，又不賢，欲王同姓以鎮天下，乃詔曰：「將軍劉賈有功，及擇子弟可以爲王者。」羣臣皆曰：「立劉賈爲荊王，王淮東五十二城〔二〕；【二】高祖弟交爲楚王，王淮西三十六城。【三】因立子肥爲齊王。始王昆弟劉氏也。

【一】正義今陳州也。

【二】索隱按：表云劉賈都吳。又漢書以東陽郡封賈。東陽即臨淮，故云淮東也。正義括地志云西北四十里，蓋此縣是也【三】。

【三】正義淮以西徐、泗、濠等州也。

高祖十一年秋，淮南王黥布反，東擊荆。荆王賈與戰，不勝，走富陵，【一】爲布軍所殺。高祖自擊破布。十二年，立沛侯劉濞爲吴王，王故荆地。

【一】索隱地理志縣名，屬臨淮。正義括地志云：「富陵故城在楚州盱眙縣東北六十里。」

燕王劉澤者，諸劉遠屬也。【一】高帝三年，澤爲郎中。高帝十一年，澤以將軍擊陳豨，得王黄，爲營陵侯。【二】

【一】集解漢書曰：「澤，高祖從祖昆弟。」索隱按：注引漢書云「高祖從祖昆弟」。又楚漢春秋田子春説張卿云「劉澤，宗家也」。按言「宗家」，似疏遠矣。然則班固言「從祖昆弟」，當别有所見矣。

【二】索隱地理志縣名，在北海。正義括地志云：「營陵故城在青州北海縣南三十里。」

高后時，齊人田生【一】游乏資，以畫干營陵侯澤。【二】澤大説之，用金二百斤爲田生壽。田生已得金，即歸齊。二年，澤使人謂田生曰：「弗與矣。」【三】田生如長安，不見澤，而假大宅，令其子求事呂后所幸大謁者張子卿。【四】居數月，田生子請張卿臨，親脩具。張卿許往。田生盛帷帳共具，譬如列侯。張卿驚。酒酣，乃屏人說張卿曰：「臣觀諸侯王邸弟百餘，皆高祖一切功臣。【五】今呂氏雅故本推轂高帝就天下，【六】功至大，又親戚太后之重。太后春秋長，諸呂弱，太后欲立呂產爲呂王，王代。太后又重發之，【七】恐大臣不聽。今卿最幸，大臣所敬，何不風大臣以聞太后，太后必喜。諸呂已王，萬户侯亦卿之有。【八】太后心欲之，而卿爲內臣，不急發，恐禍及身矣。」張卿大然之，乃風大臣語太后。太后朝，因問大臣。大臣請立呂產爲呂王。太后賜張卿千斤金，張卿以其半與田生。田生弗受，因說之曰：「呂產王也，諸大臣未大服。今營陵侯澤，諸劉〔四〕，爲大將軍，獨此尚觖望。【九】今卿言太后，列十餘縣王之，彼得王，喜去，諸呂王益固矣。」張卿入言，太后然之。乃以營陵侯劉澤爲琅邪王。琅邪王乃與田生之國。田生勸澤急行毋留。出關，太后果使人追止之，已出，即還。

【一】集解晉灼曰：「楚漢春秋田子春。」

【二】集解服虔曰：「以計畫干之也。」文穎曰：「以工畫得寵也。」索隱畫，一音「計畫」之「畫」，又音「圖畫」之「畫」，兩家義並通也。

【三】集解孟康曰：「與，黨與。言不復與我爲與也。」文穎曰：「不得與汝相知〔五〕。」

【四】集解徐廣曰：「名澤。」駰案：如淳曰：「閹人也。」

【五】索隱按：此一切猶一例，同時也，非如他一切訓權時也。

【六】集解如淳曰：「吕公知高祖相貴，以女妻之，推轂使爲長者。」瓚曰：「謂諸吕共推轂高祖征伐成帝業。雅，正意也。」索隱按：雅訓素也。謂吕氏素心奉推高祖取天下，若人推轂欲前進塗然也，此略同臣瓚之意也。推音昌誰反。

【七】集解文穎曰：「欲發之，恐大臣不聽。」鄧展曰：「重難發事。」

【八】正義高后紀云封張卿爲建陵侯。

【九】索隱觖音決，又音企〔六〕。

及太后崩，琅邪王澤乃曰：「帝少，諸吕用事，劉氏孤弱。」乃引兵與齊王合謀西，【一】欲誅諸吕。至梁，聞漢遣灌將軍屯滎陽，澤還兵備西界，遂跳驅至長安。【二】代王亦從代至。諸將相與琅邪王共立代王爲天子。天子乃徙澤爲燕王，乃復以琅邪予齊，復故地。【三】

【一】集解漢書音義曰：「澤至齊，爲齊王所劫，不得去。乃説王，求詣京師，齊具車送之。不爲本與齊合謀也。」索隱按：漢書齊王傳云使祝午劫琅邪王至齊〔七〕，因留琅邪王不得反國。澤乃説求入關，齊乃送之。與此文不同者，劉氏以爲燕、齊兩史各言其主立功之迹，太史公聞疑傳疑，遂各記之，則所謂實録。

【二】集解漢書音義曰：「跳驅，馳至長安也。」索隱跳，他彫反，脱獨去也。又音條，謂疾去也。

【三】集解李奇曰：「本齊地，分以王澤，今復與齊也。」

澤王燕二年，薨，謚爲敬王。傳子嘉，爲康王。

至孫定國，與父康王姬姦，生子男一人。奪弟妻爲姬。與子女三人姦。定國有所欲誅殺臣肥如令郢人，【一】郢人等告定國，定國使謁者以他法劾捕格殺郢人以滅口。至元朔元年，郢人昆弟復上書具言定國陰事，以此發覺。詔下公卿，皆議曰：「定國禽獸行，亂人倫，逆天，當誅。」上許之。定國自殺，國除爲郡。

【一】集解如淳曰：「定國自欲有所殺餘臣，肥如令郢人以告之。」索隱按：如淳意以肥如亦臣名，令郢人以告定國也。小顏以爲定國欲有所誅殺餘臣，而肥如令郢人乃告定國也。然按地理志，肥如在遼西也。

太史公曰：荊王王也，由漢初定，天下未集，故劉賈雖屬疏，然以策爲王，填江淮之閒。劉澤之王，權激呂氏，【一】然劉澤卒南面稱孤者三世。事發相重，【二】豈不爲偉乎！【三】

【一】索隱按：謂田子春欲王劉澤，先使張卿説封呂産，乃恐以大臣觖望，澤卒得王，故爲權激諸呂也。

〔二〕集解晉灼曰：「澤以金與田生以事張卿，張卿言之吕后，而劉澤得王，故曰『事發相重』。或曰事起於相重也。」索隱按：謂先發吕氏令重，我亦得其功，是事發相重也。

〔三〕索隱偉者盛也，蓋盛其能激發也。

【索隱述贊】劉賈初從，首定三秦。既渡白馬，遂圍壽春。始迎黥布，絶閒周殷。賞功胙土，與楚爲鄰。營陵始爵，勳由擊陳。田生遊説，受賜千斤。權激諸吕，事發榮身。徙封傳嗣，亡於郢人。

校勘記

〔一〕黎陽　此下疑脱「津」字。按：本書卷五四曹相國世家「渡圍津」正義引括地志作「黎陽津」。卷八高祖本紀「渡白馬津」索隱：「即黎陽津也。南界東郡白馬縣。」黎陽、白馬皆縣名，津是渡口之名，白馬、黎陽隔河南北相對，故白馬津、黎陽津二名，實爲一津。

〔二〕五十二城　疑當作「五十三城」。按：下文云「立沛侯劉濞爲吴王，王故荆地」。漢書卷一下高帝紀下云「韓王信等奏請以故東陽郡、鄣郡、吴郡五十三縣立劉賈爲荆王」。

〔三〕西北四十里蓋此縣是也　此十字疑有竄奪。按：本書卷五二齊悼惠王世家「高后立其兄子鄺侯」正義：「括地志云『故鄺城在鄧州新城縣西北四十里』，蓋此縣是也。」張文虎札記卷四：「此條與正文全不相涉，而與齊悼惠王世家正義末十字同，疑即彼文錯簡複出。」

〔四〕諸劉　此下疑脱「長」字。梁玉繩志疑卷二六：「案『劉』下缺『長』字，漢書有。」按：通鑑卷一三漢紀五高后七年云「諸劉最長」。

〔五〕不得　漢書卷三五荆燕吴傳顏師古注引文穎作「不復」，義長。

〔六〕又音企　「企」，耿本、黄本、彭本、柯本、凌本、殿本作「窺睡反」。

〔七〕劫琅邪王至齊　「劫」，疑當作「紿」。按：漢書卷三八高五王傳云「使祝午紿琅邪王」，卷三五荆燕吴傳「遂跳驅至長安」顏師古注引齊王傳亦作「紿」。耿本、黄本作「結」，蓋「紿」之形譌。

史記卷五十二

齊悼惠王世家第二十二

齊悼惠王〔一〕劉肥者，高祖長庶男也。其母外婦也，曰曹氏。高祖六年，立肥爲齊王，食七十城，諸民能齊言者皆予齊王。〔二〕

〔一〕正義年表云「都臨淄」。

〔二〕索隱謂其語音及名物異於楚魏。一云此時人多流亡，故使齊言者皆還齊王。

齊王，孝惠帝兄也。孝惠帝二年，齊王入朝。惠帝與齊王燕飲，亢禮如家人。〔一〕呂太后怒，且誅齊王。齊王懼不得脱，乃用其内史勳計，獻城陽郡，〔二〕以爲魯元公主湯沐邑。呂太后喜，乃得辭就國。

〔一〕索隱謂齊王是兄，不爲君臣禮，而乃亢敵如家人兄弟之禮，故太后怒。

〔二〕正義括地志云：「濮州雷澤縣，本漢城陽縣。」按：後爲郡也。

悼惠王即位十三年，以惠帝六年卒。子襄立，是爲哀王。

哀王元年，孝惠帝崩，吕太后稱制，天下事皆決於高后。二年，高后立其兄子酈侯【一】吕台【二】爲吕王，割齊之濟南郡【三】爲吕王奉邑。

【一】集解徐廣曰：「酈，一作『鄜』。」索隱二字並音孚。鄜，縣名，在馮翊。酈縣在南陽。正義按：酈音呈益反。括地志云「故酈城在鄧州新城縣西北四十里」，蓋此縣是也。

【二】索隱音胎，吕后兄子也。

【三】正義括地志云：「濟南故城在淄州長山縣西北二十五里〔一〕。」

哀王三年，其弟章入宿衞於漢，吕太后封爲朱虛侯，【一】以吕禄女妻之。後四年，封章弟興居爲東牟侯，【二】皆宿衞長安中。

【一】索隱地理志縣名，屬琅邪。

【二】索隱地理志縣名，屬東萊。

哀王八年，高后割齊琅邪郡【一】立營陵侯劉澤爲琅邪王。

【一】正義今沂州也。

其明年，趙王友入朝，幽死于邸。三趙王皆廢。高后立諸吕爲三王，【一】擅權用事。

【一】集解徐廣曰：「燕、趙、梁。」

朱虛侯年二十，有氣力，忿劉氏不得職。嘗入侍高后燕飲，高后令朱虛侯劉章爲酒吏。章自請曰：「臣，將種也，請得以軍法行酒。」高后曰：「可。」酒酣，章進飲歌舞。已而曰：「請爲太后言耕田歌。」高后兒子畜之，笑曰：「顧而父知田耳。若生【一】而爲王子，安知田乎？」章曰：「臣知之。」太后曰：「試爲我言田。」章曰：「深耕穊種，立苗欲疏，非其種者，鉏而去之。」呂后默然。頃之，諸呂有一人醉，亡酒，章追，拔劍斬之而還，報曰：「有亡酒一人，臣謹行法斬之。」太后左右皆大驚。業已許其軍法，無以罪也。因罷。自是之後，諸呂憚朱虛侯，雖大臣皆依朱虛侯，劉氏爲益彊。

【一】索隱顧猶念也。「而」及「若」皆訓汝。

其明年，高后崩。趙王呂祿爲上將軍，呂王產爲相國，皆居長安中，聚兵以威大臣，欲爲亂。朱虛侯章以呂祿女爲婦，知其謀，乃使人陰出告其兄齊王，欲令發兵西，朱虛侯、東牟侯爲内應，以誅諸呂，因立齊王爲帝。

齊王既聞此計，乃與其舅父駟鈞、【一】郎中令祝午、中尉魏勃陰謀發兵。齊相召平【二】聞之，乃發卒衞王宮。魏勃紿召平曰：「王欲發兵，非有漢虎符驗也。而相君圍王，固善。

勃請爲君將兵衞衞王。」召平信之，乃使魏勃將兵圍王宫。勃既將兵，使圍相府。召平曰：「嗟乎！道家之言『當斷不斷，反受其亂』，乃是也。」遂自殺。於是齊王以駟鈞爲相，魏勃爲將軍，祝午爲内史，悉發國中兵。使祝午東詐琅邪王曰：「吕氏作亂，齊王發兵欲西誅之。齊王自以兒子，年少，不習兵革之事，願舉國委大王。大王自高帝將也，習戰事。齊王不敢離兵，【三】使臣請大王幸之臨菑見齊王計事，并將齊兵以西平關中之亂。」琅邪王信之，以爲然，迺馳見齊王【二】。齊王與魏勃等因留琅邪王，而使祝午盡發琅邪國而并將其兵。

【一】索隱按：舅謂舅父，猶姨稱姨母。

【二】索隱按：廣陵人召平與東陵侯召平及此召平皆似别人也。功臣表平子奴以父功封黎侯也。

【三】索隱按：服虔云「不敢離其兵而到琅邪」也。

琅邪王劉澤既見欺，不得反國，乃説齊王曰：「齊悼惠王高皇帝長子，推本言之，而大王高皇帝適長孫也，當立。今諸大臣狐疑未有所定，而澤於劉氏最爲長年，大臣固待澤決計。今大王留臣無爲也，不如使我入關計事。」齊王以爲然，乃益具車送琅邪王。

琅邪王既行，齊遂舉兵西攻吕國之濟南。於是齊哀王遺諸侯王書曰：「高帝平定天下，王諸子弟，悼惠王於齊。悼惠王薨，惠帝使留侯張良立臣爲齊王。惠帝崩，高后用事，春秋高，聽諸呂擅廢高帝所立〔三〕，又殺三趙王，〔一〕滅梁、燕、趙〔二〕以王諸呂，分齊國爲四。〔三〕忠臣進諫，上惑亂不聽。今高后崩，皇帝春秋富，〔四〕未能治天下，固恃大臣諸侯〔四〕。今諸呂又擅自尊官，聚兵嚴威，劫列侯忠臣，矯制以令天下，宗廟所以危。今寡人率兵入誅不當爲王者。」

〔一〕正義 隱王如意、幽王友，梁王恢徙王趙，並高祖子也。

〔二〕正義 梁王恢、燕王建，梁王恢徙趙，分滅無後也。

〔三〕索隱 謂濟南、琅邪、城陽并齊爲四也。正義 琅邪郡封劉澤，濟南郡以爲呂王奉邑，城陽爲魯元公主湯沐邑也。

〔四〕索隱 按：小顏云「言年幼也。比之於財，方未匱竭，故謂之富」也。

漢聞齊發兵而西，相國呂産乃遣大將軍灌嬰東擊之。灌嬰至滎陽，乃謀曰：「諸呂將兵居關中，欲危劉氏而自立。我今破齊還報，是益呂氏資也。」乃留兵屯滎陽，使使喻齊王及諸侯，與連和，以待呂氏之變而共誅之。齊王聞之，乃西取其故濟南郡，亦屯兵於齊西界以待約。

呂祿、呂産欲作亂關中，朱虛侯與太尉勃、丞相平等誅之。朱虛侯首先斬呂産，於是太尉勃等乃得盡誅諸呂。而琅邪王亦從齊至長安。

大臣議欲立齊王，而琅邪王及大臣曰：「齊王母家駟鈞，惡戾，虎而冠者也。【一】方以呂氏故幾亂天下，今又立齊王，是欲復爲呂氏也。代王母家薄氏，君子長者；且代王又親高帝子，於今見在，且最爲長。以子則順，以善人則大臣安。」於是大臣乃謀迎立代王，而遣朱虛侯以誅呂氏事告齊王，令罷兵。

【一】集解張晏曰：「言鈞惡戾，如虎而著冠。」

灌嬰在滎陽，聞魏勃本教齊王反，既誅呂氏，罷齊兵，使使召責問魏勃。勃曰：「失火之家，豈暇先言大人而後救火乎！」【一】因退立，股戰而栗，恐不能言者，終無他語。灌將軍熟視笑曰：「人謂魏勃勇，妄庸人耳，【二】何能爲乎！」乃罷魏勃。【三】魏勃父以善鼓琴見秦皇帝。及魏勃少時，欲求見齊相曹參，家貧無以自通，乃常獨早夜埽齊相舍人門外。相舍人怪之，以爲物，【四】而伺之，得勃。勃曰：「願見相君，無因，故爲子埽，欲以求見。」於是舍人見勃曹參，因以爲舍人。一爲參御，言事，參以爲賢，言之齊悼惠王。悼惠王召見，則拜爲內史。始，悼惠王得自置二千石。及悼惠王卒而哀王立，勃用事，重於齊相。

【一】索隱此蓋舊俗之言，謂救火之急，不暇先啓家長也。亦猶國家有難，不暇待詔命也。

【二】索隱按：妄庸謂凡妄庸劣之人也。

【三】索隱罷謂不罪而放遣之。

【四】索隱姚氏云：「物，怪物。」

王既罷兵歸，而代王來立，是爲孝文帝。

孝文帝元年，盡以高后時所割齊之城陽、琅邪、濟南郡復與齊，而徙琅邪王王燕，益封朱虚侯、東牟侯各二千户。

是歲，齊哀王卒，太子側立〔五〕，是爲文王。

齊文王元年，漢以齊之城陽郡立朱虚侯爲城陽王，以齊濟北郡【一】立東牟侯爲濟北王。

【一】正義今濟州，濟北王所都。

二年，濟北王反，漢誅殺之，地入于漢。

後二年，孝文帝盡封齊悼惠王子罷軍等七人【一】皆爲列侯。

【一】正義罷音不〔六〕。

齊文王立十四年卒，無子，國除，地入于漢。

後一歲，孝文帝以所封悼惠王子分齊爲王，齊孝王將閭以悼惠王子楊虛侯爲齊王。故齊別郡盡以王悼惠王子：子志爲濟北王，子辟光爲濟南王，子賢爲菑川王，子卬爲膠西王，子雄渠爲膠東王，與城陽、齊凡七王。【一】

【一】索隱謂將閭爲齊王，志爲濟北王，卬，膠西王，辟光，濟南王，賢，菑川王，章，城陽王，雄渠，膠東王。

齊孝王十一年，吳王濞、楚王戊反，興兵西，告諸侯曰「將誅漢賊臣鼂錯以安宗廟」。膠西、膠東、菑川、濟南皆擅發兵應吳楚。欲與齊，齊孝王狐疑，城守不聽，三國兵共圍齊。【一】齊王使路中大夫【二】告於天子。天子復令路中大夫還告齊王：「善堅守，吾兵今破吳楚矣。」路中大夫至，三國兵圍臨菑數重，無從入。三國將劫與路中大夫盟，曰：「若反言漢已破矣，齊趣下三國，不且見屠。」路中大夫既許之，至城下，望見齊王，曰：「漢已發兵百萬，使太尉周亞夫擊破吳楚，方引兵救齊，齊必堅守無下！」三國將誅路中大夫。

【一】集解張晏曰：「膠西、菑川、濟南也。」

【二】集解張晏曰：「姓路，爲中大夫。」索隱按：路姓，爲中大夫官，史失其名，故言姓及官。顧氏按路氏譜中大夫名印也。印，五剛反。

齊初圍急，陰與三國通謀，約未定，會聞路中大夫從漢來，喜，及其大臣乃復勸王毋下三國。居無何，漢將欒布、平陽侯〔一〕等兵至齊，擊破三國兵，解齊圍。已而復聞齊初與三國有謀，將欲移兵伐齊。齊孝王懼，乃飲藥自殺。景帝聞之，以爲齊首善，以迫劫有謀，非其罪也，乃立孝王太子壽爲齊王，是爲懿王，續齊後。而膠西、膠東、濟南、菑川王咸誅滅，地入于漢。徙濟北王王菑川。齊懿王立二十二年卒，子次景立〔七〕，是爲厲王。

〔一〕索隱按表是簡侯曹奇也。

齊厲王，其母曰紀太后。太后取其弟紀氏女爲厲王后。王不愛紀氏女。太后欲其家重寵，〔一〕令其長女紀翁主〔二〕入王宮，正其後宮，毋令得近王，欲令愛紀氏女。王因與其姊翁主姦。

〔一〕索隱重，直龍反。謂欲世寵貴於王宮也。

〔二〕索隱按：如淳云「諸王女云翁主。稱其母姓，故謂之紀翁主」。

齊有宦者徐甲，入事漢皇太后。〔一〕皇太后有愛女曰脩成君，脩成君非劉氏，〔二〕太后憐之。脩成君有女名娥，太后欲嫁之於諸侯，宦者甲乃請使齊，必令王上書請娥。皇太后喜，使甲之齊。是時齊人主父偃知甲之使齊以取后事，亦因謂甲：「即事成，幸言偃女願得充王後宮。」甲既至齊，風以此事。紀太后大怒，曰：「王有后，後宮具備。且甲，齊貧人，急【三】乃爲宦者，入事漢，無補益，乃欲亂吾王家！且主父偃何爲者？乃欲以女充後宮！」徐甲大窮，還報皇太后曰：「王已願尚娥，然有一害，恐如燕王。」燕王者，與其子昆弟姦，新坐以死，亡國，故以燕感太后。太后曰：「無復言嫁女齊事。」事浸潯聞於天子〔八〕。主父偃由此亦與齊有郤。

【一】索隱謂王太后，武帝母也。

【二】集解張晏曰：「王太后前嫁金氏所生。」

【三】集解徐廣曰：「一作『及』。」

主父偃方幸於天子，用事，因言：「齊臨菑十萬户，市租千金，【一】人衆殷富，巨於長安，此非天子親弟愛子不得王此。今齊王於親屬益疏。」乃從容言：「呂太后時齊欲反，吴楚時孝王幾爲亂。今聞齊王與其姊亂。」於是天子乃拜主父偃爲齊相，且正其事。主父偃既至齊，乃急治王後宮宦者爲王通於姊翁主所者，令其辭證皆引王。王年少，懼大罪爲吏所執誅，乃飲藥自殺。絶無後。

【一】索隱市租謂所賣之物出稅，日得千金，言齊人衆而且富也。

是時趙王懼主父偃一出廢齊，恐其漸疏骨肉，乃上書言偃受金及輕重之短。【二】天子亦既囚偃。公孫弘言：「齊王以憂死毋後，國入漢，非誅偃無以塞天下之望。」遂誅偃。

【二】索隱謂偃挾齊不娶女之恨，因言齊之短，爲輕重之辭，謂言臨菑富及吳〔九〕、楚、孝王時事是也。

齊厲王立五年死，毋後，國入于漢。

齊悼惠王後尚有二國，城陽及菑川。菑川地比齊。天子憐齊，爲悼惠王冢園在郡，割臨菑東環悼惠王冢園邑盡以予菑川，以奉悼惠王祭祀。

城陽景王章，【一】齊悼惠王子，以朱虛侯與大臣共誅諸呂，而章身首先斬相國呂王産於未央宮。孝文帝既立，益封章二千户，賜金千斤。孝文二年，以齊之城陽郡立章爲城陽王。立二年卒，子喜立，是爲共王。

【一】正義年表云「都莒」也。

共王八年，徙王淮南。【一】四年，復還王城陽。凡三十三年卒，子延立〔一〇〕，是爲頃王。

【一】索隱按：當孝文帝之十二年也。正義年表云「都陳」也。

頃王二十六年卒〔一〕，子義立，是爲敬王。敬王九年卒，子武立，是爲惠王。惠王十一年卒，子順立，是爲荒王。荒王四十六年卒，子恢立，【一】是爲戴王。戴王八年卒，子景立，至建始三年，【二】十五歲，卒。

【一】集解徐廣曰：「甘露二年。」

【二】正義建始，成帝年號。從建始四年上至天漢四年，六十七矣，蓋褚先生次之。

濟北王興居，【一】齊悼惠王子，以東牟侯助大臣誅諸呂，功少。及文帝從代來，興居曰：「請與太僕嬰入清宮。」廢少帝，共與大臣尊立孝文帝。

【一】正義都濟州也。

孝文帝二年，以齊之濟北郡立興居爲濟北王，與城陽王俱立。立二年，反。始大臣誅呂氏時，朱虛侯功尤大，許盡以趙地王朱虛侯，盡以梁地王東牟侯。及孝文帝立，聞朱虛、東牟之初欲立齊王，故絀其功。及二年，王諸子，乃割齊二郡以王章、興居。章、興居自以失職奪功。章死，而興居聞匈奴大入漢，漢多發兵，使丞相灌嬰擊之，文帝親幸太原，以爲天子自擊胡，遂發兵反於濟北。天子聞之，罷丞相及行兵，皆歸長安。使棘蒲侯柴將軍【一】擊破虜濟北王，王自殺，地入于漢，爲郡。

【一】集解張晏曰：「柴武。」

後十三年〔一二〕，文帝十六年，復以齊悼惠王子安都侯【一】志爲濟北王。十一年，吴楚反時，志堅守，不與諸侯合謀。吴楚已平，徙志王菑川。

【一】索隱地理志安都闕。正義安都故城在瀛州高陽縣西南三十九里。

濟南王辟光，【一】齊悼惠王子，以勒侯【二】孝文十六年爲濟南王。十一年，與吴楚反。漢擊破，殺辟光，以濟南爲郡，地入于漢。

【一】正義辟音壁。都濟南郡。

【二】索隱勒，漢書作「朸」，並音力。地理志縣名，屬平原也。

菑川王賢，【一】齊悼惠王子，以武城侯【二】文帝十六年爲菑川王。十一年，與吴楚反，漢擊破，殺賢。

【一】正義年表云淄川王都劇。故城在青州壽光縣西三十一里〔一三〕。

【三】索隱 地理志縣名，屬平原。正義 貝州縣。

天子因徙濟北王志王菑川。志亦齊悼惠王子，以安都侯王濟北。菑川王反，毋後，乃徙濟北王王菑川。凡立三十五年卒，謚爲懿王。子建代立，是爲靖王。二十年卒，子遺代立，是爲頃王。三十六年卒，子終古立，是爲思王。二十八年卒，子尚立，是爲孝王。五年卒，子横立，至建始【一】三年，十一歲，卒。

【一】正義 亦褚少孫次之。

膠西王卬，【一】齊悼惠王子，以昌平侯【二】文帝十六年爲膠西王〔一四〕。十一年，與吴楚反。漢擊破，殺卬，地入于漢，爲膠西郡。

【一】正義 卬，五郎反。年表云「都高苑」。括地志云：「高苑故城在淄州長山縣北四里。」

【二】正義 括地志云：「昌平故城在幽州東南六十里也。」

膠東王雄渠，【一】齊悼惠王子，以白石侯【二】文帝十六年爲膠東王。十一年，與吴楚反，漢擊破，殺雄渠，地入于漢，爲膠東郡。

【一】正義 年表云「都即墨」。按：即墨故城在萊州膠東縣南六十里〔一五〕。

【二】索隱地理志縣名，屬金城。正義白石古城在德州安德縣北二十里。

太史公曰：諸侯大國無過齊悼惠王。以海內初定，子弟少，激秦之無尺土封，故大封同姓，以填萬民之心。及後分裂，固其理也。

【索隱述贊】漢矯秦制，樹屏自彊。表海大國，悉封齊王。呂后肆怒，乃獻城陽。哀王嗣立，其力不量。朱虛仕漢，功大策長。東牟受賞，稱亂貽殃。膠東、濟北，雄渠、辟光。齊雖七國，忠孝者昌。

校勘記

〔一〕長山縣西北二十五里　「二十五里」，黃本、彭本、柯本、凌本、殿本作「三十五里」。按：本書卷一一孝景本紀正義引括地志：「濟南故城在淄州長山縣西北三十里。」

〔二〕迺馳見齊王　「迺」，原作「西」。漢書卷三八高五王傳作「乃」，「乃」與「迺」同。梁玉繩志疑卷二六：「史詮曰『西馳』當作『迺馳』，是也，傳寫譌脱耳。」今據改。

〔三〕擅廢高帝所立　本書卷九呂太后本紀、漢書卷三八高五王傳作「擅廢帝更立」。

〔四〕固恃大臣諸侯　「諸侯」，原作「諸將」。梁玉繩志疑卷二六：「案呂后紀、五王傳『諸將』乃『諸侯』之誤。」今據改。

〔五〕太子側立　張文虎札記卷四：「表作『則』，漢書同，此誤。」

〔六〕罷音不　張文虎札記卷四：「罷無不音，漢傳注『罷音皮彼反，又音疲』，此有脱誤。」按：「不」，疑當作「皮」。本書卷五秦本紀「下罷極」正義云「罷音皮」，卷七三白起王翦列傳、卷八四屈原賈生列傳正義並同。

〔七〕次景　疑當作「次昌」。按：本書卷一七漢興以來諸侯王年表、漢書卷一四諸侯王表、卷三八高五王傳並作「次昌」。

〔八〕聞於天子　「聞」上原有「不得」二字，據漢書卷三八高五王傳删。

〔九〕謂言臨菑富及吴　「謂」，耿本、黄本、彭本、柯本、凌本、殿本作「蓋」。

〔一〇〕子延立　「延」上原有「建」字。梁玉繩志疑卷二六：「年表及漢表、傳皆作『延』，此誤增『建』字。」張文虎札記卷四：「『建』即『延』字之譌衍。」今據删。

〔一一〕頃王二十六年卒　「二十六年」，原作「二十八年」。梁玉繩志疑卷二六：「『八』字乃『六』字之譌脱。」按：漢書卷一四諸侯王表云頃王延「二十六年薨」，卷三八高五王傳同。今據改。

〔一二〕後十三年　「十三年」，原作「十二年」。梁玉繩志疑卷二六：「『十二』乃『十三』之譌刻。」按：本書卷一七漢興以來諸侯王年表孝文三年濟北爲郡，至孝文十六年復立志凡十三年。

今據改。

〔三〕故城在青州壽光縣西三十一里　「西」，疑當作「南」。按：本書卷一一孝景本紀「菑川王賢」、卷一一二平津侯主父列傳「齊菑川國薛縣人也」正義引括地志並作「南」。

〔四〕昌平　本書卷一七漢興以來諸侯王年表作「平昌」，漢書卷一四諸侯王表、卷一五上王子侯表上、卷三八高五王傳並同。梁玉繩志疑卷二六：「當作『平昌』，此作『昌平』，誤。」

〔五〕即墨故城在萊州膠東縣南六十里　「膠東」，疑當作「膠水」。按：本書卷七項羽本紀「徙齊王田市爲膠東王」正義引括地志：「即墨故城在萊州膠水縣南六十里。」卷一一孝景本紀「膠東王雄渠」正義引括地志云「在密州膠水縣東南六十里」。卷四六田敬仲完世家「自子之居即墨也」正義：「萊州膠水縣南六十里即墨故城是也。」

史記卷五十三

蕭相國世家第二十三

蕭相國何者，沛豐人也。【一】以文無害【二】爲沛主吏掾。【三】

【一】索隱按：春秋緯「蕭何感昴精而生，典獄制律」。

【二】集解漢書音義曰：「文無害，有文無所枉害也。律有無害都吏，如今言公平吏。一曰，無害者如言『無比』，陳留閒語也。」索隱按：裴注已列數家，今更引二說。應劭云「雖爲文吏，而不刻害也」。韋昭云「爲有文理，無傷害也」。

【三】索隱漢書云「何爲主吏」。主吏，功曹也。又云何爲沛掾，是何爲功曹掾也。

高祖爲布衣時，何數以吏事護高祖。【一】高祖爲亭長，常左右之。高祖以吏繇咸陽，吏皆送奉錢三，何獨以五。【二】

【一】索隱說文云：「護，救視也。」

【三】集解李奇曰：「或三百，或五百也。」索隱奉音扶用反。謂資俸之。如字讀，謂奉送之也。錢三百，謂他人三百，何獨五百也。劉氏云：「時錢有重者一當百，故有送錢三者。」

秦御史監郡者與從事，常辨之。【一】何乃給泗水卒史【二】事，第一。【三】秦御史欲入言徵何，何固請，得毋行。

【一】集解張晏曰：「何與共事修辨，明何素有方略也。」蘇林曰：「辟何與從事也。」秦時無刺史，以御史監郡。」索隱按：何與御史從事常辨，明言稱職也。故張晏曰「何與共事修辨，明何素有方略」是也。

【二】集解徐廣曰：「沛縣有泗水亭。又秦以沛爲泗水郡。」駰按：文穎曰「何爲泗水郡卒史」。索隱如淳按：律，郡卒史書佐各十人也。卒，祖忽反。

【三】索隱按：謂課最居第一也。

及高祖起爲沛公，何常爲丞督事。【一】沛公至咸陽，諸將皆爭走【二】金帛財物之府分之，何獨先入收秦丞相御史律令圖書藏之。沛公爲漢王，以何爲丞相。項王與諸侯屠燒咸陽而去。漢王所以具知天下阸塞，户口多少，彊弱之處，民所疾苦者，以何具得秦圖書也。何進言韓信，漢王以信爲大將軍。語在淮陰侯事中。

【一】索隱謂高祖起沛，令何爲丞，常監督庶事也。

【二】索隱音奏。奏者，趨向之。

漢王引兵東定三秦，何以丞相留收巴蜀，填撫諭告，使給軍食。漢二年，漢王與諸侯擊楚，何守關中，侍太子，治櫟陽。爲法令約束，立宗廟社稷宫室縣邑，輒奏上，可許以從事；即不及奏上，輒以便宜施行，上來以聞。【一】關中事計户口轉漕【二】給軍，漢王數失軍遁去，何常興關中卒，輒補缺。上以此專屬任何關中事。

【一】集解應劭曰：「上來還，乃以所爲聞之。」

【二】索隱轉，劉氏音張戀反。漕，水運也。

漢三年，漢王與項羽相距京索之閒，上數使使勞苦丞相。鮑生謂丞相曰：「王暴衣露蓋，數使使勞苦君者，有疑君心也。爲君計，莫若遣君子孫昆弟能勝兵者悉詣軍所，上必益信君。」於是何從其計，漢王大説。

漢五年，既殺項羽，定天下，論功行封。羣臣爭功，歲餘功不決。高祖以蕭何功最盛，封爲酇侯，【一】所食邑多。功臣皆曰：「臣等身被堅執鋭，多者百餘戰，少者數十合，攻城略地，大小各有差。今蕭何未嘗有汗馬之勞，徒持文墨議論，不戰，顧反居臣等上，何也？」高帝曰：「諸君知獵乎？」曰：「知之。」「知獵狗乎？」曰：「知之。」高帝曰：「夫獵，追殺獸兔者狗也，而發蹤指示獸處者人也。今諸君徒能得走獸耳〔一〕，功狗也。至如蕭何，發蹤指示，功人也。且諸君獨以身隨我，多者兩三人；今蕭何舉宗數十人皆隨我，功不可忘也。」羣臣皆莫敢言。

〔一〕集解文穎曰：「音贊。」瓚曰：「今南鄉酇縣也〔二〕。孫檢曰『有二縣，音字多亂。其屬沛郡者音嵯，屬南陽者音讚』。按茂陵書，蕭何國在南陽，宜呼讚。今多呼嵯，嵯舊字作『鄌』，今皆作『酇』，所由亂也。」索隱鄒氏云：「屬沛郡音嵯，屬南陽音贊。」又臣瓚按茂陵書：「蕭何國在南陽，則字當音贊，今多呼爲嵯也。」注「瓚曰今南鄉酇縣」〔三〕。顧氏云：「南鄉，郡名也。太康地理志云『魏武帝建安中分南陽立南鄉郡，晉武帝又曰順陽郡也〔四〕』。」

列侯畢已受封，及奏位次，皆曰：「平陽侯曹參身被七十創，攻城略地，功最多，宜第一。」上已橈〔二〕功臣多封蕭何，至位次未有以復難之，然心欲何第一。關內侯鄂君〔三〕進曰：「羣臣議皆誤。夫曹參雖有野戰略地之功，此特一時之事。夫上與楚相距五歲，常失軍亡衆，逃身遁者數矣。然蕭何常從關中遣軍補其處，非上所詔令召，而數萬衆會上之乏絕者數矣。夫漢與楚相守滎陽數年，軍無見糧，蕭何轉漕關中，給食不乏。陛下雖數亡山東，蕭何常全關中以待陛下，此萬世之功也。今雖亡曹參等百數，何缺於漢？漢得之不必待以全。柰何欲以一旦之功而加萬世之功哉！蕭何第一，曹參次之。」高祖曰：「善。」於是乃令蕭何第一〔五〕，賜帶劍履上殿，入朝不趨。

〔一〕集解應劭曰：「橈，屈也。」索隱音女教反。

〔二〕索隱按功臣表，鄂君即鄂千秋，封安平侯。

上曰：「吾聞進賢受上賞。蕭何功雖高，得鄂君乃益明。」於是因鄂君故所食關內侯邑封爲安平侯。〔一〕是日，悉封何父子兄弟十餘人，皆有食邑。乃益封何二千户，以帝嘗繇咸陽時何送我獨贏奉錢二也。〔二〕

〔一〕集解徐廣曰：「以謁者從定諸侯有功，秩舉蕭何功，故因侯二千户。封九年卒。至玄孫但，坐與淮南王安通，弃市，國除。」正義括地志云：「澤州安平縣，本漢安平縣。」

〔二〕索隱謂人皆三，何獨五，所以爲贏二也。音盈。

漢十一年，陳豨反，高祖自將，至邯鄲。未罷，淮陰侯謀反關中，呂后用蕭何計，誅淮陰侯，語在淮陰事中。上已聞淮陰侯誅，使使拜丞相何爲相國，益封五千户，令卒五百人一都尉爲相國衞。諸君皆賀，召平獨弔。召平者，故秦東陵侯。秦破，爲布衣，貧，種瓜於長安城東，瓜美，故世俗謂之「東陵瓜」，從召平以爲名也。召平謂相國曰：「禍自此始矣。上暴露於外而君守於中，非被矢石之事而益君封置衞者，以今者淮陰侯新反於中，疑君心矣。夫置衞衞君，非以寵君也。願君讓封勿受，悉以家私財佐軍，則上心說。」相國從其計，高帝乃大喜。

漢十二年秋，黥布反，上自將擊之，數使使問相國何爲。相國爲上在軍，乃拊循勉力百姓，悉以所有佐軍，如陳豨時。客有說相國曰：「君滅族不久矣。夫君位爲相國，功第一，可復加哉？然君初入關中，得百姓心，十餘年矣，皆附君，常復孳孳得民和。上所爲數問君者，畏君傾動關中。今君胡不多買田地，賤貰貸【一】以自汙？上心乃安。」於是相國從其計，上乃大說。

【一】正義貰音世，又食夜反，賒也。下天得反。

上罷布軍歸，民道遮行上書，言相國賤彊買民田宅數千萬。上至，相國謁。上笑曰：「夫相國乃利民！」【一】民所上書皆以與相國，曰：「君自謝民。」相國因爲民請曰：「長安地狹，上林中多空地，弃，願令民得入田，毋收稾爲禽獸食。」【二】上大怒曰：「相國多受賈人財物，乃爲請吾苑！」乃下相國廷尉，械繫之。數日，王衞尉侍，【三】前問曰：「相國何大罪，陛下繫之暴也？」上曰：「吾聞李斯相秦皇帝，有善歸主，有惡自與。今相國多受賈豎金而爲民請吾苑，以自媚於民，故繫治之。」王衛尉曰：「夫職事苟有便於民而請之，真宰相事，陛下柰何乃疑相國受賈人錢乎！且陛下距楚數歲，陳豨、黥布反，陛下自將而往，當是時，相國守關中，摇足則關以西非陛下有也。相國不以此時爲利，今乃利賈人之金乎？且秦以不聞其過亡天下，李斯之分過，【四】又何足法哉。陛下何疑宰相之淺也。」【五】高帝不懌。是日，使使持節赦出相國。相國年老，素恭謹，入，徒跣謝。高帝曰：「相國休矣！相國爲民請苑，吾不許，我不過爲桀紂主，而相國爲賢相。吾故繫相國，欲令百姓聞吾過也。」

【一】索隱謂相國取人田宅以爲利，故云「乃利人」也。所以令相國自謝之。

【二】索隱苗子還種田人，留稾入官。

【三】集解如淳曰：「百官公卿表『衛尉王氏』，無名字。」

【四】索隱按：上文李斯歸惡而自予，是分過。

【五】集解韋昭曰：「用意淺。」

何素不與曹參相能，及何病，孝惠自臨視相國病，因問曰：「君即百歲後，誰可代君者？」對曰：「知臣莫如主。」孝惠曰：「曹參何如？」何頓首曰：「帝得之矣！臣死不恨矣！」

何置田宅必居窮處，爲家不治垣屋。曰：「後世賢，師吾儉；不賢，毋爲勢家所奪。」

孝惠二年，相國何卒，【一】謚爲文終侯。【二】

【一】集解 東觀漢記云：「蕭何墓在長陵東司馬門道北百步。」正義 括地志云：「蕭何墓在雍州咸陽縣東北三十七里。」

【二】集解 徐廣曰：「功臣表蕭何以客初起從也。」

後嗣以罪失侯者四世，絶，天子輒復求何後，封續酇侯，功臣莫得比焉。

太史公曰：蕭相國何於秦時爲刀筆吏，録録未有奇節。【一】及漢興，依日月之末光，何謹守管籥，因民之疾秦法〔六〕，順流與之更始。淮陰、黥布等皆以誅滅，而何之勳爛焉。位冠羣臣，聲施後世，與閎夭、散宜生等爭烈矣。

【一】索隱 録音禄。

【索隱述贊】蕭何爲吏，文而無害。及佐興王，舉宗從沛。關中既守，轉輸是賴。漢軍屢疲，秦兵必會。約法可久，收圖可大。指獸發蹤，其功實最。政稱畫一，居乃非泰。繼絶寵勤，式旌礪帶。

校勘記

〔一〕得走獸　梁玉繩志疑卷二六：「漢書作『走得獸』，刊誤補遺曰『走得獸者，謂其追而殺之』。『得走獸』則乖本旨矣。」

〔二〕南鄉酇縣也　「南鄉」，景祐本、紹興本、黄本、彭本、柯本、淩本、殿本作「南陽」。

〔三〕注瓚曰今南鄉酇縣　「南鄉」，黄本、彭本、柯本、淩本、殿本作「南陽」。

〔四〕晉武帝又曰順陽郡也　「又曰」，耿本、黄本、彭本、柯本、淩本、殿本作「改曰」。

〔五〕乃令蕭何第一　王念孫雜志史記第三：「『蕭何』下脱去『第一』二字，當依漢書、漢紀補。上文是羣臣以爲曹參位次當居第一，而高祖及鄂千秋皆以爲蕭何當第一，此處若不言蕭何第一，則上文全無收束矣。蕭何第一爲一事，賜帶劍履云云又爲一事，太平御覽治道部引史記正作『乃令蕭何第一』。」今據補。

〔六〕疾秦法　「秦」，原作「奉」。梁玉繩志疑卷二六：「漢書『奉』作『秦』，班馬異同本史亦作『秦』，則『奉』爲譌字。」今據改。

史記卷五十四

曹相國世家第二十四

索隱蕭相國、曹相國、留侯、絳侯、五宗、三王六篇可合爲一篇〔一〕。

平陽侯〔一〕曹參者，沛人也。〔二〕秦時爲沛獄掾，而蕭何爲主吏，居縣爲豪吏矣。

〔一〕正義晉州城即平陽故城也。

〔二〕集解張華曰：「曹參字敬伯。」索隱地理志平陽縣屬河東。又按春秋緯及博物志，並云參字敬伯。正義按：沛，今徐州縣也。

高祖爲沛公而初起也，參以中涓從。〔一〕將擊胡陵、方與，〔二〕攻秦監公軍，〔三〕大破之。東下薛，擊泗水守軍薛郭西。復攻胡陵，取之。徙守方與。方與反爲魏，擊之。〔四〕豐反爲魏，〔五〕攻之。賜爵七大夫。擊秦司馬𡰱〔六〕軍碭東，破之，取碭、狐父、〔七〕祁善置。【八】又攻下邑以西，至虞，【九】擊章邯車騎。攻爰戚【一〇】及亢父，【一一】先登。遷爲五大夫。北救阿，【一二】擊章邯軍，陷陳，追至濮陽。攻定陶，取臨濟。【一三】南救雍丘，擊李由軍，破之，殺李由，虜秦候一人。秦將章邯破殺項梁也，沛公與項羽引而東。楚懷王以沛公爲碭郡長，將碭郡兵。於是乃封參爲執帛，【一四】號曰建成君。【一五】遷爲戚公，【一六】屬碭郡。

【一】集解漢書音義曰：「中涓如中謁者。」索隱涓音古玄反。

【二】索隱地理志二縣皆屬山陽郡。正義胡陵，縣名，在方與之南。方音房，與音預。兗州縣也。

【三】集解漢書音義曰：「監，御史監郡者；公，名。秦一郡置守、尉、監三人〔三〕。」索隱按注，公者監之名，然本紀泗川監名平，則平是名，公爲相尊之稱也。

【四】正義曹參擊方與。

【五】索隱時雍齒守豐，爲魏反沛公。

【六】正義音夷。

【七】集解徐廣曰：「伍被曰吳濞敗於狐父。」索隱地理志碭屬梁國。狐父，地名，在梁碭之閒。徐氏引伍被云吳濞敗於狐父，是吳與梁相拒而敗處。正義括地志云：「狐父亭在宋州碭山縣東南三十里。」

【八】集解文穎曰：「善置，置名也。」晉灼曰：「祁，音坻。」孫檢曰：「漢謂驛曰置。善，名也。」

索隱按：司馬彪郡國志穀熟有祁亭。劉氏音遲，又如字。善置，置名，漢謂驛爲置。正義括地志云：「故祁城在宋州下邑縣東北四十九里，漢祁城縣也。」言取碭、狐父及祁縣之善置。

【九】索隱地理志下邑、虞皆屬梁國。正義宋州下邑縣在州東百一十里。漢下邑城，今碭山縣是。虞城縣在州北五十里，古虞國，商均所封。

【一〇】集解徐廣曰：「宣帝時有爰戚侯。」索隱蘇林云「縣名，屬山陽」。按功臣表，爰戚侯趙成。正義音寂。劉音七歷反。今在兗州南，近亢父縣。

【一一】索隱地理志縣名，屬東平。正義括地志：「亢父故城在兗州任城縣南五十一里。」

【一二】索隱按：阿即東阿也。時章邯圍田榮於東阿也。正義今濟州東阿也。

【一三】正義淄州高苑縣西北二里有狄故城，安帝改曰臨濟。

【一四】集解張晏曰：「孤卿也。或曰楚官名。」

【一五】索隱地理志建成縣屬沛郡。

【一六】索隱謂遷參爲戚令。正義即爰戚縣也，是時屬沛郡。

其後從攻東郡尉軍，破之成武南。【一】擊王離軍成陽南，【二】復攻之杠里，大破之。追北，西至開封，擊趙賁【三】軍，破之，圍趙賁開封城中。西擊秦將楊熊軍於曲遇，【四】破之，虜秦司馬及御史各一人。遷爲執珪。〔五〕從攻陽武，〔六〕下轘轅、緱氏，〔七〕絶河津，〔八〕還擊趙賁軍尸北，破之。〔九〕從南攻犨，與南陽守齮戰陽城郭東，〔一〇〕陷陳，〔一一〕取宛，虜齮，盡定南陽郡。從西攻武關、嶢關，〔一二〕取之。前攻秦軍藍田南，〔一三〕又夜擊其北，秦軍大破，遂至咸陽，滅秦。

〔一〕索隱地理志成武縣屬山陽。

〔二〕索隱地理志縣名，在濟陰。成，地名。周武王封弟季載於成，其後代遷於成之陽，故曰成陽。正義成陽故城，濮州雷澤縣是。史記云武王封弟季載於成。其後遷於成之陽，故曰成陽也。

〔三〕索隱音奔。

〔四〕集解徐廣曰：「在中牟。」索隱曲，丘禹反。遇，牛凶反。正義曲，丘羽反。遇，牛恭反。司馬彪郡國志云「中牟有曲遇聚」。按：中牟，鄭州縣也。

〔五〕集解張晏曰：「侯伯執珪以朝，位比之。」如淳曰：「呂氏春秋『得伍員者位執珪』。古爵名。」

〔六〕正義括地志云：「陽武故城在鄭州陽武縣東北十八里，漢陽武縣城也。」

〔七〕索隱地理志陽武、緱氏二縣屬河南。轘轅，道名，在緱氏南。正義緱氏，洛州縣也。括地志云：「轘轅故關在洛州緱氏縣東南四十里。十三州志云轘轅道凡十二曲，是險道。」

〔八〕正義津，濟渡處。括地志云：「平陰故津在洛州洛陽縣東北五十里。」

【九】集解徐廣曰：「尸在偃師。」孟康曰：「尸鄉北。」正義破趙賁軍於尸鄉之北也。括地志云：「尸鄉亭在洛州偃師縣，在洛州東南也。」

【一〇】集解應劭曰：「今赭陽。」索隱徐廣云「陽城在南陽」，應劭云「今赭陽」。赭陽是南陽之縣。

【一一】正義陷南陽守於陽城郭東也。

【一二】正義括地志云：「故武關在商州商洛縣東九十里。藍田關在雍州藍田縣東南九十里，即秦嶢關也。」

【一三】正義雍州藍田縣在州東南八十里，因藍田山爲名。

項羽至，以沛公爲漢王。漢王封參爲建成侯。從至漢中，【一】遷爲將軍。從還定三秦，初攻下辯、故道、【二】雍、斄。【三】擊章平軍於好畤南，【四】破之，圍好畤，取壤鄉。【五】擊三秦軍壤東及高櫟，【六】破之。復圍章平，章平出好畤走。因擊趙賁、內史保軍，破之。東取咸陽，更名曰新城。【七】參將兵守景陵【八】二十日，三秦使章平等攻參，參出擊，大破之。賜食邑於寧秦。【九】參以將軍引兵圍章邯於廢丘。【一〇】以中尉從漢王出臨晉關。【一一】至河內，下脩武，【一二】渡圍津，【一三】東擊龍且、項他定陶，破之。東取碭、蕭、彭城。【一四】擊項籍軍，漢軍大敗走。參以中尉圍取雍丘。王武反於外黃〔三〕，【一五】程處反於燕，【一六】往擊，盡破之。柱天侯反於衍氏，【一七】又進破取衍氏。擊羽嬰於昆陽，追至葉。還攻武彊，【一八】因至滎陽。參自漢中爲將軍、中尉，從【一九】擊諸侯及項羽，敗，還至滎陽，凡二歲。

【一】正義 梁州本漢中郡。

【二】索隱 地理志二縣名，皆屬武都。辯音皮莧反。 正義 括地志云：「成州同谷縣，本漢下辯道。」又云：「鳳州兩當縣，本漢故道縣，在州西五十里。」

【三】索隱 地理志二縣名，屬右扶風。斄音貽。 正義 斄作「邰」，音貽〔四〕。括地志云：「故雍縣南七里〔五〕。故斄城一名武功，縣西南二十二里，古邰國也〔六〕。」

【四】正義 括地志云：「好畤城在雍州好畤縣東南十三里。」

【五】集解 文穎曰：「地名。」

【六】索隱 櫟音歷。按：文穎云壤鄉、高櫟皆地名也。然盡在右扶風〔七〕，今其地闕也。 正義 音歷。皆村邑名。壤鄉，今在雍州武功縣東南二十餘里高壤坊〔八〕，是高櫟近壤鄉也。

【七】索隱 按：漢書高帝元年咸陽名新城，武帝改名曰渭城。

【八】集解 漢書音義曰：「縣名也。」

【九】集解 蘇林曰：「今華陰。」

【一〇】正義 周曰犬丘，秦更名廢丘，漢更名槐里，今故城在雍州始平縣東南十里。

【一一】正義 即蒲津關也，在臨晉縣，故言臨晉關。今在同州也。

【一二】正義 今懷州獲嘉縣，古脩武也。

【一三】集解 徐廣曰：「東郡白馬有圍津。」 索隱 注「東郡白馬有圍津」〔九〕。顧氏按：水經注白馬津有韋鄉、韋津城〔一〇〕。「圍」與「韋」同，古今字變爾。 正義 括地志云：「黎陽津一名白馬津，在滑州白馬縣北三十里。帝王世紀云『白馬縣南有韋城，故豕韋國也』。續漢書郡國志云『白馬縣有韋城』。」

【一四】正義 徐州二縣。

【一五】集解 徐廣曰：「內黃縣有黃澤。」

【一六】集解 徐廣曰：「東郡燕縣。」駰案：漢書音義曰「皆漢將」。

【一七】索隱 天柱侯。不知其誰封。衍氏，魏邑。地理志云天柱在廬江灊縣。

【一八】集解 瓚曰：「武彊城在陽武。」 正義 括地志云：「武彊故城在鄭州管城縣東北三十一里。」

【一九】索隱 才用反。

高祖二年〔一一〕，拜爲假左丞相，入屯兵關中。月餘，魏王豹反，以假左丞相別與韓信東攻魏將軍孫遬【一】軍東張，【二】大破之。因攻安邑，得魏將王襄。擊魏王於曲陽，【三】追至武垣，【四】生得魏王豹。取平陽，【五】得魏王母妻子，盡定魏地，凡五十二城。賜食邑平陽。

因從韓信擊趙相國夏說軍於鄔東，【六】大破之，斬夏說。韓信與故常山王張耳引兵下井陘，擊成安君，而令參還圍趙別將戚將軍於鄔城中。戚將軍出走，追斬之。乃引兵詣敖倉漢王之所。韓信已破趙，爲相國，東擊齊。參以右丞相屬韓信〔三〕，攻破齊歷下軍，遂取臨菑。還定濟北郡，攻著、漯陰、平原、鬲、盧。【七】已而從韓信擊龍且軍於上假密，【八】大破之，斬龍且，虜其將軍周蘭。定齊，凡得七十餘縣。得故齊王田廣相田光，其守相許章，及故齊膠東將軍田既。韓信爲齊王，引兵詣陳，與漢王共破項羽，而參留平齊未服者。

【一】索隱音速。

【二】集解徐廣曰：「張者，地名。功臣表有張侯毛澤之。」駰按：蘇林曰屬河東。正義括地志云：「張陽故城一名東張城，在蒲州虞鄉縣西北四十里。」

【三】正義括地志云：「上曲陽，定州恒陽縣是。下曲陽在定州鼓城縣西五里。」

【四】集解徐廣曰：「河東有垣縣。」正義括地志云：「武垣縣，今瀛州城是。地理志云武垣縣屬涿郡也。」

【五】正義晉州城是。

【六】集解徐廣曰：「鄔縣在太原，音烏古反。」索隱地理志鄔，太原縣名。音烏古反。

【七】索隱地理志著縣屬濟南，盧縣屬泰山，漯陰、平原、鬲三縣屬平原。漯音吐答反。正義括地志云：「平原故城在德州平原縣東南十里。故鬲城在德州安德縣西北十五里。」盧縣，今濟州理縣是也。

【八】集解文穎曰：「或以爲高密。」索隱漢書亦作「假密」。按：下定齊七十縣，則上假密非高密，亦是齊地，今闕。

項籍已死，天下定，漢王爲皇帝，韓信徙爲楚王，齊爲郡。參歸漢相印。高帝以長子肥爲齊王，而以參爲齊相國。以高祖六年賜爵列侯，與諸侯剖符，世世勿絶。食邑平陽萬六百三十户，號曰平陽侯，除前所食邑。

以齊相國擊陳豨將張春軍，破之。黥布反，參以齊相國從悼惠王將兵車騎十二萬人，與高祖會擊黥布軍，大破之。南至蘄，還定竹邑、相、蕭、留。【一】

【一】索隱地理志蘄、竹邑、相、蕭四縣屬沛。韋昭云「留今屬彭城」，則漢初亦屬沛也。正義括地志云：「徐州符離縣城，漢竹邑城也。李奇云『今竹邑也』。故相城在符離縣西北九十里。輿地志云『宋共公自睢陽徙相子城，又還睢陽』。蕭，徐州縣，古蕭叔國城也。故留城在徐州沛縣東南五十里，張良所封。」

參功：凡下二國，縣一百二十二；得王二人，相三人，將軍六人，大莫敖、【二】郡守、司馬、候、御史各一人。

【一】集解漢書音義曰：「楚之卿號。」

孝惠帝元年，除諸侯相國法，更以參爲齊丞相。參之相齊，齊七十城。天下初定，悼惠王富於春秋，參盡召長老諸生，問所以安集百姓如齊故俗，諸儒以百數，言人人殊，參未知所定。聞膠西有蓋公，善治黃老言，使人厚幣請之。既見蓋公，蓋公爲言治道貴清靜而民自定，推此類具言之。參於是避正堂，舍蓋公焉。其治要用黃老術，故相齊九年，齊國安集，大稱賢相。

惠帝二年，蕭何卒。參聞之，告舍人趣治行，「吾將入相」。居無何，使者果召參。參去，屬其後相曰：「以齊獄市爲寄，慎勿擾也。」後相曰：「治無大於此者乎？」參曰：「不然。夫獄市者，所以并容也，今君擾之，姦人安所容也？吾是以先之。」【一】

【一】集解漢書音義曰：「夫獄市兼受善惡，若窮極，姦人無所容竄〔一三〕；姦人無所容竄，久且爲亂。秦人極刑而天下畔，孝武峻法而獄繁，此其效也。」老子曰「我無爲，而民自化；我好靜，而民自正」。參欲以道化其本，不欲擾其末。

參始微時，與蕭何善；及爲將相，有郤。至何且死，所推賢唯參。參代何爲漢相國，舉事無所變更，一遵蕭何約束。

擇郡國吏木詘於文辭，重厚長者，即召除爲丞相史。吏之言文刻深，欲務聲名者，輒斥去之。日夜飲醇酒。卿大夫已下吏及賓客見參不事事，【一】來者皆欲有言。至者，參輒飲以醇酒，閒之，欲有所言，復飲之，醉而後去，終莫得開說，【二】以爲常。

【一】集解如淳曰：「不事丞相之事。」

【二】集解如淳曰：「開謂有所啓白。」

相舍後園近吏舍，吏舍日飲歌呼。從吏惡之，無如之何，乃請參游園中，聞吏醉歌呼，從吏幸相國召按之。乃反取酒張坐飲，亦歌呼與相應和。

參見人之有細過，專掩匿覆蓋之，府中無事。

參子窋【一】爲中大夫。惠帝怪相國不治事，以爲「豈少朕與」？【二】乃謂窋曰：「若歸，試私從容問而父曰：『高帝新弃羣臣，帝富於春秋，君爲相，日飲，無所請事，何以憂天下乎？』然無言吾告若也。」【三】窋既洗沐歸，閒侍，自從其所諫參。參怒，而笞窋二百，曰：「趣入侍，天下事非若所當言也。」至朝時，惠帝讓參曰：「與窋胡治乎？【四】乃者我使諫君也。」參免冠謝曰：「陛下自察聖武孰與高帝？」上曰：「朕乃安敢望先帝乎！」曰：「陛下觀臣能孰與蕭何賢？」上曰：「君似不及也。」參曰：「陛下言之是也。且高帝與蕭何定天下，法令既明，今陛下垂拱，參等守職，遵而勿失，不亦可乎？」惠帝曰：「善。君休矣！」

【一】索隱音張律反。

【二】索隱按：少者不足之詞，故胡亥亦云「丞相豈少我哉」。蓋帝以丞相豈不是嫌少於我哉。小顏以爲「我年少」，非也。

【三】索隱謂惠帝語窋，無得言我告汝令諫汝父，當自云是己意也。

【四】集解如淳曰：「猶言用窋爲治。」索隱按：胡，何也。言語參「何爲治窋」也。

參爲漢相國，出入三年。卒，謚懿侯。子窋代侯。百姓歌之曰：「蕭何爲法，顜若畫一；【一】曹參代之，守而勿失。載其清淨，民以寧一。」

【一】集解徐廣曰：「顜音古項反，一音較。」索隱顜，漢書作「講」，故文穎云「講，一作『較』」。按：訓直，又訓明，言法明直若畫一也。顜音講，亦作「顜」。小顏云「講，和也。畫一，言其法整齊也」。

平陽侯窋，高后時爲御史大夫。孝文帝立，免爲侯。立二十九年卒，謚爲靜侯。子奇代侯，立七年卒，謚爲簡侯。子時代侯。時尚平陽公主，生子襄。時病癘，歸國。立二十三年卒，謚夷侯。子襄代侯。襄尚衞長公主，生子宗。立十六年卒，謚爲共侯。子宗代侯。征和二年中，宗坐太子死，國除。

太史公曰：曹相國參攻城野戰之功所以能多若此者，以與淮陰侯俱。及信已滅，而列侯成功，唯獨參擅其名。參爲漢相國，清靜極言合道。然百姓離秦之酷後，參與休息無爲，故天下俱稱其美矣。

【索隱述贊】曹參初起，爲沛豪吏。始從中涓，先圍善置。執珪執帛，攻城略地。衍氏既誅，昆陽失位。北禽夏説，東討田既〔一四〕。剖符定封，功無與二。市獄勿擾，清淨不事。尚主平陽，代享其利。

校勘記

〔一〕此條索隱原無，據耿本、黄本、彭本、柯本、凌本補。按：此條索隱殿本在蕭相國世家小題下。

〔二〕秦一郡置守尉監三人　漢書卷三九曹參傳顔師古注以此爲晉灼語，此上爲孟康語。

〔三〕王武反於外黄　「外」字原無。梁玉繩志疑卷二六：「漢傳作『外黄』。攷史、漢樊噲傳云『破王武于外黃』，漢灌嬰傳云『王武反，擊破之，攻下外黃』，則此缺『外』字。乃陳留之縣也，徐廣以魏郡内黃言之，非。」今據補。

〔四〕斄作部音貽　「貽」，疑當作「胎」。按：本書卷九九劉敬叔孫通列傳「堯封之部」正義：「部音胎。」卷一二二酷吏列傳「斄人」正義：「音胎。」

〔五〕故雍縣南七里　張文虎札記卷四：「此條正義所引括地志有脱誤，當參周、秦本紀正義正之。」按：「故」下疑脱「雍城在岐州」五字。本書卷五秦本紀「初居雍城大鄭宮」正義引括地志：「岐州雍縣南七里故雍城。」卷八五呂不韋列傳「徙宮居雍」正義：「雍故城在岐雍縣南七里。」

〔六〕故斄城一名武功縣西南二十二里古部國也　「縣西」上疑脱「在雍州武功」五字。按：本書卷四周本紀正義引括地志：「故斄城一名武功城，在雍州武功縣西南二十二里，古部國。」卷一二二酷吏列傳正義：「故斄城在雍武功縣西南二十二里。」

〔七〕然盡　耿本、黃本、彭本、柯本、凌本、殿本無。

〔八〕二十餘里高壤坊　「二十」，原作「一十」，據黃本、柯本、殿本改。按：本書卷九五樊酈滕灌列傳正義：「壤鄉在武功縣東南二十里。」

〔九〕注東郡白馬有圍津　此八字原無，據索隱本補。

〔一〇〕韋津城　「津」字疑衍。按：左傳襄公二十四年「在商爲豕韋氏」杜預注：「豕韋，國名。東郡白馬縣東南有韋城。」水經注卷五河水：「白馬有韋鄉、韋城，故津亦有韋津之稱。史記所謂下修武，渡韋津者也。」據左傳、水經注，則韋城由豕韋得名，韋津由韋鄉、韋城得名。

〔二〕高祖二年　「二年」，原作「三年」。梁玉繩志疑卷二六：「『三』當作『二』」，漢傳及水經注六可證。」按：本書卷一八高祖功臣侯者年表曹參以左丞相出征齊、魏事在高祖二年。今據改。

〔三〕參以右丞相屬韓信　「右丞相」，疑當作「左丞相」。按：漢書卷三九曹參傳作「左丞相」。本書卷一八高祖功臣侯者年表云曹參「以左丞相出征齊、魏」，漢書卷一六高惠高后文功臣表云「以假左丞相定魏、齊」。

〔三〕若窮極姦人無所容竄　漢書卷三九曹參傳顏師古注引孟康無「無所容竄」四字。

〔四〕田既　原作「田溉」，據黄本、彭本、柯本、凌本、殿本改。按：本篇及本書卷一八高祖功臣侯者年表、卷九四田儋列傳並作「田既」。

史記卷五十五

留侯世家第二十五

留侯【一】張良者，【二】其先韓人也。【三】大父開地，【四】相韓昭侯、宣惠王、襄哀王。父平，相釐王、悼惠王。【五】悼惠王二十三年，平卒。卒二十歲，秦滅韓。良年少，未宦事韓。韓破，良家僮三百人，弟死不葬，悉以家財求客刺秦王，爲韓報仇，以大父、父五世相韓故。【六】

【一】索隱韋昭云「留，今屬彭城」。按：良求封留，以始見高祖於留故也。正義括地志云：「故留城在徐州沛縣東南五十五里。今城内有張良廟也。」

【二】索隱漢書云「字子房」。按：王符、皇甫謐並以良爲韓之公族，姬姓也。秦索賊急，乃改姓名。而韓先有張去疾及張譴，恐非良之先代。

【三】索隱良既歷代相韓，故知其先韓人。顧氏按：後漢書云「張良出於城父」，城父縣屬潁川也。正義括地志云：「城父〔一〕在汝州郟城縣東三十里〔二〕，韓地也〔三〕。」

【四】集解應劭曰：「大父，祖父。開地，名。」

【五】索隱韓系家及系本並作「桓惠王」。

【六】索隱謂大父及父相韓五王，故云五代。

良嘗學禮淮陽。【一】東見倉海君。【二】得力士，爲鐵椎重百二十斤。秦皇帝東游，良與客狙【三】擊秦皇帝博浪沙中，【四】誤中副車。【五】秦皇帝大怒，大索天下，求賊甚急，爲張良故也。良乃更名姓，亡匿下邳。

【一】正義今陳州也。

【二】集解如淳曰：「秦郡縣無倉海。或曰東夷君長。」索隱姚察以武帝時東夷穢君降，爲倉海郡，或因以名，蓋得其近也。正義漢書武帝紀云「元朔元年〔四〕，東夷穢君南閭等降，爲倉海郡」，今貊穢國〔五〕，得之。太史公修史時已降爲郡，自書之。括地志云：「穢貊在高麗南，新羅北，東至大海西。」

【三】集解服虔曰：「狙，伺候也。」應劭曰：「狙，七預反，伺也。」徐廣曰：「伺候也，音千恕反。」索隱按：應劭云「狙，伺也」。一曰狙，伏伺也，音七豫反。謂狙之伺物，必伏而候之，故今云「狙候」是也。

【四】索隱服虔云地在陽武南。按：今浚儀西北四十里有博浪城。正義晉地理記云「鄭陽武縣有博浪沙【六】」。按：今當官道也。

【五】索隱按：漢官儀天子屬車三十六乘。屬車即副車，而奉車郎御而從後。

良嘗閒從容【一】步游下邳【二】圯上，【三】有一老父，衣褐，至良所，直墮其履圯下，【四】顧謂良曰：「孺子，下取履！」良鄂然，欲毆之。【五】爲其老，彊忍，下取履。父曰：「履我！」良業爲取履，因長跪履之。【六】父以足受，笑而去。良殊大驚，隨目之。父去里所，復還，【七】曰：「孺子可教矣。後五日平明，與我會此。」良因怪之，跪曰：「諾。」五日平明，良往。父已先在，怒曰：「與老人期，後，何也？」去，曰：「後五日早會。」五日雞鳴，良往。父又先在，復怒曰：「後，何也？」去，曰：「後五日復早來。」五日，良夜未半往。有頃，父亦來，喜曰：「當如是。」出一編書，【八】曰：「讀此則爲王者師矣。後十年興。十三年，孺子見我濟北，穀城山下黃石即我矣。」【九】遂去，無他言，不復見。旦日視其書，乃太公兵法也。【一〇】良因異之，常習誦讀之。

【一】索隱嘗訓經也。閒，閑字也。從容，閒暇也。從容謂從任其容止，不矜莊也。

【二】索隱邳，被眉反。按：地理志下邳縣屬東海。又云邳在薛，後徙此。有上邳，故此曰下邳也。

【三】集解徐廣曰：「圯，橋也，東楚謂之圯。音怡。」索隱李奇云「下邳人謂橋爲圯，音怡」。文穎曰「沂水上橋也」。應劭云「沂水之上也」。姚察見史記本有作土旁者，乃引今會稽東湖大橋名爲靈圯。圯亦音夷，理或然也。

【四】索隱崔浩云「直猶故也」，亦恐不然。直言正也，謂至良所正墮其履也。

【五】集解徐廣曰：「一云『良怒，欲罵之』。」索隱毆音烏后反。

【六】索隱業猶本先也。謂良心先已爲取履，故遂跪而履之。

【七】集解徐廣曰：「一曰『爲其老，强忍，下取履，因進之。父以足受，笑而去。良殊大驚。父去里所，復還』。」

【八】集解徐廣曰：「編，一作『篇』。」

【九】正義括地志云：「穀城山一名黄山，在濟州東阿縣東。濟州，故濟北郡。孔文祥云『黄石公，鬚眉皆白，杖丹黎〔七〕，履赤舄』。」

【一〇】正義七録云：「太公兵法一袠三卷。太公，姜子牙，周文王師，封齊侯也。」

居下邳，爲任俠。項伯常殺人，從良匿。

後十年，陳涉等起兵，良亦聚少年百餘人。景駒自立爲楚假王，在留。良欲往從之，道遇沛公。沛公將數千人，略地下邳西，遂屬焉。沛公拜良爲廄將。【一】良數以太公兵法說沛公，沛公善之，常用其策。良爲他人言，皆不省。良曰：「沛公殆天授。」【二】故遂從之，不去見景駒。

【一】集解漢書音義曰：「官名。」

【二】索隱殆訓近也。

及沛公之薛，見項梁。項梁立楚懷王。良乃說項梁曰：「君已立楚後，而韓諸公子橫陽君成賢，可立爲王，益樹黨。」項梁使良求韓成，立以爲韓王。以良爲韓申徒，【一】與韓王將千餘人西略韓地，得數城，秦輒復取之，往來爲游兵潁川。

【一】集解徐廣曰：「即司徒耳，但語音訛轉，故字亦隨改。」

沛公之從雒陽南出轘轅，良引兵從沛公，下韓十餘城，擊破楊熊軍。沛公乃令韓王成留守陽翟，與良俱南，攻下宛，西入武關。沛公欲以兵二萬人擊秦嶢下軍，【一】良說曰：「秦兵尚彊，未可輕。臣聞其將屠者子，賈豎易動以利。願沛公且留壁，使人先行，爲五萬人具食，【二】益爲張旗幟【三】諸山上，爲疑兵，令酈食其持重寶啗秦將。」秦將果畔，欲連和俱西襲咸陽，沛公欲聽之。良曰：「此獨其將欲叛耳，恐士卒不從。不從必危，不如因其解【四】擊之。」沛公乃引兵擊秦軍，大破之。逐北至藍田〔八〕，再戰，秦兵竟敗。遂至咸陽，秦王子嬰降沛公。

【一】集解徐廣曰：「嶢音堯。」

【二】集解徐廣曰：「五，一作『百』。」

【三】索隱音其試二音。

【四】索隱謂卒將離心而懈怠。

沛公入秦宮，宮室帷帳狗馬重寶婦女以千數，意欲留居之。樊噲諫沛公出舍，沛公不聽。【一】良曰：「夫秦爲無道，故沛公得至此。夫爲天下除殘賊，宜縞素爲資。【二】今始入秦，即安其樂，此所謂『助桀爲虐』。且『忠言逆耳利於行，毒藥苦口利於病』，【三】願沛公聽樊噲言。」沛公乃還軍霸上。

【一】集解徐廣曰：「一本『噲諫曰：「沛公欲有天下邪？將欲爲富家翁邪？」沛公曰：「吾欲有天下。」噲曰：「今臣從入秦宮，所觀宮室帷帳珠玉重寶鍾鼓之飾，奇物不可勝極，入其後宮，美人婦女以千數，此皆秦所以亡天下也。願沛公急還霸上，無留宮中。」沛公不聽』。」

【二】集解晉灼曰：「資，藉也。欲沛公反秦奢泰，服儉素以爲藉也。」

【三】索隱按：此語見孔子家語。

項羽至鴻門下，欲擊沛公，項伯乃夜馳入沛公軍，私見張良，欲與俱去。良曰：「臣爲韓王送沛公，今事有急，亡去不義。」乃具以語沛公。沛公大驚，曰：「爲將柰何？」良曰：「沛公誠欲倍項羽邪？」沛公曰：「鯫生〔一〕教我距關無內諸侯，秦地可盡王，故聽之。」良曰：「沛公自度能卻項羽乎？」沛公默然良久，曰：「固不能也。今爲柰何？」良乃固要項伯。項伯見沛公。沛公與飲爲壽，結賓婚。令項伯具言沛公不敢倍項羽，所以距關者，備他盜也。及見項羽後解。語在項羽事中。

【一】集解徐廣曰：「呂靜曰『鯫，魚也，音此垢反』。」索隱呂靜云「鯫，魚也，謂小魚也，音此垢反」。臣瓚按〔九〕：楚漢春秋鯫生本姓解。

漢元年正月，沛公爲漢王，王巴蜀。漢王賜良金百溢，珠二斗，良具以獻項伯。漢王亦因令良厚遺項伯，使請漢中地。〔一〕項王乃許之，遂得漢中地。漢王之國，良送至襃中，〔二〕遣良歸韓。良因說漢王曰：「王何不燒絕所過棧道，示天下無還心，以固項王意。」乃使良還，行燒絕棧道。

【一】集解如淳曰：「本但與巴蜀，故請漢中地。」

【二】正義括地志云：「襃谷在梁州襃城縣北五十里南中山。昔秦欲伐蜀，路無由入，乃刻石爲牛五頭，置金於後，僞言此牛能屎金，以遺蜀。蜀侯貪，信之，乃令五丁共引牛，塹山堙谷，致之成都。秦遂尋道伐之，因號曰石牛道。蜀賦以石門在漢中之西，褒中之北是。」又云：「斜水源出褒城縣西北衙嶺山，與褒水同源而流派。漢書溝洫志云『褒水通沔，斜水通渭，皆以行船』。」

良至韓，韓王成以良從漢王故，項王不遣成之國，從與俱東。良說項王曰：「漢王燒絕棧道，無還心矣。」乃以齊王田榮反書告項王。項王以此無西憂漢心，而發兵北擊齊。

項王竟不肯遣韓王，乃以爲侯，又殺之彭城。良亡，閒行歸漢王，漢王亦已還定三秦矣。復以良爲成信侯，從東擊楚。至彭城，漢敗而還。至下邑，漢王下馬踞鞍而問曰：「吾欲捐關以東等弃之，誰可與共功者？」良進曰：「九江王黥布，楚梟將，與項王有郄；彭越與齊王田榮反梁地：此兩人可急使。而漢王之將獨韓信可屬大事，當一面。即欲捐之，捐之此三人，則楚可破也。」漢王乃遣隨何說九江王布，而使人連彭越。及魏王豹反，使韓信將兵擊之，因舉燕、代、齊、趙。然卒破楚者，此三人力也。

張良多病，未嘗特將也，常爲畫策臣，時時從漢王。

漢三年，項羽急圍漢王滎陽，漢王恐憂，與酈食其謀橈楚權。食其曰：「昔湯伐桀，封其後於杞。武王伐紂，封其後於宋。今秦失德弃義，侵伐諸侯社稷，滅六國之後，使無立錐之地。陛下誠能復立六國後世，畢已受印，此其君臣百姓必皆戴陛下之德，莫不鄉風慕義，願爲臣妾。德義已行，陛下南鄉稱霸，楚必斂衽而朝。」漢王曰：「善。趣刻印，先生因行佩之矣。」

食其未行，張良從外來謁。漢王方食，曰：「子房前！客有爲我計橈楚權者。」具以酈生語告，曰：「於子房何如？」良曰：「誰爲陛下畫此計者？陛下事去矣。」漢王曰：「何哉？」張良對曰：「臣請藉前箸爲大王籌之。」【一】曰：「昔者湯伐桀而封其後於杞者，度能制桀之死命也。今陛下能制項籍之死命乎？」曰：「未能也。」「其不可一也。武王伐紂封其後於宋者，度能得紂之頭也。今陛下能得項籍之頭乎？」曰：「未能也。」「其不可二也。武王入殷，表商容之閭，【二】釋箕子之拘，【三】封比干之墓。今陛下能封聖人之墓，表賢者之閭，式智者之門乎？」曰：「未能也。」「其不可三也。發鉅橋之粟，散鹿臺之錢，以賜貧窮。今陛下能散府庫以賜貧窮乎？」曰：「未能也。」「其不可四矣。殷事已畢，偃革爲軒，【四】倒置干戈，覆以虎皮，以示天下不復用兵。今陛下能偃武行文，不復用兵乎？」曰：「未能也。」「其不可五矣。休馬華山之陽，示以無所爲。今陛下能休馬無所用乎？」曰：「未能也。」「其不可六矣。放牛桃林之陰，【五】以示不復輸積。今陛下能放牛不復輸積乎？」曰：「未能也。」「其不可七矣。且天下游士離其親戚，弃墳墓，去故舊，從陛下游者，徒欲日夜望咫尺之地。今復六國，立韓、魏、燕、趙、齊、楚之後，天下游士各歸事其主，從其親戚，反其故舊墳墓，陛下與誰取天下乎？其不可八矣。且夫楚唯無彊，六國立者復橈而從之，【六】陛下焉得而臣之？誠用客之謀，陛下事去矣。」漢王輟食吐哺，罵曰：「豎儒，幾敗而公事！」【七】令趣銷印。

【一】集解張晏曰：「求借所食之箸用指畫也。或曰前世湯武箸明之事，以籌度今時之不若也。」

【二】索隱按：崔浩云「表者，標榜其里門也」。商容，紂時賢人也。韓詩外傳曰「商容執羽籥，馮於馬徒，欲以化紂而不能，遂去，伏於太行山。武王欲以爲三公，固辭不受」。餘解在商紀。

【三】集解徐廣曰：「釋，一作『式』。拘，一作『囚』。」

【四】集解如淳曰：「革者，革車也；軒者，赤黻乘軒也。偃武備而治禮樂也。」索隱蘇林云：「革者，兵車也；軒者，朱軒皮軒也。謂廢兵車而用乘車也。」說文云：「軒，曲周屏車。」

【五】索隱按：晉灼云「在弘農閿鄉南谷中」。應劭十三州記「弘農有桃丘聚，古桃林也」。山海經云「夸父之山，北有桃林，廣三百里」也。

【六】集解漢書音義曰：「唯當使楚無彊，彊則六國弱從之。」索隱按：荀悅漢紀說此事云「獨可使楚無彊，若彊，則六國屈橈而從之」。又韋昭云「今無彊楚者，言六國立必復屈橈從楚」。是二說意同也。

【七】索隱高祖罵酈生爲豎儒，謂此儒生豎子耳。幾音祈。幾者，殆近也。而公，高祖自謂也。漢書作「乃公」，乃亦汝也。

漢四年，韓信破齊而欲自立爲齊王，漢王怒。張良說漢王，漢王使良授齊王信印，語在淮陰事中。

其秋，漢王追楚至陽夏南，戰不利而壁固陵，諸侯期不至。良說漢王，漢王用其計，諸侯皆至。語在項籍事中。

漢六年正月，封功臣。良未嘗有戰鬭功，高帝曰：「運籌策帷帳中，決勝千里外，子房功也。自擇齊三萬户。」良曰：「始臣起下邳，與上會留，此天以臣授陛下。陛下用臣計，幸而時中，臣願封留足矣，不敢當三萬户。」乃封張良爲留侯，與蕭何等俱封。

上已封大功臣二十餘人〔一〇〕，其餘日夜爭功不決，未得行封。上在雒陽南宮，從復道【一】望見諸將往往相與坐沙中語。上曰：「此何語？」留侯曰：「陛下不知乎？此謀反耳。」上曰：「天下屬安定，何故反乎？」留侯曰：「陛下起布衣，以此屬取天下，今陛下爲天子，而所封皆蕭、曹故人所親愛，而所誅者皆生平所仇怨。今軍吏計功，以天下不足偏封，此屬畏陛下不能盡封，恐又見疑平生〔二〕過失及誅，故即相聚謀反耳。」上乃憂曰：「爲之柰何？」留侯曰：「上平生所憎，羣臣所共知，誰最甚者？」上曰：「雍齒與我故，〔三〕數嘗窘辱我。我欲殺之，爲其功多，故不忍。」留侯曰：「今急先封雍齒以示羣臣，羣臣見雍齒封，則人人自堅矣。」於是上乃置酒，封雍齒爲什方侯，〔四〕而急趣丞相、御史定功行封。羣臣罷酒，皆喜曰：「雍齒尚爲侯，我屬無患矣。」

〔一〕集解如淳曰：「復音複。上下有道，故謂之復道。」韋昭曰：「閣道。」

〔二〕集解徐廣曰：「多作『生平』。」

〔三〕集解漢書音義曰：「未起時有故怨。」

〔四〕索隱地理志縣名，屬廣漢。什音十。正義括地志云：「雍齒城在益州什邡縣南四十步。漢什邡縣，漢初封雍齒爲侯國。」

劉敬說高帝曰：「都關中。」上疑之。左右大臣皆山東人，多勸上都雒陽：「雒陽東有成皋，西有殽黽，倍河，向伊雒，其固亦足恃。」留侯曰：「雒陽雖有此固，其中小，不過數百里，田地薄，四面受敵，此非用武之國也。夫關中左殽函，〔一〕右隴蜀，〔二〕沃野千里，南有巴蜀之饒，北有胡苑之利，〔三〕阻三面而守，獨以一面東制諸侯。諸侯安定，河渭漕輓天下，西給京師；諸侯有變，順流而下，足以委輸。此所謂金城千里，天府之國也，【四】劉敬說是也。」於是高帝即日駕，西都關中。【五】

【一】正義 殽，二殽山也，在洛州永寧縣西北二十八里。函谷關在陝州桃林縣西南十二里。

【二】正義 隴山南連蜀之岷山，故云右隴蜀也。

【三】索隱 崔浩云：「苑馬牧外接胡地，馬生於胡，故云胡苑之利。」正義 博物志云「北有胡苑之塞」。按：上郡、北地之北與胡接，可以牧養禽獸，又多致胡馬，故謂胡苑之利也。

【四】索隱 按：此言「謂」者，皆是依憑古語〔一〕。言秦有四塞之國，如金城也。故淮南子云「雖有金城，非粟不守」。又蘇秦說秦惠王云「秦地勢形便，所謂天府」。是所憑也。

【五】索隱 按：周禮「二曰詢國遷」，乃爲大事。高祖即日西遷者，蓋謂其日即定計耳，非即日遂行也。

留侯從入關。留侯性多病，即道引不食穀，【一】杜門不出歲餘。

【一】集解 漢書音義曰：「服辟穀之藥，而靜居行氣。」

上欲廢太子，立戚夫人子趙王如意。大臣多諫爭，未能得堅決者也。呂后恐，不知所爲。人或謂呂后曰：「留侯善畫計筴，上信用之。」呂后乃使建成侯呂澤劫留侯〔二〕，曰：

「君常爲上謀臣，今上欲易太子，君安得高枕而卧乎？」留侯曰：「始上數在困急之中，幸用臣筴。今天下安定，以愛欲易太子，骨肉之閒，雖臣等百餘人何益。」呂澤彊要曰：「爲我畫計。」留侯曰：「此難以口舌爭也。顧上有不能致者，天下有四人。〔一〕四人者年老矣，皆以爲上慢侮人，故逃匿山中，義不爲漢臣。然上高此四人。今公誠能無愛金玉璧帛，令太子爲書，卑辭安車，因使辯士固請，宜來。來，以爲客，時時從入朝，令上見之，則必異而問之。問之，上知此四人賢，則一助也。」於是呂后令呂澤使人奉太子書，卑辭厚禮，迎此四人。四人至，客建成侯所。

〔一〕索隱四人，四皓也，謂東園公、綺里季、夏黄公、角里先生。按：陳留志云「園公姓庾〔三〕，字宣明，居園中，因以爲號。夏黄公姓崔名廣，字少通，齊人，隱居夏里修道，故號曰夏黄公。角里先生，河内軹人，太伯之後，姓周名術，字元道，京師號曰霸上先生，一曰角里先生」。又孔安國祕記作「禄里」。此皆王劭據崔氏、周氏系譜及陶元亮四八目而爲此説。

漢十一年，黥布反，上病，欲使太子將，往擊之。四人相謂曰：「凡來者，將以存太子。太子將兵，事危矣。」乃説建成侯曰：「太子將兵，有功則位不益太子；無功還，則從此受禍矣。且太子所與俱諸將，皆嘗與上定天下梟將也，今使太子將之，此無異使羊將狼也，皆不肯爲盡力，其無功必矣。臣聞『母愛者子抱』，〔二〕今戚夫人日夜侍御，趙王如意常抱居前，上曰『終不使不肖子居愛子之上』，明乎其代太子位必矣。君何不急請呂后承閒爲上泣言：『黥布，天下猛將也，善用兵，今諸將皆陛下故等夷，【二】乃令太子將此屬，無異使羊將狼，莫肯爲用，且使布聞之，則鼓行而西耳。【三】上雖病，彊載輜車，卧而護之，諸將不敢不盡力。上雖苦，爲妻子自彊。』」於是呂澤立夜見呂后，呂后承閒爲上泣涕而言，如四人意。上曰：「吾惟豎子固不足遣，而公自行耳。」於是上自將兵而東，羣臣居守，皆送至灞上。留侯病，自彊起，至曲郵，【四】見上曰：「臣宜從，病甚。楚人剽疾，願上無與楚人爭鋒。」因說上曰：「令太子爲將軍，監關中兵。」上曰：「子房雖病，彊卧而傅太子。」是時叔孫通爲太傅，留侯行少傅事。

【一】索隱此語出韓子。

【二】集解徐廣曰：「夷猶儕也。」索隱如淳云：「等夷，言等輩。」

【三】集解晉灼曰：「鼓行而西，言無所畏也。」

【四】集解司馬彪曰：「長安縣東有曲郵聚。」索隱郵音尤。按：司馬彪漢書郡國志長安有曲郵聚。今在新豐西，俗謂之郵頭。漢書舊儀云「五里一郵，郵人居閒，相去二里半」。按：郵乃今之候也。

漢十二年，上從擊破布軍歸，疾益甚，愈欲易太子。留侯諫，不聽，因疾不視事。叔孫太傅稱説引古今，以死爭太子。上詳許之，猶欲易之。及燕，置酒，太子侍。四人從太子，年皆八十有餘，鬚眉皓白，衣冠甚偉。上怪之，問曰：「彼何爲者？」四人前對，各言名姓，曰東園公，角里先生，綺里季，夏黄公。上乃大驚，曰：「吾求公數歲，公辟逃我，今公何自從吾兒游乎？」四人皆曰：「陛下輕士善罵，臣等義不受辱，故恐而亡匿。竊聞太子爲人仁孝，恭敬愛士，天下莫不延頸欲爲太子死者，故臣等來耳。」上曰：「煩公幸卒調護太子。」【一】

【一】集解如淳曰：「調護猶營護也。」

四人爲壽已畢，趨去。上目送之，召戚夫人指示四人者曰：「我欲易之，彼四人輔之，羽翼已成，難動矣。吕后真而主矣。」戚夫人泣，上曰：「爲我楚舞，吾爲若楚歌。」歌曰：「鴻鵠高飛，一舉千里。羽翮已就，横絶四海。横絶四海，當可柰何！雖有矰繳，【一】尚安所施！」歌數闋，【二】戚夫人噓唏流涕，上起去，罷酒。竟不易太子者，留侯本招此四人之力也。

【一】集解韋昭曰：「繳，弋射也。其矢曰矰。」索隱馬融注周禮云：「矰者，繳繫短矢謂之矰。」一説云矰一弦，可以仰高射，故云矰也。

【二】索隱音曲穴反，謂曲終也。説文曰：「闋，事已閉門也〔一四〕。」

留侯從上擊代，出奇計馬邑下，【一】及立蕭何相國，【二】所與上從容言天下事甚衆，非天下所以存亡，故不著。留侯乃稱曰：「家世相韓，及韓滅，不愛萬金之資，爲韓報讎彊秦，天下振動。今以三寸舌【三】爲帝者師，封萬户，位列侯，此布衣之極，於良足矣。願弃人閒事，欲從赤松子【四】游耳。」乃學辟【五】穀，道引輕身。【六】會高帝崩，呂后德留侯，乃彊食之，曰：「人生一世閒，如白駒過隙，何至自苦如此乎！」留侯不得已，彊聽而食。

【一】集解徐廣曰：「一云『出奇計下馬邑』。」

【二】集解漢書音義曰：「何時未爲相國，良勸高祖立之。」

【三】索隱春秋緯云：「舌在口，長三寸，象斗玉衡。」

【四】索隱列仙傳【五】：「神農時雨師也，能入火自燒，崑崙山上隨風雨上下也。」

【五】索隱賔亦反。

【六】集解徐廣曰：「一云『乃學道引，欲輕舉』也。」

後八年卒，謚爲文成侯。子不疑代侯。【一】

【一】集解徐廣曰：「文成侯立十六年卒，子不疑代立。十年，坐與門大夫吉謀殺故楚内史，當死，贖爲城旦，國除。」

子房始所見下邳圯上老父與太公書者，後十三年從高帝過濟北，果見穀城山下黄石，取而葆祠之。【一】留侯死，并葬黄石冢。【二】每上冢伏臘，祠黄石。

【一】集解徐廣曰：「史記珍寶字皆作『葆』。」

【二】正義括地志云：「漢張良墓在徐州沛縣東六十五里，與留城相近也。」

留侯不疑，孝文帝五年坐不敬，國除。

太史公曰：學者多言無鬼神，然言有物。【一】至如留侯所見老父予書，亦可怪矣。【二】高祖離困者數矣，而留侯常有功力焉，豈可謂非天乎？上曰：「夫運籌筴帷帳之中，決勝千里外，吾不如子房。」余以爲其人計魁梧奇偉，【三】至見其圖，狀貌如婦人好女。蓋孔子曰：「以貌取人，失之子羽。」【四】留侯亦云。

【一】索隱按：物謂精怪及藥物也。

【二】索隱按：詩緯云「風后，黄帝師，又化爲老子，以書授張良」。亦異説。

【三】集解應劭曰：「魁梧，丘虚壯大之意。」索隱蘇林云「梧音忤」。蕭該云「今讀爲吾，非也」。小顔云「言其可驚悟」。

【四】索隱子羽，澹臺滅明字也。仲尼弟子傳云「狀貌甚惡」。又韓子云「子羽有君子之容，而行不稱其貌」，與史記文相反。

【索隱述贊】留侯倜儻，志懷憤惋。五代相韓，一朝歸漢。進履宜假，運籌神算。横陽既立，申徒作扞。灞上扶危，固陵靜亂。人稱三傑，辯推八難。赤松願游，白駒難絆。嗟彼雄略，曾非魁岸。

校勘記

〔一〕城父　疑當作「父城」。按：本書卷七三白起王翦列傳「與蒙恬會城父」正義引括地志：「汝州郟城縣東四十里有父城故城，即服虔云城父楚北境者也。又許州葉縣東北四十五里亦有父城故城，即杜預云襄城城父縣者也。此二城，父城之名耳，服虔城父是誤也。左傳及注水經云『楚大城城父，使太子建居之』。十三州志云『太子建所居城父，謂今亳州城父是也』。此三家之説，是城父之名。地理志云潁川父城縣，沛郡城父縣。據縣屬郡，其名自分。」卷四〇楚世家「使太子建居城父守邊」正義引括地志：「城父故城在許州葉縣東北四十五里，即杜預云襄城城父縣也。」

〔二〕三十里　本書卷七三白起王翦列傳正義引括地志作「四十里」。

〔三〕韓地　原作「韓里」。張文虎札記卷四：「考證云『里』疑『地』。」今據改。

〔四〕元朔元年　「元朔」二字原無。張文虎札記卷四：「考證云（元年）上當有『元朔』二字。」按：漢書卷六武帝紀東夷薉君南閭等來降在元朔元年。今據補。

〔五〕貊穢　疑當作「穢貊」。按：本書卷一一〇匈奴列傳、漢書卷六武帝紀並作「穢貊」。

〔六〕鄭陽武縣　黃本、彭本、柯本、凌本「鄭」下有「州」字，通鑑卷七秦紀二始皇帝二十九年胡三省注引史記正義同。張文虎札記卷四：「疑當作『滎陽陽武縣』。」

〔七〕黃石公鬚眉皆白狀杖丹黎　殿本史記考證：「『狀』字疑衍，因下『杖』字而誤。」張文虎札記卷四：「『狀』字疑當在『鬚眉』上。」按：疑「狀」爲「杖」之衍誤。

〔八〕逐北　原作「遂北」。梁玉繩志疑卷二六：「『遂』乃『逐』字之譌。」按：漢書卷四〇張良傳作「逐北」。今據改。

〔九〕臣瓚按　凌本無「臣瓚」二字。

〔一〇〕上已封大功臣二十餘人　此上原有「六年」二字。梁玉繩志疑卷二六：「史詮曰：『重出「六年」二字，漢書削之，是。』」今據刪。

〔一一〕皆是依憑古語　「皆」，耿本、黃本、彭本、柯本、凌本、殿本作「蓋」。

〔一二〕建成侯吕澤劫留侯　「吕澤」，疑當作「吕釋之」。按：梁玉繩志疑卷二六：「史詮謂誤以釋之爲澤，是也。蓋建成侯名釋之，周吕侯名澤，此文之誤，因澤、釋字通，而又脱『之』字耳。通鑑考異云『澤』當是『釋之』，史詮所本。下『吕澤』同誤。」

〔三〕姓庚　黄本、彭本、柯本、凌本、殿本作「姓唐」，通鑑卷一二漢紀四高帝十一年「東園公」胡三省注引陳留志同。

〔四〕事已閉門也　「已閉門」三字原無。説文門部：「闋，事已閉門也。」今據補。

〔五〕列仙傳　耿本、黄本、彭本、柯本、凌本、殿本作「赤松子」。

史記卷五十六

陳丞相世家第二十六

陳丞相平者，陽武户牖鄉人也。〔一〕少時家貧，好讀書，有田三十畝，獨與兄伯居。伯常耕田，縱平使游學。平爲人長大美色〔二〕。人或謂陳平曰：「貧何食而肥若是？」其嫂嫉平之不視家生產，曰：「亦食糠覈耳。〔三〕有叔如此，不如無有。」伯聞之，逐其婦而弃之。

〔一〕集解徐廣曰：「陽武屬魏地。户牖，今爲東昏縣，屬陳留。」索隱徐廣云「陽武屬魏」，而地理志屬河南郡，蓋後陽武分屬梁國耳。徐又云「户牖，今爲東昏縣，屬陳留」，與漢書地理志同。按：是秦時户牖鄉屬陽武，至漢以户牖爲東昏縣，隸陳留郡也。正義陳留風俗傳云：「東昏縣，衞地，故陽武之户牖鄉也。」括地志云：「東昏故城在汴州陳留縣東北九十里。」

〔二〕集解徐廣曰：「覈音核。」駰案：孟康曰「麥糠中不破者也」。晉灼曰「覈音紇，京師謂麄屑爲紘頭」。

及平長，可娶妻，富人莫肯與者，貧者平亦恥之。久之，户牖富人有張負，【一】張負女孫五嫁而夫輒死，人莫敢娶。平欲得之。邑中有喪，平貧，侍喪，以先往後罷爲助。張負既見之喪所，獨視偉平，平亦以故後去。負隨平至其家，家乃負郭【二】窮巷，以獘席爲門，然門外多有長者車轍。【三】張負歸，謂其子仲曰：「吾欲以女孫予陳平。」張仲曰：「平貧不事事，一縣中盡笑其所爲，獨柰何予女乎？」負曰：「人固有好美如陳平而長貧賤者乎？」卒與女。爲平貧，乃假貸幣以聘，予酒肉之資以内婦。負誡其孫曰：「毋以貧故，事人不謹。事兄伯如事父，事嫂如母。」【四】平既娶張氏女，齎用益饒，游道日廣。

【一】索隱按：負是婦人老宿之稱，猶「武負」之類也。然此張負既稱富人，或恐是丈夫爾。

【二】索隱高誘注戰國策云「負背郭居也」。

【三】索隱一作「軌」。按：言長者所乘安車，與載運之車軌轍或别。

【四】集解兄伯已逐其婦，此嫂疑後娶也。

里中社，平爲宰，【一】分肉食甚均。父老曰：「善，陳孺子之爲宰！」平曰：「嗟乎，使平得宰天下，亦如是肉矣！」

【一】索隱其里名庫上里。知者，據蔡邕陳留東昏庫上里社碑云「惟斯庫里，古陽武之牖鄉。陳平由此社宰，遂相高祖也。

陳涉起而王陳，使周市略定魏地，立魏咎爲魏王，與秦軍相攻於臨濟。陳平固已前謝其兄伯，〔一〕從少年往事魏王咎於臨濟。魏王以爲太僕。說魏王不聽，人或讒之，陳平亡去。

〔一〕集解漢書音義曰：「謝語其兄往事魏。」

久之，項羽略地至河上，陳平往歸之，從入破秦，賜平爵卿。〔一〕項羽之東王彭城也，漢王還定三秦而東，殷王反楚。項羽乃以平爲信武君，將魏王咎客在楚者以往，擊降殷王而還。項王使項悍拜平爲都尉，賜金二十溢。居無何，漢王攻下殷〔二〕。項王怒，將誅定殷者將吏。陳平懼誅，乃封其金與印，使使歸項王，而平身閒行杖劍亡。渡河，船人見其美丈夫獨行，疑其亡將，要中當有金玉寶器，目之，欲殺平。平恐，乃解衣裸而佐刺船。船人知其無有，乃止。

〔一〕集解張晏曰：「禮秩如卿，不治事。」

平遂至修武降漢，〔一〕因魏無知求見漢王，〔二〕漢王召入。是時萬石君奮爲漢王中涓，【三】受平謁，入見平。平等七人俱進，賜食。王曰：「罷，就舍矣。」平曰：「臣爲事來，所言不可以過今日。」於是漢王與語而説之，問曰：「子之居楚何官？」曰：「爲都尉。」是日乃拜平爲都尉，使爲參乘，典護軍。諸將盡讙，【四】曰：「大王一日得楚之亡卒，未知其高下，而即與同載，反使監護軍長者〔三〕！」漢王聞之，愈益幸平。遂與東伐項王。至彭城，爲楚所敗。引而還，收散兵至滎陽，以平爲亞將，屬於韓王信，軍廣武。

【一】集解徐廣曰：「漢二年。」

【二】索隱漢書張敞與朱邑書云「陳平須魏倩而後進」，孟康云即無知也。

【三】集解徐廣曰：「亦曰涓人。」

【四】索隱讙，譁也，音懽，又音喧。漢書作「皆怨」。

絳侯、灌嬰等咸讒陳平曰：「平雖美丈夫，如冠玉耳，其中未必有也。【一】臣聞平居家時，盜其嫂；事魏不容，亡歸楚；歸楚不中，又亡歸漢。今日大王尊官之，令護軍。臣聞平受諸將金，金多者得善處，金少者得惡處。平，反覆亂臣也，願王察之。」漢王疑之，召讓魏無知。無知曰：「臣所言者，能也；陛下所問者，行也。今有尾生、孝己之行【二】而無益於勝負之數，陛下何暇用之乎？楚漢相距，臣進奇謀之士，顧其計誠足以利國家不耳。且盜嫂受金又何足疑乎？」漢王召讓平曰：「先生事魏不中，遂事楚而去〔四〕，今又從吾游，信者固多心乎？」平曰：「臣事魏王，魏王不能用臣説，故去，事項王。項王不能信人，其所任愛，非諸項即妻之昆弟，雖有奇士不能用，平乃去楚。聞漢王之能用人，故歸大王。臣躶身來，不受金無以爲資。誠臣計畫有可采者，願大王用之〔五〕；使無可用者，金具在，請封輸官，得請骸骨。」漢王乃謝，厚賜，拜爲護軍中尉，盡護諸將。諸將乃不敢復言。

【一】集解漢書音義曰：「飾冠以玉，光好外見，中非所有。」

【二】集解如淳曰：「孝己，高宗之子，有孝行。」

其後，楚急攻，絶漢甬道，圍漢王於滎陽城。久之，漢王患之，請割滎陽以西以和。項王不聽。漢王謂陳平曰：「天下紛紛，何時定乎？」陳平曰：「項王爲人，恭敬愛人，士之廉節好禮者多歸之。至於行功爵邑，重之，士亦以此不附。今大王慢而少禮，士廉節者不來；然大王能饒人以爵邑，士之頑鈍【一】嗜利無恥者亦多歸漢。誠各去其兩短，襲其兩長，天下指麾則定矣。然大王恣侮人，不能得廉節之士。顧楚有可亂者，彼項王骨鯁之臣亞父、鍾離眛、龍且、周殷之屬，不過數人耳。大王誠能出捐數萬斤金，行反閒，閒其君臣，以疑其心，項王爲人意忌信讒，必内相誅。漢因舉兵而攻之，破楚必矣。」漢王以爲然，乃出黄金四萬斤，與陳平，恣所爲，不問其出入。

【一】集解如淳曰：「猶無廉隅。」

陳平既多以金縱反間於楚軍，宣言諸將鍾離眛等爲項王將，功多矣，然而終不得裂地而王，欲與漢爲一，以滅項氏而分王其地。項羽果意不信鍾離眛等。項王既疑之，使使至漢。漢王爲太牢具，舉進。見楚使，即詳驚曰：「吾以爲亞父使，乃項王使！」復持去，更以惡草具【二】進楚使。楚使歸，具以報項王。項王果大疑亞父。亞父欲急攻下滎陽城，項王不信，不肯聽。亞父聞項王疑之，乃怒曰：「天下事大定矣，君王自爲之！願請骸骨歸！」歸未至彭城，疽發背而死。陳平乃夜出女子二千人滎陽城東門，楚因擊之，陳平乃與漢王從城西門夜出去。遂入關，收散兵復東。

【二】集解漢書音義曰：「草，粗也。」索隱戰國策云食馮煖以草具。如淳云「藁草麄惡之具也」。

其明年，淮陰侯破齊，自立爲齊王，使使言之漢王。漢王大怒而罵，陳平躡漢王。【一】漢王亦悟，乃厚遇齊使，使張子房卒立信爲齊王。封平以户牖鄉。用其奇計策，卒滅楚。常以護軍中尉從定燕王臧荼。

【一】集解漢書音義曰：「躡謂躡漢王足。」

漢六年，人有上書告楚王韓信反。高帝問諸將，諸將曰：「亟發兵阬豎子耳。」高帝默然。問陳平，平固辭謝，曰：「諸將云何？」上具告之。陳平曰：「人之上書言信反，有知之者乎？」曰：「未有。」曰：「信知之乎？」曰：「不知。」陳平曰：「陛下精兵孰與楚？」上曰：「不能過。」平曰：「陛下將用兵有能過韓信者乎？」上曰：「莫及也。」平曰：「今兵不如楚精，而將不能及，而舉兵攻之，是趣之戰也，竊爲陛下危之。」上曰：「爲之柰何？」平曰：「古者天子巡狩，會諸侯。南方有雲夢，陛下弟出僞游雲夢，【一】會諸侯於陳。陳，楚之西界，【二】信聞天子以好出游，其勢必無事而郊迎謁。謁，而陛下因禽之，此特一力士之事耳。」高帝以爲然，乃發使告諸侯會陳，「吾將南游雲夢」。上因隨以行。行未至陳，楚王信果郊迎道中。高帝豫具武士，見信至，即執縛之，載後車。信呼曰：「天下已定，我固當烹！」高帝顧謂信曰：「若毋聲！而反，明矣！」武士反接之。【三】遂會諸侯于陳，盡定楚地。還至雒陽，赦信以爲淮陰侯，而與功臣剖符定封。

【一】索隱蘇林云「弟，且也」。小顏云「但也」。

【二】正義陳，今陳州也。韓信都彭城，號楚王，故陳州爲楚西界也。

【三】集解漢書音義曰：「反縛兩手。」

於是與平剖符，世世勿絕，爲户牖侯。平辭曰：「此非臣之功也。」上曰：「吾用先生謀計，戰勝剋敵，非功而何？」平曰：「非魏無知，臣安得進？」上曰：「若子可謂不背本矣。」乃復賞魏無知。其明年，以護軍中尉從攻反者韓王信於代。卒至平城，爲匈奴所圍，七日不得食。高帝用陳平奇計，使單于閼氏，【一】圍以得開。高帝既出，其計祕，世莫得聞。【二】

【一】集解蘇林曰：「閼氏音焉支，如漢皇后。」

【二】集解桓譚新論：「或云：『陳平爲高帝解平城之圍，則言其事祕，世莫得而聞也。此以工妙踔善，故藏隱不傳焉。子能權知斯事否？』吾應之曰：『此策乃反薄陋拙惡，故隱而不泄。高帝見圍七日，而陳平往説閼氏，閼氏言於單于而出之，以是知其所用説之事矣。彼陳平必言漢有好麗美女，爲道其容貌天下無有，今困急，已馳使歸迎取，欲進與單于，單于見此人，必大好愛之；愛之，則閼氏日以遠疏，不如及其未到，令漢得脱去，去，亦不持女來矣。閼氏婦女，有妒媢之性，必憎惡而事去之。此説簡而要，及得其用，則欲使神怪，故隱匿不泄也。』劉子駿聞吾言，乃立稱善焉。」按：漢書音義應劭説此事大旨與桓論略同，不知是應全取桓論，或別有所聞乎？今觀桓論似本無説。

高帝南過曲逆，【一】上其城，望見其屋室甚大，曰：「壯哉縣！吾行天下，獨見洛陽與是耳。」顧問御史曰：「曲逆户口幾何？」對曰：「始秦時三萬餘户，閒者兵數起，多亡匿，今見五千户。」於是乃詔御史，更以陳平爲曲逆侯，盡食之，除前所食户牖。

【一】集解地理志縣屬中山也。索隱章帝醜其名，改云蒲陰也。

其後常以護軍中尉從攻陳豨及黥布。凡六出奇計，輒益邑，凡六益封。奇計或頗祕，世莫能聞也。

高帝從破布軍還，病創，徐行至長安。燕王盧綰反，上使樊噲以相國將兵攻之。既行，人有短惡噲者。高帝怒曰：「噲見吾病，乃冀我死也。」用陳平謀而召絳侯周勃受詔牀下，曰：「陳平亟馳傳載勃代噲將，平至軍中即斬噲頭！」二人既受詔，馳傳未至軍，行計之曰：「樊噲，帝之故人也，功多，且又乃呂后弟呂嬃之夫，有親且貴，帝以忿怒故，欲斬之，則恐後悔。寧囚而致上，上自誅之。」未至軍，爲壇，以節召樊噲。噲受詔，即反接載檻車，傳詣長安，而令絳侯勃代將，將兵定燕反縣。

平行聞高帝崩，平恐呂太后及呂嬃讒怒，乃馳傳先去。逢使者詔平與灌嬰屯於滎陽。平受詔，立復馳至宮，哭甚哀，因奏事喪前。呂太后哀之，曰：「君勞，出休矣。」平畏讒之就，因固請得宿衞中。太后乃以爲郎中令，曰：「傅教孝惠。」【一】是後呂嬃讒乃不得行。樊噲至，則赦復爵邑。

【一】集解如淳曰：「傅相之傅也〔六〕。」

孝惠帝六年，相國曹參卒，以安國侯王陵爲右丞相，【一】陳平爲左丞相。

【一】集解徐廣曰：「王陵以客從起豐，以廄將別守豐〔七〕，上東，因從，戰不利，奉孝惠、魯元出睢水中，封爲雍侯。高帝六年，定食安國〔八〕。二十一年卒，謚武侯。至玄孫，坐酎金，國除。」

王陵者，故沛人，始爲縣豪，高祖微時，兄事陵。陵少文，任氣，好直言。及高祖起沛，入至咸陽，陵亦自聚黨數千人，居南陽，不肯從沛公。及漢王之還攻項籍，陵乃以兵屬漢。項羽取陵母置軍中，陵使至，則東鄉坐陵母，欲以招陵。陵母既私送使者，泣曰：「爲老妾語陵，謹事漢王。漢王，長者也，無以老妾故，持二心。妾以死送使者。」遂伏劍而死。項王怒，烹陵母。陵卒從漢王定天下。以善雍齒，雍齒，高帝之仇，而陵本無意從高帝，以故晚封，爲安國侯。

安國侯既爲右丞相，二歲，孝惠帝崩。高后欲立諸呂爲王，問王陵，王陵曰：「不可。」問陳平，陳平曰：「可。」呂太后怒，乃詳遷陵爲帝太傅，實不用陵。陵怒，謝疾免，杜門竟不朝請，七年而卒。

陵之免丞相，呂太后乃徙平爲右丞相，以辟陽侯審食其爲左丞相。左丞相不治，常給事於中。【一】

【一】集解孟康曰：「不立治處，使止宮中也。」

食其亦沛人。漢王之敗彭城西，楚取太上皇、呂后爲質，食其以舍人侍呂后。其後從破項籍爲侯，幸於呂太后。及爲相，居中，百官皆因決事。

呂嬃常以前陳平爲高帝謀執樊噲，數讒曰：「陳平爲相非治事，日飲醇酒，戲婦女。」陳平聞，日益甚。呂太后聞之，私獨喜。面質呂嬃於陳平曰：「鄙語曰『兒婦人口不可用』，顧君與我何如耳。無畏呂嬃之讒也。」

呂太后立諸呂爲王，陳平僞聽之。及呂太后崩，平與太尉勃合謀，卒誅諸呂，立孝文皇帝，陳平本謀也。審食其免相。【二】

【二】集解徐廣曰：「審食其初以舍人起，侍呂后、孝惠帝於沛，又從在楚。封二十五年，文帝三年死，子平代。代二十二年，景帝三年，坐謀反，國除。一本云『食其免後三歲，爲淮南王所殺。文帝令其子平嗣侯。菑川王反，辟陽近菑川，平降之，國除』。」

孝文帝立，以爲太尉勃親以兵誅呂氏，功多；陳平欲讓勃尊位，乃謝病。孝文帝初立，怪平病，問之。平曰：「高祖時，勃功不如臣平。及誅諸呂，臣功亦不如勃。願以右丞相讓勃。」於是孝文帝乃以絳侯勃爲右丞相，位次第一；平徙爲左丞相，位次第二。賜平金千斤，益封三千户。

居頃之，孝文皇帝既益明習國家事，朝而問右丞相勃曰：「天下一歲決獄幾何？」勃謝曰：「不知。」問：「天下一歲錢穀出入幾何？」勃又謝不知，汗出沾背，愧不能對。於是上亦問左丞相平。平曰：「有主者。」上曰：「主者謂誰？」平曰：「陛下即問決獄，責廷尉；問錢穀，責治粟内史。」上曰：「苟各有主者，而君所主者何事也？」平謝曰：「主臣！【一】陛下不知其駑下，使待罪宰相。宰相者，上佐天子理陰陽，順四時，下育萬物之宜，外鎮撫四夷諸侯，内親附百姓，使卿大夫各得任其職焉。」孝文帝乃稱善。右丞相大慙，出而讓陳平曰：「君獨不素教我對！」陳平笑曰：「君居其位，不知其任邪？且陛下即問長安中盜賊數，【二】君欲彊對邪？」於是絳侯自知其能不如平遠矣。居頃之，絳侯謝病請免相，陳平專爲一丞相。

【一】集解張晏曰：「若今人謝曰『惶恐』也。馬融龍虎賦曰『勇怯見之，莫不主臣』。」孟康曰：「主臣，主羣臣也，若今言人主也。」韋昭曰：「言主臣道，不敢欺也。」索隱蘇林與孟康同，既古人所未了，故並存兩解。

【三】集解漢書音義曰：「頭數也。」

孝文帝二年，丞相陳平卒，謚爲獻侯。子共侯買代侯。二年卒，子簡侯恢代侯。二十三年卒，子何代侯。二十三年，何坐略人妻，弃市，國除。

始陳平曰：「我多陰謀，是道家之所禁。吾世即廢，亦已矣，終不能復起，以吾多陰禍也。」然其後曾孫陳掌以衞氏親貴戚，願得續封陳氏，然終不得。【一】

【一】集解徐廣曰：「陳掌者，衞青之子壻。」

太史公曰：陳丞相平少時，本好黄帝、老子之術。方其割肉俎上之時，其意固已遠矣。傾側擾攘楚魏之閒，卒歸高帝。常出奇計，救紛糾之難，振國家之患。及吕后時，事多故矣，然平竟自脱，定宗廟，以榮名終，稱賢相，豈不善始善終哉！非知謀孰能當此者乎？

【索隱述贊】曲逆窮巷，門多長者。宰肉先均，佐喪後罷。魏楚更用，腹心難假。弃印封金，刺船露躶。閒行歸漢，委質麾下。滎陽計全，平城圍解。推陵讓勃，裒多益寡。應變合權，克定宗社。

校勘記

〔一〕長大美色　「大」字原無。王念孫雜志史記第三：「當從漢書作『長大美色』。下文人謂陳平『何食而肥』，『肥』與『大』同義，若無『大』字，則與下文義不相屬。太平御覽飲食部引史記正作『長大美色』。」按：倪思班馬異同卷六引史記有「大」字。今據補。

〔二〕漢王攻下殷　「殷」下原有「王」字。王念孫雜志史記第三：「『殷』下『王』字，涉上文『殷王』而誤衍也。攻下殷者，謂攻下殷國，『殷』下不當有『王』字。下文『項王怒，將誅定殷者將吏』，亦但言『殷』，不言『殷王』也。太平御覽珍寶部引此無『王』字，漢書亦無。」今據删。

〔三〕反使監護軍長者　王念孫雜志史記第三：「『監護』下不當有『軍』字，此因上文『典護軍』而衍，漢書、漢紀皆無『軍』字。」

〔四〕先生事魏不中遂事楚而去　水澤利忠校補：「南化、楓、三、梅無『中』字。」

〔五〕願大王用之　「願」，原作「顧」。王念孫雜志史記第三：「『顧』當依漢書作『願』，草書之誤也。」按：倪思班馬異同卷六引史記作「願」。今據改。

〔六〕傅相之傅也　漢書卷四〇陳平傳顔師古注引如淳無「傅也」二字。

〔七〕王陵以客從起豐以廄將別守豐　疑文有脱誤。按：本書卷一八高祖功臣侯者年表云「（王陵）以客從起豐，以廄將別定東郡、南陽，從至霸上，入漢，守豐」，知王陵守豐當在高帝入關之後。

〔八〕六年定食安國 「六年」，原作「八年」。張文虎札記卷四：「表作『六年』，漢書同，此誤。」按：集解下云陵封「二十一年卒」，據本書卷一八高祖功臣侯者年表安國侯王陵高祖六年八月封，陵子哀侯忌高后八年嗣，高祖六年至高后七年正二十一年，知「八年」爲傳寫之誤。今據改。

史記卷五十七

絳侯周勃世家第二十七

絳侯周勃者，沛人也。其先卷人，【一】徙沛。勃以織薄曲爲生，【二】常爲人吹簫給喪事，【三】材官引彊。【四】

【一】集解徐廣曰：「卷縣在滎陽。」索隱韋昭云屬河南，地理志亦然。然則後置滎陽郡，而卷隸焉。音丘玄反，字林音丘權反。正義括地志云：「故卷城在鄭州原武縣西北七里。」釋例地名云：「卷縣所理垣雍城也。」

【二】集解蘇林曰：「薄，一名曲。月令曰『具曲植』。」索隱謂勃本以織蠶薄爲生業也。韋昭云「北方謂薄爲曲」。許慎注淮南云「曲，葦薄也」。郭璞注方言云「植，懸曲柱也」。音直吏反。

【三】集解如淳曰：「以樂喪家，若俳優。」瓚曰：「吹簫以樂喪賓，若樂人也。」索隱左傳「歌虞殯」，猶今挽歌類也。歌者或有簫管。

【四】集解漢書音義曰：「能引彊弓官，如今挽彊司馬也。」索隱晉灼云「申屠嘉爲材官蹶張」。

高祖之爲沛公初起，勃以中涓從攻胡陵，下方與。方與反，與戰，卻適。攻豐。擊秦軍碭東。還軍留及蕭。復攻碭，破之。下下邑，先登。賜爵五大夫。攻蒙、虞，【一】取之。擊章邯車騎，殿。【二】定魏地。攻爰戚、東緡，【三】以往至栗，【四】取之。攻齧桑，【五】先登。擊秦軍阿下，【六】破之。追至濮陽，下甄城。攻都關、【七】定陶，襲取宛朐，【八】得單父【九】令。夜襲取臨濟，攻張，【一〇】以前至卷，破之。擊李由軍雍丘下。攻開封，先至城下爲多。【一一】後章邯破殺項梁，沛公與項羽引兵東如碭。自初起沛還至碭一歲二月。【一二】楚懷王封沛公號安武侯〔一〕，爲碭郡長。沛公拜勃爲虎賁令，【一三】以令從沛公定魏地。攻東郡尉於城武，破之。擊王離軍，破之。攻長社，先登。攻潁陽、緱氏，【一四】絶河津。【一五】擊趙賁軍尸北。【一六】南攻南陽守齮，破武關、嶢關。破秦軍於藍田，至咸陽，滅秦。

【一】索隱二縣名。地理志屬梁國。

【二】集解服虔曰：「略得殿兵也。」如淳曰：「殿，不進也。」瓚曰：「在軍後曰殿。」孫檢曰：「一說上功曰最，下功曰殿，戰功曰多。周勃事中有此三品，與諸將俱計功則曰殿最，獨捷則曰多。多義見周禮。故此云『擊章邯車騎，殿』，又云『先至城下爲多』，又云『攻槐里、好畤，最』是也。」索隱孫檢說是。

【三】集解徐廣曰：「屬山陽。」索隱小顏音昏，非也。地理志山陽有東緡縣，音旻。然則户牖之爲東緡，音昏是。屬陳留者音昏，屬山陽者音旻也。正義緡，眉貧反。括地志云：「東緡故城，漢縣也，在兗州金鄉縣界。」

【四】正義括地志云屬沛郡也。

【五】索隱徐氏云在梁、彭城閒。

【六】索隱謂東阿之下也。

【七】索隱地理志縣名，屬山陽。

【八】正義冤劬二音，今曹州縣，在州西四十七里。

【九】正義善甫二音，宋州縣也。

【一〇】集解漢書音義曰：「攻壽張。」索隱地理志東郡壽良縣。光武改曰壽張。

【一一】集解文穎曰：「勃士卒至者多。」如淳曰：「周禮『戰功曰多』。」

【一二】索隱謂初起沛及還至碭，得一歲又更二月也。

【一三】集解徐廣曰：「一云『句盾令』。」索隱漢書云「襄賁令」。賁音肥。縣名，屬東海。徐廣又云「句盾令」，所見本各別也。

【一四】正義緱音勾。洛州縣。

【一五】正義即古平陰津，在洛州洛陽縣東北五十里。

【一六】索隱賁音肥。人姓名也。尸即尸鄉，今偃師也。北謂尸鄉之北。

項羽至，以沛公爲漢王。漢王賜勃爵爲威武侯。【一】從入漢中，拜爲將軍。還定三秦，至秦，賜食邑懷德。【二】攻槐里、好畤，【三】最。【四】擊趙賁、内史保於咸陽，最。北攻漆。【五】擊章平、姚卬軍。【六】西定汧。【七】還下郿、頻陽。【八】圍章邯廢丘。【九】破西丞。【一〇】擊盜巴軍〔二〕，破之。【一一】攻上邽。【一二】東守嶢關。轉擊項籍。攻曲逆，最。還守敖倉，追項籍。籍已死，因東定楚地泗川〔三〕、東海郡，凡得二十二縣。還守雒陽、櫟陽，賜與潁陰侯共食鍾離〔四〕。【一三】以將軍從高帝擊反者燕王臧荼，破之易下。【一四】所將卒當馳道【一五】爲多。賜爵列侯，剖符世世勿絕。食絳【一六】八千一百八十户，號絳侯。

【一】索隱或是封號，未必縣名也。
【二】正義括地志云：「懷德故城在同州朝邑縣西南四十三里。」
【三】索隱地理志二縣屬右扶風。
【四】集解如淳曰：「於將率之中功爲最。」
【五】索隱地理志漆縣在右扶風。正義今豳州新平縣〔五〕，古漆縣也。
【六】索隱卬音五郎反，平下將。
【七】正義口肩反。今隴州汧源縣，本漢汧縣地也。

【八】索隱 地理志郿屬右扶風，頻陽屬左馮翊也。 正義 郿音眉。括地志云：「郿縣故城在岐州郿縣東北十五里，頻陽故城在宜州土門縣南三里。」今土門縣併入同官縣，屬雍州，宜州廢也。

【九】索隱 地理志「槐里，周曰犬丘，懿王都之，秦更名廢丘，高祖三年更名槐里」。而此云槐里者，據後而書之。又云廢丘者，以章邯本都廢丘而亡，亦據舊書之。

【一〇】集解 徐廣曰：「天水有西縣。」 正義 括地志云：「西縣故城在秦州上邽縣西南九十里，本漢西縣地。」破西縣丞。

【一一】集解 如淳曰：「章邯將。」

【一二】正義 音圭。秦州縣也。

【一三】索隱 地理志縣名，屬九江，古鍾離子國。 正義 括地志云：「潁陰故城在陳州南頓縣西北。鍾離故城在濠州鍾離縣東北五里〔六〕。」

【一四】索隱 荼，如字讀。易，水名，因以爲縣，在涿郡。謂破荼軍於易水之下，言近水也。 正義 括地志云：「易縣故城在幽州歸義縣東南十五里，燕桓侯所徙都臨易是也。」

【一五】索隱 小顏以當高祖所行之道。或以馳道爲秦之馳道，故賈山傳云「秦爲馳道，東窮燕、齊」也。

【一六】正義 括地志云：「絳邑城，漢絳縣，在絳州曲沃縣南二里。或以爲秦之舊馳道也〔七〕。」

以將軍從高帝擊反韓王信於代，降下霍人。【一】以前至武泉，【二】擊胡騎，破之武泉北。轉攻韓信軍銅鞮，〔三〕破之。還，降太原六城。〔四〕擊韓信胡騎晉陽下，破之，下晉陽。後擊韓信軍於硰石，〔五〕破之，追北八十里。還攻樓煩〔六〕三城，因擊胡騎平城下，〔七〕所將卒當馳道爲多。勃遷爲太尉。

〔一〕索隱蕭該云：「左傳『以偪陽子歸，納諸霍人』，杜預云晉邑也。字或作『靃』。」正義霍音瑣，又音蘇寡反。顏師古云：「音山寡反。」按：「霍」字當作「葰」，地理志云葰人，縣，屬太原郡。括地志云：「葰人故城在代州繁畤縣界，漢葰人縣也。」按：樊噲列傳作「靃人」，其音亦同。

〔二〕集解徐廣曰：「屬雲中。」正義括地志云：「武泉故城在朔州北二百二十里。」

〔三〕正義括地志云：「銅鞮故城在潞州銅鞮縣東十五里，州西六十五里，在并州東南也。」

〔四〕正義并州縣。從銅鞮還并，降六城也。

〔五〕集解應劭曰：「硰音沙。或曰地名。」索隱晉灼音赤座反。正義按：在樓煩縣西北。

〔六〕正義地理志云在鴈門郡，括地志云在并州崞縣界〔八〕。

〔七〕正義地理志云在鴈門郡。括地志云：「朔州定襄，本漢平城縣。」

擊陳豨，屠馬邑。所將卒斬豨將軍乘馬絺。〔一〕擊韓信、陳豨、趙利軍於樓煩，破之。得豨將宋最、鴈門守圂。〔二〕因轉攻得雲中守遬、〔三〕丞相箕肆、將勳。〔四〕定鴈門郡十七縣，雲中郡十二縣。因復擊豨靈丘，【五】破之，斬豨，得豨丞相程縱、將軍陳武、都尉高肆。定代郡九縣。

【一】集解徐廣曰：「姓乘馬。」索隱絺，名也。乘音始證反。

【二】索隱圂，守之名，音胡困反。

【三】索隱音速。正義括地志云：「雲中故城在勝州榆林縣東北四十里，秦雲中郡。」

【四】集解徐廣曰：「箕，一作『薁』。勳，一作『專』，一作『轉』。」索隱劉氏肆音如字，包愷音以四反。漢書「勳」亦作「博」字，並誤耳。

【五】索隱地理志縣名，屬代郡。正義括地志云：「靈丘故城在蔚州靈丘縣東十里，漢縣也。」

燕王盧綰反，勃以相國代樊噲將，擊下薊，得綰大將抵、丞相偃、守陘、【一】太尉弱、御史大夫施，屠渾都。【二】破綰軍上蘭，【三】復擊破綰軍沮陽。【四】追至長城，【五】定上谷十二縣，右北平十六縣，遼西、遼東二十九縣，漁陽二十二縣。最從高帝【六】得相國一人，丞相二人，將軍、二千石各三人；別破軍二，下城三，定郡五，縣七十九，得丞相、大將各一人。

【一】集解張晏曰：「盧綰郡守，陘其名。」

【二】集解徐廣曰：「在上谷。」索隱施，名也。屠，滅之也。地理志渾都縣屬上谷。一云，御史大夫姓施屠，名渾都。正義括地志云：「幽州昌平縣，本漢渾都縣。」

【三】正義括地志云「嬀州懷戎縣東北有馬蘭谿水」，恐是也。

【四】集解徐廣曰：「在上谷。」駰案：服虔曰沮音阻。索隱按：地理志沮陽縣屬上谷。正義括地志云：「上谷郡故城在嬀州懷戎縣東北百二十里〔九〕。燕上谷，秦因不改，漢爲沮陽縣。」

【五】正義即馬邑長城，亦名燕長城，在嬀州北，今是。

【六】索隱最，都凡也。謂總舉其從高祖攻戰克獲之數也。

勃爲人木彊敦厚，高帝以爲可屬大事。勃不好文學，每召諸生說士，東鄉坐而責之：【一】「趣爲我語。」其椎少文如此。【二】

【一】集解如淳曰：「勃自東鄉坐，責諸生說士，不以賓主之禮。」

【二】集解瓚曰：「今直言，勿稱經書也。」韋昭曰：「椎不橈曲，直至如椎。」索隱大顏云：「俗謂愚爲鈍椎，音直追反。」今按：椎如字讀之。謂勃召說士東向而坐，責之云「趣爲我語」，其質樸之性，以斯推之，其少文皆如此。

勃既定燕而歸，高祖已崩矣，以列侯事孝惠帝。孝惠帝六年，置太尉官，【一】以勃爲太尉。十歲，高后崩。呂祿以趙王爲漢上將軍，呂產以呂王爲漢相國，秉漢權，欲危劉氏。

勃爲太尉，不得入軍門。陳平爲丞相，不得任事。於是勃與平謀，卒誅諸吕而立孝文皇帝。其語在吕后、孝文事中。

【一】集解徐廣曰：「功臣表及將相表皆高后四年始置太尉。」正義下云「以勃爲太尉。十歲，高后崩」。按：孝惠六年高后八年崩【一〇】，是十年耳。而功臣表及將相表云高后四年置太尉官，未詳。

文帝既立，以勃爲右丞相，賜金五千斤，食邑萬户。居月餘，人或説勃曰：「君既誅諸吕，立代王，威震天下，而君受厚賞，處尊位，以寵，久之即禍及身矣。」勃懼，亦自危，乃謝請歸相印。上許之。歲餘，丞相平卒，上復以勃爲丞相。十餘月，上曰：「前日吾詔列侯就國，或未能行，丞相吾所重，其率先之。」乃免相就國。

歲餘，每河東守尉行縣至絳，絳侯勃自畏恐誅，常被甲、令家人持兵以見之。其後人有上書告勃欲反，【一】下廷尉。廷尉下其事長安，逮捕勃治之。勃恐，不知置辭。吏稍侵辱之。勃以千金與獄吏，獄吏乃書牘背示之，【二】曰「以公主爲證」。公主者，孝文帝女也，勃太子勝之尚之，【三】故獄吏教引爲證。勃之益封受賜，盡以予薄昭。及繫急，薄昭爲言薄太后，太后亦以爲無反事。文帝朝，太后以冒絮提文帝，【四】曰：「絳侯綰皇帝璽，【五】將兵於北軍，不以此時反，今居一小縣，顧欲反邪！」文帝既見絳侯獄辭，乃謝曰：「吏方驗而出之〔一二〕。」於是使使持節赦絳侯，復爵邑。絳侯既出，曰：「吾嘗將百萬軍，然安知獄吏之貴乎！」

【一】集解徐廣曰：「文帝四年時。」

【二】集解李奇曰：「吏所執簿。」韋昭曰：「牘，版。」　索隱簿即牘也。故魏志「秦宓以簿擊頰〔一三〕」，則亦簡牘之類也。

【三】集解韋昭曰：「尚，奉也。不敢言娶。」

【四】集解徐廣曰：「提音弟。」駰案：應劭曰「陌額絮也」。如淳曰「太后恚怒，遭得左右物提之也」。晉灼曰「巴蜀異物志謂頭上巾爲冒絮」。　索隱服虔云「綸絮也。提音弟，又音啼」，非也。蕭該音底。提者，擲也，蕭音爲得。恚者，嗔也。遭者，逢也。謂太后嗔，乃逢冒絮，因以提帝。陌音「蠻貊」之「貊」〔一四〕。方言云「幧巾，南楚之閒云『陌額』」也。

【五】集解應劭曰：「言勃誅諸吕，廢少帝，手貫璽時尚不反，況今更有異乎？」

絳侯復就國。孝文帝十一年卒，謚爲武侯。子勝之代侯。六歲，尚公主，不相中，【一】坐殺人，國除。絶一歲，文帝乃擇絳侯勃子賢者河內守亞夫，封爲條侯，【二】續絳侯後。

【一】集解如淳曰：「猶言不相合當。」

【二】集解徐廣曰：「表皆作『脩』字。」駰案：服虔曰「脩音條」。　索隱地理志條縣屬渤海郡。【正義】括地志云：「故蓨城俗名南條城，在德州蓨縣南十二里，漢縣。」

條侯亞夫自未侯爲河內守時，許負相之，【一】曰：「君後三歲而侯。侯八歲爲將相，持國秉，【二】貴重矣，於人臣無兩。其後九歲而君餓死。」亞夫笑曰：「臣之兄已代父侯矣，有如卒，子當代，亞夫何説侯乎？然既已貴如負言，又何説餓死？指示我。」許負指其口曰：「有從理入口，【三】此餓死法也。」居三歲，其兄絳侯勝之有罪，孝文帝擇絳侯子賢者，皆推亞夫，乃封亞夫爲條侯，續絳侯後。

【一】【索隱】應劭云：「負，河內溫人，老嫗也。」姚氏按：楚漢春秋高祖封負爲鳴雌亭侯，是知婦人亦有封邑。

【二】【索隱】音柄。

【三】【索隱】從音子容反。從理，橫理。

文帝之後六年，匈奴大入邊。乃以宗正劉禮爲將軍，軍霸上；【一】祝茲侯徐厲爲將軍，軍棘門；【二】以河內守亞夫爲將軍，軍細柳：【三】以備胡。上自勞軍。至霸上及棘門軍，直馳入，將以下騎送迎。已而之細柳軍，軍士吏被甲，鋭兵刃，彀弓弩，持滿。【四】天子先驅至，不得入。先驅曰：「天子且至！」軍門都尉曰：「將軍令曰『軍中聞將軍令，不聞天子之詔』。」〔五〕居無何，上至，又不得入。於是上乃使使持節詔將軍：「吾欲入勞軍。」亞夫乃傳言開壁門。壁門士吏謂從屬車騎曰：「將軍約，軍中不得驅馳。」於是天子乃按轡徐行。至營，將軍亞夫持兵揖曰：「介胄之士不拜，請以軍禮見。」〔六〕天子爲動，改容式車。〔七〕使人稱謝：「皇帝敬勞將軍。」成禮而去。既出軍門，羣臣皆驚。文帝曰：「嗟乎，此真將軍矣！曩者霸上、棘門軍，若兒戲耳，其將固可襲而虜也。至於亞夫，可得而犯邪！」稱善者久之。月餘，三軍皆罷。乃拜亞夫爲中尉。〔八〕

〔一〕正義廟記云：「霸陵即霸上。」按：霸陵城在雍州萬年縣東北二十五里。

〔二〕正義孟康云：「秦時宮也。」括地志云：「棘門在渭北十餘里，秦王門名也。」

〔三〕正義括地志云：「細柳倉在雍州咸陽縣西南二十里也。」

〔四〕索隱彀者，張也。

〔五〕索隱六韜云：「軍中之事，不聞君命。」

〔六〕集解應劭曰：「禮『介者不拜』。」索隱應劭云：「左傳『晉郤克三肅使者而退〔一四〕』，杜預注『肅，若今撎』。鄭衆注周禮『肅拜』云『但俯下手，今時撎是』。」

〔七〕索隱軾者，車前橫木。若上有敬，則俯身而憑之。

〔八〕正義漢書百官表云：「中尉，秦官，掌徼巡京師。武帝太初元年更名執金吾。」應劭云：「吾者，禦也。掌執金吾以禦非常〔一五〕。」顏師古云：「金吾，鳥名，主辟不祥。天子出行，職主先導，以備非常，故執此鳥之象，因以名官也。」

孝文且崩時，誡太子曰：「即有緩急，周亞夫真可任將兵。」文帝崩，拜亞夫爲車騎將軍。

孝景三年，吴楚反。亞夫以中尉爲太尉，〔一〕東擊吴楚。因自請上曰：「楚兵剽輕，〔二〕難與爭鋒。願以梁委之，〔三〕絶其糧道，乃可制。」上許之。

〔一〕正義 漢書百官表云：「太尉，秦官，掌武事〔一六〕。元狩四年置大將軍大司馬〔一七〕。」即今十二衞大將軍及兵部尚書也。

〔二〕索隱 漢書亞夫至淮陽，問鄧都尉，爲畫此計，亞夫從之。今此云「自請」者，蓋此亦聞疑而傳疑，漢史得其實也。剽音疋妙反。輕讀從去聲。

〔三〕索隱 謂以梁委之於吴，使吴兵不得過也。亦有作餧音，亦通。

太尉既會兵滎陽，吴方攻梁，梁急，請救。太尉引兵東北走昌邑，深壁而守。梁日使使請太尉，太尉守便宜，不肯往。梁上書言景帝，景帝使使詔救梁。太尉不奉詔，堅壁不出，而使輕騎兵弓高侯等【一】絶吴楚兵後食道。吴兵乏糧，飢，數欲挑戰，終不出。夜，軍中驚，内相攻擊擾亂，至於太尉帳下。太尉終卧不起。頃之，復定。後吴奔壁東南陬，【二】太尉使備西北。已而其精兵果奔西北，不得入。吴兵既餓，乃引而去。太尉出精兵追擊，大破之。吴王濞弃其軍，而與壯士數千人亡走，保於江南丹徒。【三】漢兵因乘勝，遂盡虜之，降其兵，購吴王千金。月餘，越人斬吴王頭以告。【四】凡相攻守三月，而吴楚破平。於是諸將乃以太尉計謀爲是。由此梁孝王與太尉有郤。

【一】索隱韓積當也。正義弓高，滄州縣也。

【二】集解如淳曰：「陬，隅也。」索隱音子侯反〔一八〕。

【三】索隱地理志縣屬會稽。正義括地志云：「丹徒故城在潤州丹徒縣東南十八里，漢丹徒縣也。晉太康地志云『吴王濞反，走丹徒，越人殺之於此城南』。徐州記云『秦使赭衣鑿其地，因謂之丹徒。鑿處今在故縣西北六里。丹徒峴東南連亘，盤紆屈曲，有象龍形，故秦鑿絶頸〔一九〕，闊百餘步，又夾阬龍首，以毁其形。阬之所在，即今龍、月二湖，悉成田也』。」

【四】正義越人即丹徒人。越滅吴，丹徒地屬楚。秦滅楚後，置三十六郡，丹徒縣屬會稽郡，故以丹徒爲越人也。

歸，復置太尉官。五歲，遷爲丞相，景帝甚重之。景帝廢栗太子，丞相固爭之，不得。

景帝由此疏之。而梁孝王每朝，常與太后言條侯之短。竇太后曰：「皇后兄王信可侯也。」景帝讓曰：「始南皮、章武侯【一】先帝不侯，及臣即位乃侯之。信未得封也。」竇太后曰：「人主各以時行耳〔二〇〕。【二】自竇長君在時，竟不得侯，死後乃其子彭祖顧得侯〔二一〕。【三】吾甚恨之。帝趣侯信也！」景帝曰：「請得與丞相議之。」丞相議之，亞夫曰：「高皇帝約『非劉氏不得王，非有功不得侯。不如約，天下共擊之』。今信雖皇后兄，無功，侯之，非約也。」景帝默然而止。

【一】集解瓚曰：「南皮，竇彭祖，太后兄子。章武侯，太后弟廣國。」

【二】索隱謂人主各當其時而行事，不必一一相法也。正義人主作「人生」。

【三】索隱許慎注淮南子云：「顧，反也。」

其後匈奴王徐盧等五人降〔二二〕，景帝欲侯之以勸後。丞相亞夫曰：「彼背其主降陛下，陛下侯之，則何以責人臣不守節者乎？」景帝曰：「丞相議不可用。」乃悉封徐盧等爲列侯。【一】亞夫因謝病。景帝中三年，以病免相。

【一】索隱功臣表唯徐盧封容城侯。

頃之，景帝居禁中，召條侯，賜食。獨置大胾，【一】無切肉，又不置櫡。條侯心不平，顧謂尚席取櫡。【二】景帝視而笑曰：「此不足君所乎？」【三】條侯免冠謝。上起，條侯因趨出。景帝以目送之，曰：「此怏怏者非少主臣也！」

【一】集解韋昭曰：「胾，大臠也。音側吏反。」索隱臠音李轉反。謂肉臠也。

【二】集解應劭曰：「尚席，主席者。」索隱顧氏按輿服雜事云「六尚，尚席，掌武帳帷幔也」。櫡音筯。漢書作「箸」。箸者，食所用也。留侯云「借前箸以籌之」。禮曰「羹之有菜者用梜」。梜亦箸之類，故鄭玄云「今人謂箸爲梜」是也。

【三】集解孟康曰：「設胾無筯者，此非不足滿於君所乎？嫌恨之。」如淳曰：「非故不足君之食具也，偶失之。」索隱言不設箸者，此蓋非我意，於君有不足乎？故如淳云「非故不足君之食具，偶失之耳」。蓋當然也，所以帝視而笑也。若本不爲足，當別有辭，未必爲之笑也。孟康、晉灼雖探古人之情，亦未必能得其實。顧氏亦同孟氏之說，又引魏武賜荀彧虛器，各記異說也。

居無何，條侯子爲父買工官尚方【一】甲楯五百被【二】可以葬者。取庸苦之，不予錢。庸知其盜買縣官器，【三】怒而上變告子，事連汙條侯。【四】書既聞上，上下吏。吏簿責條侯，【五】條侯不對。景帝罵之曰：「吾不用也。」【六】召詣廷尉。【七】廷尉責曰：「君侯欲反邪？」亞夫曰：「臣所買器，乃葬器也，何謂反邪？」吏曰：「君侯縱不反地上，即欲反地下耳。」吏侵之益急。初，吏捕條侯，條侯欲自殺，夫人止之，以故不得死，遂入廷尉。因不食五日，嘔血而死。國除。

【一】集解徐廣曰：「一作『西』。」索隱工官即尚方之工，所作物屬尚方，故云工官尚方。

【二】集解徐廣曰：「音披。」駰案：如淳曰「工官，官名也」。張晏曰「被，具也。五百具甲楯」。

【三】索隱縣官謂天子也。所以謂國家爲縣官者，夏家王畿內縣即國都也〔一三〕。王者官天下，故曰縣官也。

【四】索隱汙音烏故反。

【五】集解如淳曰：「簿問責其情。」

【六】集解孟康曰：「不用汝對，欲殺之也。」如淳曰：「恐獄吏畏其復用事，不敢折辱。」索隱孟康、如淳已備兩解，大顏以孟説爲得。而姚察又別一解，云「帝責此吏不得亞夫直辭，以爲不足任用，故召亞夫別詣廷尉，使責問」。

【七】正義景帝見條侯不對簿，因責罵之曰：「吾不任用汝也。」故召詣廷尉，使重推劾耳。餘説皆非也。

絶一歲，景帝乃更封絳侯勃他子堅爲平曲侯，續絳侯後。十九年卒，謚爲共侯。子建德代侯，十三年，爲太子太傅。坐酎金不善，元鼎五年，有罪，國除。【一】

【一】集解徐廣曰：「諸列侯坐酎金失侯者，皆在元鼎五年，但此辭句如有顛倒。」索隱既云「坐酎金不善」，復云「元鼎五年有罪國除」，似重有罪，故云顛倒。而漢書云「爲太子太傅，坐酎金免官。後有罪，國除」，其文又錯也。按：表坐免官，至元鼎五年坐酎金又失侯，所以二史記之各有不同也。

條侯果餓死。死後，景帝乃封王信爲蓋侯。

太史公曰：絳侯周勃始爲布衣時，鄙樸人也，才能不過凡庸。及從高祖定天下，在將相位，諸吕欲作亂，勃匡國家難，復之乎正。雖伊尹、周公，何以加哉！亞夫之用兵，持威重，執堅刃，穰苴曷有加焉！足己而不學，【一】守節不遜，【二】終以窮困。悲夫！

【一】索隱亞夫自以己之智謀足，而不虚己學古人〔三四〕，所以不體權變，而動有違忤。

【二】索隱守節謂爭栗太子，不封王信、徐盧等；不遜謂顧尚席取箸，不對制獄是也。

【索隱述贊】絳侯佐漢，質厚敦篤。始擊碭東，亦圍尸北。所攻必取，所討咸克。陳豨伏誅，臧荼破國。事居送往，推功伏德。列侯還第〔三五〕，太尉下獄。繼相條侯，紹封平曲。惜哉賢將，父子代辱！

校勘記

〔一〕安武侯　疑當作「武安侯」。按：凌稚隆史記評林：「一本作『武安』。」本書卷七項羽本紀、卷八高祖本紀、卷一六秦楚之際月表皆作「武安侯」，漢書卷一上高帝紀上、卷四〇周勃傳同。

〔二〕擊盜巴軍　「盜巴」，漢書卷四〇周勃傳作「益已」。

〔三〕泗川　本書卷一八高祖功臣侯者年表、漢書卷一六高惠高后文功臣表作「泗水」。按：疑「泗川」、「泗水」皆「四川」之譌。陝西西安市北郊出土秦代封泥有「四川太守」、「四川守尉」、「四川水丞」，參見周曉陸秦封泥所見安徽史料考。

〔四〕潁陰侯　原作「潁陽侯」。張文虎札記卷四：「志疑云：『潁陰』之譌，灌嬰也。案：正義作『潁陰』不誤。凌引一本作『陰』。」按：漢書卷四〇周勃傳云「賜與潁陰侯共食鍾離」。本書卷一八高祖功臣侯者年表灌嬰封潁陰侯，卷九五樊酈滕灌列傳云「定令嬰食潁陰五千户」。今據改。

〔五〕豳州　原作「幽州」，據殿本改。按：本書卷四周本紀「國於豳」正義引括地志：「豳州新平縣，即漢漆縣，詩豳國，公劉所邑之地也。」

〔六〕鍾離縣東北五里　「東北」，本書卷三三魯周公世家「始與吴王壽夢會鍾離」正義引括地志作「東」，後漢書卷五〇孝明八王傳「鍾離」李賢注同。

〔七〕或以爲秦之舊馳道也　此九字疑爲上文索隱「或以馳道爲秦之馳道」之譌衍。

〔八〕括地志云在并州崞縣界　「并州」，疑當作「代州」。按：後漢書卷二二杜茂傳李賢注：「樓煩，縣名，屬鴈門郡，故城在今代州崞縣東北。」本書卷四三趙世家「趙衰爲原大夫」正義引括地志亦云崞縣在代州。

〔九〕百二十里　黄本、柯本、殿本作「百一十里」，通鑑卷六秦紀一始皇帝十九年胡三省注引括地志同。

〔一〇〕孝惠六年高后八年崩　張文虎札記卷四：「『六年』下疑脱『至』字。」按：此謂周勃孝惠六年復爲太尉，至高后八年吕太后崩，歷時凡十年。

〔一一〕吏方驗而出之　「吏」下原有「事」字。王念孫雜志史記第三：「此當作『吏方驗而出之』，不當有『事』字。蓋古文『事』字作『叓』，與『吏』相似，故『吏』誤爲『事』。今本作『吏事』者，一本作『吏』，一本作『事』，而後人誤合之耳。漢書周勃傳無『事』字。」今據删。

〔一二〕魏志秦宓以簿擊頰　「魏志」，疑當作「蜀志」。按：三國志卷三八蜀書八秦宓傳：「宓以簿擊頰。」

〔一三〕陌音蠻貊之貊　此下黄本、彭本、柯本、凌本、殿本有「入聲」二字。

〔一四〕郤克　疑當作「郤至」。按：左傳成公十六年云郤至「三肅使者而退」。

〔一五〕金吾　漢書卷一九上百官公卿表上顔師古注引應劭作「金革」，疑是。

〔一六〕掌武事　「事」字原無，據漢書卷一九上百官公卿表上補。

〔一七〕元狩四年置大將軍大司馬　「大將軍」三字疑衍。按：漢書卷一九上百官公卿表上：「元狩四年，初置大司馬，以冠將軍之號。」本書卷一一一衞將軍驃騎列傳：「乃益置大司馬位，大將軍、驃騎將軍皆爲大司馬。」

〔一八〕子侯反　黄本、彭本、柯本、凌本、殿本此上有「音鄒又」三字。按：本書卷二六曆書「孟陬殄滅」索隱：「陬音鄒，又作侯反。」漢書卷四〇周勃傳「吴奔壁東南陬」顔師古注：「音子侯反，又音鄒。」

〔一九〕絶頸　原作「絶頂」，據黄本改。

〔二〇〕人主各以時行耳　「主」，景祐本、紹興本作「生」，漢書卷四〇周勃傳同。

〔二一〕乃其子彭祖顧得侯　「乃」下原有「封」字，據漢書卷四〇周勃傳删。按：「封」與下「侯」字義複。

〔二二〕徐盧　梁玉繩志疑卷二六：「此人姓唯徐，名盧，似脱『唯』字。」按：梁説不確。漢書卷四〇周勃傳亦作「徐盧」，顔師古注：「功臣表云唯徐盧。」漢書卷一七景武昭宣元成功臣表「故至孝景始欲侯降者，丞相周亞夫守約而爭」顔師古注：「景帝欲封匈奴降者徐盧等，而亞夫爭之，以爲不可。」世家贊「守節不遜」索隱：「守節謂爭栗太子，不封王信、徐盧等。」

〔二三〕夏家　殿本作「夏官」，凌本作「夏者」。張文虎札記卷四：「此二字疑即上文『官者』二字之誤衍。」

〔二四〕而不虛己學古人　「不」字原在「己」下。張文虎札記卷四：「『不』字疑當在『而』下。」按：「不」在「己」下，則句中前後文義相悖。今據乙。

〔二五〕列侯還第　「還」，黄本、彭本、柯本、凌本、殿本作「就」。

史記卷五十八

梁孝王世家第二十八

梁孝王武者，孝文皇帝子也，而與孝景帝同母。母，竇太后也。

孝文帝凡四男：長子曰太子，是爲孝景帝；次子武；次子參；次子勝。【一】孝文帝即位二年，以武爲代王，【二】以參爲太原王，【三】以勝爲梁王。【四】二歲，徙代王爲淮陽王。【五】以代盡與太原王，號曰代王。參立十七年，孝文後二年卒，謚爲孝王。子登嗣立，是爲代共王。立二十九年，元光二年卒。子義立，是爲代王。十九年，漢廣關，以常山爲限，而徙代王王清河。【六】清河王徙以元鼎三年也。

【一】正義漢書「勝」作「揖」。又云「諸姬生代孝王參、梁懷王揖」。言諸姬者，衆妾卑賤，史不書姓，故云諸姬也。

【二】集解徐廣曰：「都中都。」正義括地志云：「中都故城在汾州平遥縣西十二里〔一〕。」

【三】集解徐廣曰：「都晉陽。」正義括地志云：「并州太原地名大明城，即古晉陽城。智伯與韓魏攻趙襄子於晉陽，即此城是也。」

【四】集解徐廣曰：「都睢陽。」索隱漢書梁王名揖，蓋是矣。按：景帝子中山靖王名勝，是史記誤耳。正義括地志云：「宋州宋城縣在州南二里外城中，本漢之睢陽縣也。漢文帝封子武於大梁，以其卑溼，徙睢陽，故改曰梁也。」

【五】集解徐廣曰：「都陳。」正義即古陳國城也。

【六】集解徐廣曰：「都清陽。」正義括地志云：「清陽故城在貝州清陽縣西北八里也。」

初，武爲淮陽王十年，而梁王勝卒，謚爲梁懷王。懷王最少子，愛幸異於他子。其明年，徙淮陽王武爲梁王。梁王之初王梁，孝文帝之十二年也。梁王自初王通歷已十一年矣。【一】

【一】索隱謂自文帝二年初封代，後徙淮陽，又徙梁，通數文帝二年至十二年徙梁爲十一年也。

梁王十四年，入朝。十七年，十八年，比年入朝，留，其明年，乃之國。二十一年，入朝。二十二年，孝文帝崩。二十四年，入朝。二十五年，復入朝。是時上未置太子也。上與梁王燕飲，嘗從容言曰：「千秋萬歲後傳於王。」王辭謝。雖知非至言，然心内喜。太后亦然。

其春，吴楚齊趙七國反。吴楚先擊梁棘壁，【一】殺數萬人。梁孝王城守睢陽，而使韓安國、張羽等爲大將軍〔二〕，以距吴楚。吴楚以梁爲限，不敢過而西，與太尉亞夫等相距三月。吴楚破，而梁所破殺虜略與漢中分。【二】明年，漢立太子。其後梁最親，有功，又爲大國，居天下膏腴地。地北界泰山，西至高陽，【三】四十餘城，皆多大縣。

【一】集解文穎曰：「地名。」索隱按：左傳宣公二年，宋華元戰于大棘。杜預云在襄邑東南〔三〕，蓋即棘壁是也。正義括地志云：「大棘故城在宋州寧陵縣西南七十里。」

【二】集解漢書音義曰：「梁所虜吴楚之捷，略與漢等。」

【三】集解徐廣曰：「在陳留圉縣。」駰案：司馬彪曰「圉有高陽亭」也。索隱圉縣屬陳留。高陽，鄉名也。注引司馬彪者，出續漢書郡國志也。

孝王，竇太后少子也，愛之，賞賜不可勝道。於是孝王築東苑，【一】方三百餘里。【二】廣睢陽城七十里。【三】大治宫室，爲複道，自宫連屬於平臺三十餘里。【四】得賜天子旌旗，出從千乘萬騎。【五】東西馳獵，擬於天子。出言趕，入言警。【六】招延四方豪桀，自山以東游説之士莫不畢至。齊人羊勝、公孫詭、鄒陽之屬。公孫詭多奇邪計，【七】初見王，賜千金，官至中尉，梁號之曰公孫將軍。梁多作兵器弩弓矛數十萬〔四〕，而府庫金錢且百巨萬，【八】珠玉寶器多於京師。

【一】索隱築謂建也。白虎通云：「苑所以東者何？蓋以東方生物故也。」

【二】索隱蓋言其奢，非實辭。或者梁國封域之方。正義括地志云：「兔園在宋州宋城縣東南十里。葛洪西京雜記云『梁孝王苑中有落猨巖、栖龍岫、鴈池、鶴洲、鳧島〔五〕。諸宮觀相連，奇果佳樹，瑰禽異獸，靡不畢備』。俗人言梁孝王竹園也。」

【三】索隱蘇林云：「廣其徑也。」太康地理記云：「城方十三里，梁孝王築之。鼓倡節杵而後下和之者，稱睢陽曲。今踵以爲故，所以樂家有睢陽曲，蓋采其遺音也。」

【四】集解徐廣曰：「睢陽有平臺里。」駰案：如淳曰「在梁東北，離宮所在也」。晉灼曰「或說在城中東北角」。索隱如淳云「在梁東北，離宮所在」者，按今城東二十里臨新河，有故臺址，不甚高，俗云平臺，又一名脩竹苑。西京雜記云「有落猿巖、鳧洲、鴈渚〔六〕，連亘七十餘里」是也。

【五】索隱漢官儀曰：「天子法駕三十六乘，大駕八十一乘，皆備千乘萬騎而出也。」

【六】索隱漢舊儀云：「皇帝輦動稱警，出殿則傳蹕，止人清道。」言出入者，互文耳，入亦有蹕。

【七】索隱周禮有「奇衺之人」，鄭玄云「奇衺，譎怪非常」也。奇音紀宜反，邪音斜也。

【八】索隱如淳云：「巨亦大，與大百萬同也。」韋昭云：「大百萬，今萬萬。」

二十九年十月，梁孝王入朝。景帝使使持節乘輿駟馬，迎梁王於關下。【一】既朝，上疏，因留。以太后親故，王入則侍景帝同輦，出則同車游獵，射禽獸上林中。梁之侍中、郎、謁者著籍引出入【三】天子殿門，與漢宦官無異。

【二】集解鄧展曰：「但將駟馬往。」瓚曰：「稱乘輿駟馬，則車馬皆往，言不駕六馬耳。天子副車駕駟馬。」

【三】正義著，竹略反。籍謂名簿也，若今通引出入門也。

十一月，上廢栗太子，竇太后心欲以孝王爲後嗣。大臣及袁盎等有所關說於景帝，【一】竇太后義格，【二】亦遂不復言以梁王爲嗣事由此。以事祕，世莫知。乃辭歸國。

【一】索隱袁盎云「漢家法周道立子」，是有所關涉之說於帝也。一云關者，隔也。引事而關隔，其說不得行也。

【二】集解如淳曰：「攱閣不得下〔七〕。」索隱張晏云「格，止也」。服虔云「格謂格閣不行」。蘇林音閣。周成雜字「攱閣也」。通俗文云「高置立攱棚云攱閣」。字林音紀，又音詭也。

其夏四月，上立膠東王爲太子。梁王怨袁盎及議臣，乃與羊勝、公孫詭之屬陰使人刺殺袁盎及他議臣十餘人〔八〕。逐其賊，未得也。於是天子意梁王，【一】逐賊，果梁使之。乃遣使冠蓋相望於道，覆按梁，捕公孫詭、羊勝。公孫詭、羊勝匿王後宮。使者責二千石急，梁相軒丘豹【二】及內史韓安國進諫王，王乃令勝、詭皆自殺，出之。上由此怨望於梁王。梁王恐，乃使韓安國因長公主謝罪太后，然後得釋。

【一】索隱謂意疑梁刺之。

【二】正義姓軒丘，名豹也。

上怒稍解，因上書請朝。既至關，茅蘭【一】説王，使乘布車，【二】從兩騎入，匿於長公主園。漢使使迎王，王已入關，車騎盡居外，不知王處。太后泣曰：「帝殺吾子！」景帝憂恐。於是梁王伏斧質於闕下，謝罪，然後太后、景帝大喜，相泣，復如故。悉召王從官入關。然景帝益疏王，不同車輦矣。

【一】集解漢書音義曰：「茅蘭，孝王臣。」

【二】集解張晏曰：「布車，降服，自比喪人。」

三十五年冬，復朝。上疏欲留，上弗許。歸國，意忽忽不樂。北獵良山，【一】有獻牛，足出背上，【二】孝王惡之。六月中，病熱，六日卒，謚曰孝王。【三】

【一】索隱漢書作「梁山」。述征記云「良山際清水」。今壽張縣南有良山，服虔云是此山也。

正義括地志云「梁山在鄆州壽張縣南三十五里」，即獵處也。

【二】索隱張晏云：「足當處下，所以輔身也；今出背上，象孝王背朝以干上也。北者，陰也。又在梁山，明爲梁也。牛者，丑之畜，衝在六月。北方數六，故六月六日薨也。」

【三】索隱述征記：「碭有梁孝王之冢。」

孝王慈孝，每聞太后病，口不能食，居不安寢，常欲留長安侍太后。太后亦愛之。及聞梁王薨，竇太后哭極哀，不食，曰：「帝果殺吾子！」景帝哀懼，不知所爲。與長公主計之，乃分梁爲五國，〔一〕盡立孝王男五人爲王，女五人皆食湯沐邑。於是奏之太后，太后乃說，爲帝加壹飡。

〔一〕索隱 長子買，梁共王。子明，濟川王。子彭離，濟東王。子定，山陽王。子不識，濟陰王。

梁孝王長子買爲梁王，是爲共王；子明爲濟川王；子彭離爲濟東王；子定爲山陽王；子不識爲濟陰王。

孝王未死時，財以巨萬計，不可勝數。及死，藏府餘黄金尚四十餘萬斤，他財物稱是。

梁共王三年，景帝崩。共王立七年卒，子襄立，是爲平王。

梁平王襄〔一〕十四年。母曰陳太后。共王母曰李太后。李太后，親平王之大母也。而平王之后姓任，曰任王后。任王后甚有寵於平王襄。初，孝王在時，有罍樽，〔二〕直千金。孝王誡後世，善保罍樽，無得以與人。任王后聞而欲得罍樽。平王大母李太后曰：「先王有命，無得以罍樽與人。他物雖百巨萬，猶自恣也。」任王后絕欲得之。平王襄直使人開府取罍樽，賜任王后。李太后大怒，漢使者來，欲自言，平王襄及任王后遮止，閉門，李太后與爭門，措指，【三】遂不得見漢使者。李太后亦私與食官長及郎中尹霸等士通亂，【四】而王與任王后以此使人風止李太后，李太后內有淫行，亦已。後病薨。病時，任后未嘗請病；薨，又不持喪。

【一】索隱 漢書作「讓」。

【二】集解 鄭德曰：「上蓋刻爲雲雷象。」索隱 應劭曰：「詩云『酌彼金罍』。罍者，畫雲雷之象，以金飾之。」

【三】集解 晉灼曰：「許慎云『措，置』。字借以爲笮。」索隱 措音迮，側格反。漢書王陵傳「迫迮前隊〔九〕」，皆作此字。說文云「笮，迫也」。謂爲門扇所笮。

【四】正義 張先生舊本有「士」字，先生疑是衍字，又不敢除，故以朱大點其字中心。今按：食官長及郎中尹霸等是士人，太后與通亂，其義亦通矣。

元朔中，睢陽人類犴反者，【一】人有辱其父，而與淮陽太守客出同車。太守客出下車，類犴反殺其仇於車上而去。淮陽太守怒，以讓梁二千石。二千石以下求反甚急，執反親戚。反知國陰事，乃上變事，具告知王與大母爭樽狀。時丞相以下見知之〔一〇〕，欲以傷梁長吏，其書聞天子。天子下吏驗問，有之。公卿請廢襄爲庶人。天子曰：「李太后有淫行，而梁王襄無良師傅，故陷不義。」乃削梁八城，梟任王后首于市。梁餘尚有十城。襄立三十九年卒，謚爲平王。子無傷立爲梁王也。

【一】索隱韋昭云「犴音岸」。按：類犴反，人姓名也。反字或作「友」。

濟川王明者，梁孝王子，以桓邑侯【一】孝景中六年爲濟川王。七歲，坐射殺其中尉，漢有司請誅，天子弗忍誅，廢明爲庶人，遷房陵，地入于漢爲郡。

【一】索隱地理志桓邑闕。

濟東王彭離者，梁孝王子，以孝景中六年爲濟東王。二十九年，彭離驕悍，無人君禮，昏暮私與其奴、亡命少年數十人行剽殺人，取財物以爲好。【一】所殺發覺者百餘人，國皆知之，莫敢夜行。所殺者子上書言。漢有司請誅，上不忍，廢以爲庶人，遷上庸，地入于漢，爲大河郡。

【一】集解如淳曰：「以是爲好喜之事。」

山陽哀王定者，梁孝王子，以孝景中六年爲山陽王。九年卒，無子，國除，地入于漢，爲山陽郡。

濟陰哀王不識者，梁孝王子，以孝景中六年爲濟陰王。一歲卒，無子，國除，地入于漢，爲濟陰郡。

太史公曰：梁孝王雖以親愛之故，王膏腴之地，然會漢家隆盛，百姓殷富，故能植其財貨，廣宮室，車服擬於天子。然亦僭矣。

褚先生曰：臣爲郎時，聞之於宮殿中老郎吏好事者稱道之也。竊以爲令梁孝王怨望，欲爲不善者，事從中生。今太后，女主也，以愛少子故，欲令梁王爲太子。大臣不時正言其不可狀，阿意治小，私說意以受賞賜，非忠臣也。齊如魏其侯竇嬰之正言也，【一】何以有後禍？景帝與王燕見，侍太后飲，景帝曰：「千秋萬歲之後傳王。」太后喜說。竇嬰在前，據地言曰：「漢法之約，傳子適孫，今帝何以得傳弟，擅亂高帝約乎！」於是景帝默然無聲。太后意不說。

【一】索隱竇嬰、袁盎皆言如周家立子，不合立弟。

故成王與小弱弟立樹下，取一桐葉以與之，曰：「吾用封汝。」周公聞之，進見曰：「天王封弟，甚善。」成王曰：「吾直與戲耳。」周公曰：「人主無過舉，不當有戲言，言之必行之。」於是乃封小弟以應縣。〔一〕是後成王沒齒不敢有戲言，言必行之。孝經曰：「非法不言，非道不行。」此聖人之法言也。今主上不宜出好言於梁王。梁王上有太后之重，驕蹇日久，數聞景帝好言，千秋萬世之後傳王，而實不行。

〔一〕索隱 此說與晉系家不同，事與封叔虞同，彼云封唐，此云封應，應亦成王之弟，或別有所見，故不同。正義 括地志云：「故應城，故應鄉也，在汝州魯山縣東四十里。」呂氏春秋云成王戲削桐葉爲圭，以封叔虞，非應侯也。又汲冢古文云殷時已有應國，非成王所造也。

又諸侯王朝見天子，漢法凡當四見耳。始到，入小見；到正月朔旦，奉皮薦璧玉賀正月，法見；後三日，爲王置酒，賜金錢財物；後二日，復入小見，辭去。凡留長安不過二十日。小見者，燕見於禁門內，飲於省中，非士人所得入也。今梁王西朝，因留，且半歲。入與人主同輦，出與同車。示風以大言而實不與，令出怨言，謀畔逆，乃隨而憂之，不亦遠乎！非大賢人，不知退讓。今漢之儀法，朝見賀正月者，常一王與四侯俱朝見，十餘歲一至。今梁王常比年入朝見，久留。鄙語曰「驕子不孝」，非惡言也。故諸侯王當爲置良師傅相忠言之士，如汲黯、韓長孺等，敢直言極諫，安得有患害！

蓋聞梁王西入朝，謁竇太后，燕見，與景帝俱侍坐於太后前，語言私說。太后謂帝曰：「吾聞殷道親親，周道尊尊，〔一〕其義一也。安車大駕，用梁孝王爲寄。」景帝跪席舉身曰：「諾。」罷酒出，帝召袁盎諸大臣通經術者曰：「太后言如是，何謂也？」皆對曰：「太后意欲立梁王爲帝太子。」帝問其狀，袁盎等曰：「殷道親親者，立弟。周道尊尊者，立子。殷道質，質者法天，親其所親，故立弟。周道文，文者法地，尊者敬也，敬其本始，故立長子。周道，太子死，立適孫。殷道，太子死，立其弟。」帝曰：「於公何如？」皆對曰：「方今漢家法周，周道不得立弟，當立子。故春秋所以非宋宣公。宋宣公死，不立子而與弟。弟受國死，復反之與兄之子。弟之子爭之，以爲我當代父後，即刺殺兄子。以故國亂，禍不絕。故春秋曰『君子大居正，宋之禍宣公爲之』。臣請見太后白之。」袁盎等入見太后：「太后言欲立梁王，梁王即終，欲誰立？」太后曰：「吾復立帝子。」袁盎等以宋宣公不立正，生禍，禍亂後五世不絕，小不忍害大義狀報太后。太后乃解說，即使梁王歸就國。而梁王聞其義出於袁盎諸大臣所，怨望，使人來殺袁盎。袁盎顧之曰：「我所謂袁將軍者也，公得毋誤乎？」刺者曰：「是矣！」刺之，置其劍，劍著身。視其劍，新治。問長安中削厲工，工曰：「梁郎某子〔二〕來治此劍。」以此知而發覺之，發使者捕逐之。獨梁王所欲殺大臣十餘人，文吏窮本之，謀反端頗見。太后不食，日夜泣不止。景帝甚憂之，問公卿大臣，大臣以爲遣經術吏往治之，乃可解。於是遣田叔、吕季主往治之。此二人皆通經術，知大禮。來還，至霸昌廄，【三】取火悉燒梁之反辭，但空手來對景帝。景帝曰：「何如？」對曰：「言梁王不知也【二】。造爲之者，獨其幸臣羊勝、公孫詭之屬爲之耳。謹以伏誅死，梁王無恙也。」景帝喜説，曰：「急趨謁太后。」太后聞之，立起坐湌，氣平復。故曰，不通經術知古今之大禮，不可以爲三公及左右近臣。少見之人，如從管中闚天也。

【一】索隱殷人尚質，親親，謂親其弟而授之。周人尚文，尊尊，謂尊祖之正體。故立其子，尊其祖也。

【二】索隱謂梁國之郎，是孝王官屬。某子，史失其姓名也。

【三】正義括地志云：「漢霸昌廄在雍州萬年縣東北三十八里。」

【索隱述贊】文帝少子，徙封於梁。太后鍾愛，廣築睢陽。旌旂警蹕，勢擬天王。功扞吴楚，計醜孫羊。竇嬰正議，袁盎劫傷。漢窮梁獄，冠蓋相望。禍成驕子，致此猖狂。雖分五國，卒亦不昌。

校勘記

〔一〕平遥縣西十二里　「西」，本書卷一〇孝文本紀正義引括地志作「西南」，卷九三韓信盧綰列傳「都中都」正義同。

〔二〕爲大將軍　「大」字疑衍。按：漢書卷四七文三王傳無「大」字。本書卷一〇六吴王濞列傳：「梁使韓安國及楚死事相弟張羽爲將軍。」卷一〇八韓長孺列傳：「吴、楚反時，孝王使安國及張羽爲將，扞吴兵於東界。」

〔三〕東南　春秋經宣公二年杜預注作「南」，後漢書志第二十一郡國志三陳留郡「己吾，有大棘鄉」劉昭注引杜預注同。

〔四〕兵器弩弓矛　漢書卷四七文三王傳作「兵弩弓」，通志卷七八宗室一作「兵器弩弓」，皆無「矛」字。

〔五〕鳧島　下文「自宫連屬於平臺三十餘里」索隱引作「鳧洲」。按：西京雜記卷二：「又有鴈池，池間有鶴洲、鳧渚。其諸宫觀相連延亘數十里，奇果異樹、瑰禽怪獸畢備。」三輔黄圖卷三：「又有鴈池，池間有鶴洲、鳧渚，其諸宫觀相連，延亘數十里。」

〔六〕鳧洲鴈渚　上文「於是孝王築東苑，方三百餘里」正義引作「鶴洲鳧島」。參見上條。

〔七〕跂閣不得下　「下」，疑當作「行」。按：本書卷一一八淮南衡山列傳「廢格明詔」索隱云「如淳注梁孝王傳云『跂閣不行也』」，御批資治通鑑綱目卷四「秋九月晦日食，梁王武使人殺袁盎」集覽引如淳同。漢書卷二四下食貨志下「廢格」顏師古注引如淳曰：「廢格天子文法，使不行也。」

〔八〕乃與羊勝公孫詭之屬　「屬」下漢書卷四七文三王傳有「謀」字。

〔九〕漢書王陵傳迫迮前隊　「王陵」，疑當作「王莽」。按：漢書卷九九下王莽傳下：「迫措前隊醜虜。」

〔一〇〕時丞相以下見知之　「見」，凌本、殿本作「具」。按：漢書卷四七文三王傳作「時相以下具知之」。

〔一一〕對曰言梁王不知也　張文虎札記卷四：「『曰』字疑衍。」

史記卷五十九

五宗世家第二十九

索隱景帝子十四人，一武帝，餘十三人爲王，漢書謂之「景十三王」。此名「五宗」者，十三人爲王，其母五人，同母者爲宗也。

孝景皇帝子凡十三人爲王，而母五人，同母者爲宗親。栗姬子曰榮、德、閼于。【一】程姬子曰餘、非、端。賈夫人子曰彭祖、勝。唐姬子曰發。王夫人兒姁【二】子曰越、寄、乘、舜。

【一】索隱閼音遏。漢書無「于」字。

【二】索隱況羽反。兒姁，夫人名也。王皇后之妹也。

河閒獻王德，【一】以孝景帝前二年用皇子爲河閒王。好儒學，被服造次必於儒者。山東諸儒多從之游。

【一】索隱漢書云「大行令奏：謚法曰『聰明睿智曰獻』」。

二十六年卒，【二】子共王不害立。四年卒，子剛王基代立。十二年卒，子頃王授代立。【三】

【二】集解漢名臣奏：「杜業奏曰『河閒獻王經術通明，積德累行，天下雄俊衆儒皆歸之。孝武帝時，獻王朝，被服造次必於仁義。問以五策，獻王輒對無窮。孝武帝艴然難之，謂獻王曰：「湯以七十里，文王百里，王其勉之。」王知其意，歸即縱酒聽樂，因以終』。」索隱注「問以五策」。按：漢書詔策問三十餘事。「被服造次」。按：小顏云「被服，言常居處其中也；造次，謂所向所行」，皆法於儒者。

【三】索隱漢書云授謚頃，音傾也。

臨江哀王閼于，以孝景帝前二年用皇子爲臨江王。三年卒，無後，國除爲郡。

臨江閔王榮，以孝景前四年爲皇太子，四歲廢，用故太子爲臨江王。

四年，坐侵廟壖垣【一】爲宮，上徵榮。榮行，祖於江陵北門。【二】既已上車，軸折車廢。

江陵父老流涕竊言曰：「吾王不反矣！」榮至，詣中尉府簿〔一〕。中尉郅都責訊王，王恐，自殺。葬藍田。燕數萬銜土置冢上，百姓憐之。

【二】索隱服虔云「宮外之餘地」。顧野王云「牆外行馬内田」。音人椽反，又音軟，又音奴亂反。壖垣，牆外之短垣也。

【三】索隱按：祖者行神，行而祭之，故曰祖也。風俗通云「共工氏之子曰修，好遠遊，故祀爲祖神」。又崔浩云「黄帝之子累祖，好遠遊而死於道，因以爲行神」，亦不知其何據。蓋見其謂之祖，因以爲累祖，非也。據帝系及本紀皆言累祖黄帝妃，無爲行神之由也。又聘禮云「出祖釋軷，祭酒脯〔二〕」而已。按：今祭禮，以軷壤土爲壇於道，則用黄羝或用狗，以其血釁左輪也。正義荆州圖副云：「漢臨江閔王榮始都江陵城，坐侵廟壖地爲宮，被徵，出城北門而車軸折。父老共流涕曰：『吾王不反矣！』既而爲郅都所訊，懼而縊死。自此後北門存而不啓，蓋爲榮不以道終也。」

榮最長，【一】死無後，國除，地入于漢，爲南郡。

【一】正義顔師古云：「榮實最長，而傳居二王後者，以其從太子廢後乃爲王也。」

右三國本王皆栗姬之子也。

王。

魯共王餘，以孝景前二年用皇子爲淮陽王。二年，吴楚反破後，以孝景前三年徙爲魯王。好治宫室苑囿狗馬。季年好音，不喜辭辯。爲人吃。

二十六年卒，子光代爲王。初好音輿馬；晚節嗇，【一】惟恐不足於財。

【一】正義晚節猶言末年時。嗇，貪悋也。

江都易王非，【一】以孝景前二年用皇子爲汝南王。吴楚反時，非年十五，有材力，上書願擊吴。景帝賜非將軍印，擊吴。吴已破，二歲，徙爲江都王，治吴故國，以軍功賜天子旌旗。元光五年，匈奴大入漢爲賊，非上書願擊匈奴，上不許。非好氣力，治宫觀，招四方豪桀，驕奢甚。

【一】索隱按：謚法「好更故舊曰易」也。

立二十六年卒，子建立爲王。七年自殺。淮南、衡山謀反時，建頗聞其謀。自以爲國近淮南，恐一日發，爲所并，即陰作兵器，而時佩其父所賜將軍印，載天子旗以出。易王死未葬，建有所説易王寵美人淖姬，【一】夜使人迎與姦服舍中。及淮南事發，治黨與，頗及江都王建。建恐，因使人多持金錢，事絶其獄。而又信巫祝，使人禱祠妄言。建又盡與其姊弟姦。【二】事既聞，漢公卿請捕治建。天子不忍，使大臣即訊王。王服所犯，遂自殺。國除，地入于漢，爲廣陵郡。

【一】集解蘇林曰：「淖音泥淖。」索隱鄭氏音卓。蘇林音「泥淖」之「淖」，女教反。淖，姓也，齊有淖齒是。又漢書云建召易王所愛淖姬等十人與姦服舍中。正義淖，女孝反。

【二】索隱漢書云「建女弟徵臣爲蓋侯子婦，以易王喪來歸，建復與姦」也。

膠西于王端，【一】以孝景前三年吳楚七國反破後，端用皇子爲膠西王。端爲人賊戾，又陰痿，【二】一近婦人，病之數月。而有愛幸少年爲郎。爲郎者頃之與後宮亂，端禽滅之，及殺其子母。數犯上法，漢公卿數請誅端，天子爲兄弟之故不忍，而端所爲滋甚。有司再請，削其國，去太半。端心慍，遂爲無訾省。【三】府庫壞漏，盡腐財物，以巨萬計，終不得收徙。令吏毋得收租賦。端皆去衞，【四】封其宫門，從一門出游。數變名姓，爲布衣，之他郡國。

【一】索隱按：廣周書謚法云「能優其德曰于」。

【二】正義委危反。不能御婦人。

【三】集解蘇林曰：「爲無所訾録，無所省録【三】。」正義顔師古云：「訾，財也。省，視也。言不能視録資財【四】。」

【四】索隱謂不置宿衞人。

相、二千石往者，奉漢法以治，端輒求其罪告之，無罪者詐藥殺之。所以設詐究變，【一】彊足以距諫，智足以飾非。相、二千石從王治，則漢繩以法。故膠西小國，而所殺傷二千石甚衆。

【一】索隱究者，窮也。故郭璞云「究謂窮盡也」。

立四十七年，卒，竟無男代後，國除，地入于漢，爲膠西郡。

右三國本王皆程姬之子也。

趙王彭祖，以孝景前二年用皇子爲廣川王。趙王遂反破後，彭祖王廣川。四年，徙爲趙王。十五年，孝景帝崩。彭祖爲人巧佞，卑諂足恭，而心刻深。【一】好法律，持詭辯以中人。【二】彭祖多內寵姬及子孫。相、二千石欲奉漢法以治，則害於王家。是以每相、二千石至，彭祖衣皁布衣，自行迎，除二千石舍，【三】多設疑事以作動之，得二千石失言，中忌諱，輒書之。二千石欲治者，則以此迫劫；不聽，乃上書告，及汙以姦利事。彭祖立五十餘年，相、二千石無能滿二歲，輒以罪去，大者死，小者刑，以故二千石莫敢治。而趙王擅權，使使即縣爲賈人榷會，【四】入多於國經租稅。【五】以是趙王家多金錢，然所賜姬諸子，亦盡之矣。彭祖取故江都易王寵姬王建所盜與姦淖姬者爲姬，甚愛之。

【一】索隱謂刻害深，無仁恩也。

【二】索隱謂詭詐之辯，以中傷於人。

【三】索隱謂彭祖自爲二千石埽除其舍，以迎之也。

【四】集解韋昭曰：「平會兩家買賣之賈也。榷者，禁他家，獨王家得爲之。」索隱榷音角。獨言榷，謂酤榷也。會音儈，古外反。謂爲賈人專榷買賣之賈，儈以取利，若今之和市矣。韋昭則訓榷爲平，其注解爲得。

【五】索隱經者，常也。謂王家入多於國家常納之租稅也。

彭祖不好治宮室、禨祥，【一】好爲吏事。上書願督國中盜賊。常夜從走卒行徼【二】邯鄲中。諸使過客以彭祖險陂，莫敢留邯鄲。

【一】集解服虔曰：「求福也。」索隱按：埤蒼云「禨，祆祥也」。列子云「荆人鬼，越人禨」。謂楚信鬼神而越信禨祥也。

【二】索隱上下孟反，下工弔反。徼是郊外之路，謂巡徼而伺察境界。

其太子丹與其女及同産姊姦，與其客江充有卻。充告丹，丹以故廢。趙更立太子。

中山靖王勝，以孝景前三年用皇子爲中山王。十四年，孝景帝崩。勝爲人樂酒〔一〕好内，有子枝屬百二十餘人。常與兄趙王相非，曰：「兄爲王，專代吏治事。王者當日聽音樂聲色。」趙王亦非之，曰：「中山王徒日淫〔五〕，不佐天子拊循百姓，何以稱爲藩臣！」

〔一〕正義樂，五教反。

立四十二年卒，〔二〕子哀王昌立。一年卒，子昆侈代爲中山王。〔三〕

〔二〕索隱按：漢書建元三年，濟川、中山王等來朝，聞樂而泣。天子問其故，王對以大臣内讒，肺腑日疏，其言甚雄壯，詞切而理文。天子加親親之好。可謂漢之英藩矣。

〔三〕索隱漢書昆侈謚康王，子頃王輔嗣，至孫國除也。

右二國本王皆賈夫人之子也。

長沙定王發，發之母唐姬，故程姬侍者。景帝召程姬，程姬有所辟，不願進，〔一〕而飾侍者唐兒使夜進。上醉不知，以爲程姬而幸之，遂有身。已乃覺非程姬也。及生子，因命曰發。以孝景前二年用皇子爲長沙王。以其母微，無寵，故王卑溼貧國。〔二〕

〔一〕索隱姚氏按：釋名云「天子諸侯羣妾以次進御，有月事者止不御，更不口説，故以丹注面目的旳爲識〔六〕，令女史見之」。王粲神女賦以爲「脱袿裳，免簪笄，施玄旳，結羽釵」。旳即釋名所云也。説文云「姅，女污也〔七〕」。漢律云「見姅變，不得侍祠」。姅音半。

〔三〕集解應劭曰：「景帝後二年，諸王來朝，有詔更前稱壽歌舞。定王但張袖小舉手，左右笑其拙，上怪問之，對曰：『臣國小地狹，不足迴旋。』帝以武陵、零陵、桂陽屬焉。」

立二十七年卒，子康王庸立。二十八年，卒，子鮒鮈立〔一〕爲長沙王。

〔一〕集解服虔曰：「鮈音拘。」

右一國本王唐姬之子也。

廣川惠王越，以孝景中二年用皇子爲廣川王。

十二年卒，子齊立爲王。〔一〕齊有幸臣桑距。已而有罪，欲誅距，距亡，王因禽其宗族。距怨王，乃上書告王齊與同産姦。自是之後，王齊數上書告言漢公卿及幸臣所忠等。〔二〕

〔一〕索隱漢書齊謚繆王。謚法「傷人蔽賢曰繆」。

〔二〕索隱按：漢書「又告中尉蔡彭祖」。子去嗣，坐暴虐勃亂，國除也。正義所忠，姓名。

膠東康王寄，以孝景中二年用皇子爲膠東王。二十八年卒。淮南王謀反時，寄微聞其事，私作樓車鏃矢〔一〕戰守備，候淮南之起。及吏治淮南之事，辭出之。〔二〕寄於上最親，〔三〕意傷之，發病而死，不敢置後。於是上聞〔八〕寄有長子者名賢，母無寵；少子名慶，母愛幸，寄常欲立之，爲不次，因有過，遂無言。上憐之，乃以賢爲膠東王奉康王嗣，而封慶於故衡山地，爲六安王。

〔一〕集解應劭曰：「樓車，所以窺看敵國營壘之虛實也。」索隱左傳云登樓車以窺宋人，謂看敵國營壘之虛實也。李巡注爾雅「金鏃，以金爲箭鏑」。鏃，字林音子木反。

〔二〕集解如淳曰：「窮治其辭，出此事。」

〔三〕集解徐廣曰：「其母武帝母妹。」正義寄母王夫人即王皇后之妹，於上爲從母，故寄於諸兄弟最爲親愛也。

膠東王賢立十四年卒，謚爲哀王。子慶爲王〔九〕。〔一〕

〔一〕集解徐廣曰：「他本亦作『慶』字，惟一本作『建』。不宜得與叔父同名，相承之誤。」

六安王慶，以元狩二年用膠東康王子爲六安王。

清河哀王乘，以孝景中三年用皇子爲清河王。十二年卒，無後，國除，地入于漢，爲清河郡。

常山憲王舜，以孝景中五年用皇子爲常山王。舜最親，景帝少子，驕怠多淫，數犯禁，上常寬釋之。立三十二年卒，太子勃代立爲王。

初，憲王舜有所不愛姬生長男梲。【一】梲以母無寵故，亦不得幸於王。王后脩生太子勃。王內多，所幸姬生子平、子商，王后希得幸。及憲王病甚，諸幸姬常侍病，故王后亦以妒媢【二】不常侍病，輒歸舍。醫進藥，太子勃不自嘗藥，又不宿留侍病。及王薨，王后、太子乃至。憲王雅不以長子梲爲人數，及薨，又不分與財物。郎或說太子、王后，令諸子與長子梲共分財物，太子、王后不聽。太子代立，又不收恤梲。梲怨王后、太子。漢使者視憲王喪，梲自言憲王病時，王后、太子不侍，及薨，六日出舍，【三】太子勃私姦，飲酒，博戲，擊筑，與女子載馳，環城過市，入牢視囚。天子遣大行騫【四】驗王后及問王勃，請逮勃所與姦諸證左，王又匿之。吏求捕，勃大急，使人致擊笞掠，擅出漢所疑囚者。有司請誅憲王后脩及王勃。上以脩素無行，使梲陷之罪，勃無良師傅，不忍誅。有司請廢王后脩，徙王勃以家屬處房陵，上許之。

【一】集解蘇林曰：「音奪。」索隱鄒氏一音之悅反。蘇林音奪。許慎說解字林云【一〇】他活反，字從木也。

【二】索隱媢音亡報反。鄒氏本作「媚」。郭璞注三蒼云「媢，丈夫妒也」。又云妒女爲媢。

【三】集解如淳曰：「服舍也。」

【四】索隱按：謂是張騫。

勃王數月，遷于房陵，國絕。月餘，天子爲最親，乃詔有司曰：「常山憲王蚤夭，后妾不和，適孼誣爭，陷于不義以滅國，朕甚閔焉。其封憲王子平三萬户，爲真定王；封子商三萬户，爲泗水王。」【一】

【一】正義泗水，海州。

真定王平，元鼎四年用常山憲王子爲真定王。

泗水思王商，以元鼎四年用常山憲王子爲泗水王。十一年卒，子哀王安世立。十一年卒，無子。於是上憐泗水王絕，乃立安世弟賀爲泗水王。

右四國本王皆王夫人兒姁子也。其後漢益封其支子爲六安王、泗水王二國。凡兒姁子孫，於今爲六王。

太史公曰：高祖時諸侯皆賦，【一】得自除内史以下，漢獨爲置丞相，黄金印。諸侯自除御史、廷尉正、博士，擬於天子。自吴楚反後，五宗王世，漢爲置二千石，去「丞相」曰「相」，銀印。諸侯獨得食租税，奪之權。其後諸侯貧者或乘牛車也。

【一】集解徐廣曰：「國所出有皆入于王也。」

【索隱述贊】景十三子，五宗親睦。栗姬既廢，臨江折軸。闕于早薨，河閒儒服。餘好宫苑，端事馳逐。江都有才，中山褆福。長沙地小，膠東造鏃。仁賢者代，悖亂者族。兒姁四王，分封爲六。

校勘記

〔一〕詣中尉府簿　漢書卷五三景十三王傳「簿」上有「對」字，本書卷一二二酷吏列傳亦云「臨江王徵詣中尉府對簿」。

〔二〕祭酒脯　原作「祭脯酒」。儀禮聘禮：「出祖釋軷，祭酒脯。」今據改。

〔三〕爲無所呰録無所省録　疑文有衍誤。按：漢書卷五三景十三王傳顔師古注引蘇林作「爲無所省録也」。

〔四〕言不能視録資財　漢書卷五三景十三王傳顔師古注作「言不視呰財也」。

〔五〕徒曰淫　漢書卷五三景十三王傳作「但奢淫」。

〔六〕故以丹注面目的爲識　張文虎札記卷四：「疑有誤字。今釋名本作『故以丹注面曰的灼然爲識』。」

〔七〕女汚　今本説文作「婦人汚」，玉篇女部同。

〔八〕於是上聞　「聞」，原作「問」。漢書卷五三景十三王傳作「聞」。今據改。

〔九〕子慶爲王　「慶」，疑當作「通平」。按：集解云「一本作『建』」。「建」當爲「通」之譌，下脱「平」字。本書卷一七漢興以來諸侯王年表云元封五年膠東「戴王通平元年」。漢書卷五三景十三王傳云：「(賢)子戴王通平嗣。」本篇下云「六安王慶，以元狩二年用膠東康王子爲六安王」。漢興以來諸侯王年表六安王慶元狩二年以膠東王子封，元狩三年賢封膠東王，漢書卷一四諸侯王表同，且云六安王慶「以康王少子立」。知賢、慶皆康王之子，賢嗣封膠東，而慶别封六安也。

〔一〇〕説解字林　疑當作「説文字林」。魏書卷九一術藝傳：「晉世義陽王典祠令任城吕忱表上字林六卷，尋其況趣，附託許慎説文。」北史卷三四江式傳略同。隋書卷三二經籍志一、舊唐書卷四六經籍志上、新唐書卷五七藝文志一皆云吕忱撰字林。索隱屢引字林。

史記卷六十

三王世家第三十

「大司馬臣去病〔一〕昧死再拜上疏皇帝陛下：陛下過聽，使臣去病待罪行閒。宜專邊塞之思慮，暴骸中野無以報，乃敢惟他議以干用事者，誠見陛下憂勞天下，哀憐百姓以自忘，虧膳貶樂，損郎員。皇子賴天，能勝衣趨拜，至今無號位師傅官。陛下恭讓不恤，羣臣私望，不敢越職而言。臣竊不勝犬馬心，昧死願陛下詔有司，因盛夏吉時定皇子位。〔二〕唯陛下幸察。臣去病昧死再拜以聞皇帝陛下。」三月乙亥，御史臣光守尚書令奏未央宮。制曰：「下御史。」

〔一〕索隱霍去病也。

〔二〕索隱按：明堂月令云「季夏月，可以封諸侯，立大官」是也。

六年三月戊申朔乙亥，御史臣光守尚書令、丞非，〔一〕下御史，書到言。「丞相臣青翟、〔二〕御史大夫臣湯、〔三〕太常臣充、〔四〕大行令臣息、〔五〕太子少傅臣安〔六〕行宗正事昧死上言：大司馬去病上疏曰：『陛下過聽，使臣去病待罪行閒。宜專邊塞之思慮，暴骸中野無以報，乃敢惟他議以干用事者，誠見陛下憂勞天下，哀憐百姓以自忘，虧膳貶樂，損郎員。皇子賴天，能勝衣趨拜，至今無號位師傅官。陛下恭讓不恤，羣臣私望，不敢越職而言。臣竊不勝犬馬心，昧死願陛下詔有司，因盛夏吉時定皇子位。唯願陛下幸察。』制曰『下御史』。臣謹與中二千石二千石臣賀等〔七〕議：古者裂地立國，並建諸侯以承天子，所以尊宗廟重社稷也。今臣去病上疏，不忘其職，因以宣恩，乃道天子卑讓自貶以勞天下，慮皇子未有號位。臣青翟、臣湯等宜奉義遵職，愚憧而不逮事。方今盛夏吉時，臣青翟、臣湯等昧死請立皇子臣閎、〔八〕臣旦、臣胥爲諸侯王。昧死請所立國名。」

〔一〕索隱按：奏狀有尚書令官位，而史先闕其名耳〔二〕。丞非者，或尚書左右丞，非其名也。
〔二〕索隱莊青翟也。
〔三〕索隱張湯。
〔四〕索隱蓋趙充也。
〔五〕索隱李息。
〔六〕索隱任安也。

【七】正義公孫賀。

【八】集解徐廣曰：「一作『關』。」

制曰：「蓋聞周封八百，姬姓並列，或子、男、附庸。禮『支子不祭』。云並建諸侯所以重社稷，朕無聞焉。且天非爲君生民也。【一】朕之不德，海内未洽，乃以未教成者彊君連城，即股肱何勸？【二】其更議以列侯家之。」三月丙子，奏未央宮。

【一】索隱左傳曰：「天生蒸民，立君以司牧之，是言生人爲立君長司牧之耳，非天爲君而生人也。

【二】集解徐廣曰：「一作『敦』，一作『勸』，一作『觀』也。」索隱謂皇子等並未習教義也。皇子未習教義，而彊使爲諸侯王，以君連城之人，則大臣何有所勸？

「丞相臣青翟、御史大夫臣湯昧死言：臣謹與列侯臣嬰齊、中二千石二千石臣賀、諫大夫博士臣安等議曰：伏聞周封八百，姬姓並列，奉承天子。康叔以祖考顯，而伯禽以周公立，咸爲建國諸侯，以相傅爲輔。百官奉憲，各遵其職，而國統備矣。竊以爲並建諸侯所以重社稷者，四海諸侯各以其職奉貢祭。支子不得奉祭宗祖，禮也。封建使守藩國，帝王所以扶德施化。陛下奉承天統，明開聖緒，尊賢顯功，興滅繼絶。續蕭文終之後于酇，【一】褒厲羣臣平津侯等。【二】昭六親之序，明天施之屬，使諸侯王封君得推私恩分子弟户邑，錫號尊建百有餘國。【三】而家皇子爲列侯，則尊卑相踰，【四】列位失序，不可以垂統於萬世。臣請立臣閎、〔五〕臣旦、〔六〕臣胥〔七〕爲諸侯王。」三月丙子，奏未央宮。

〔一〕索隱蕭何謚文終也。按：蕭何初封沛之酇，音贊。後其子續封南陽之酇，音嵯。

〔二〕索隱公孫弘封平津侯。平津，高成之鄉名。正義公孫弘所封平津鄉，在滄州鹽山南四十二里也〔三〕。

〔三〕索隱謂武帝廣推恩之詔，分王諸侯王子弟，故有百餘國。

〔四〕索隱謂諸侯王子已爲列侯，而今又家皇子爲列侯，是尊卑相踰越矣。

〔五〕索隱齊王也，王夫人子。

〔六〕索隱燕王也。漢書云李姬子。

〔七〕索隱廣陵王也。

制曰：「康叔親屬有十而獨尊者，褒有德也。周公祭天命郊，故魯有白牡、騂剛之牲。〔一〕羣公不毛，〔二〕賢不肖差也。『高山仰之，景行嚮之』，朕甚慕焉。所以抑未成，家以列侯可。」四月戊寅，奏未央宮。

〔一〕集解公羊傳曰：「魯祭周公，牲用白牡，魯公用騂剛。」何休曰：「白牡，殷牲也。騂剛，赤脊，周牲也。」

〔二〕集解何休曰：「不毛，不純色也。」

「丞相臣青翟、御史大夫臣湯昧死言：臣青翟等與列侯、吏二千石、諫大夫、博士臣慶等議：昧死奏請立皇子爲諸侯王。制曰：『康叔親屬有十而獨尊者，襃有德也。周公祭天命郊，故魯有白牡、騂剛之牲。羣公不毛，賢不肖差也。「高山仰之，景行嚮之」，朕甚慕焉。所以抑未成，家以列侯可。』臣青翟、臣湯、博士臣將行等伏聞康叔親屬有十，武王繼體，周公輔成王，其八人皆以祖考之尊建爲大國。康叔之年幼，周公在三公之位，而伯禽據國於魯，蓋爵命之時，未至成人。康叔後扞祿父之難，伯禽殄淮夷之亂。昔五帝異制，周爵五等，春秋三等，【一】皆因時而序尊卑。高皇帝撥亂世反諸正，【二】昭至德，定海內，封建諸侯，爵位二等。【三】皇子或在繦緥而立爲諸侯王，奉承天子，爲萬世法則，不可易。陛下躬親仁義，體行聖德，表裏文武。顯慈孝之行，廣賢能之路。內褒有德，外討彊暴。極臨北海，【四】西溱月氏〔四〕，【五】匈奴、西域，舉國奉師，輿械之費，不賦於民。虛御府之藏以賞元戎，【六】開禁倉以振貧窮，減戍卒之半。百蠻之君，靡不鄉風，承流稱意。遠方殊俗，重譯而朝，澤及方外。故珍獸至，嘉穀興，天應甚彰。今諸侯支子封至諸侯王，【七】而家皇子爲列侯，【八】臣青翟、臣湯等竊伏孰計之，皆以爲尊卑失序，使天下失望，不可。臣請立臣閎、臣旦、臣胥爲諸侯王。」四月癸未，奏未央宮，留中不下。

【一】集解鄭玄曰：「春秋變周之文，從殷之質，合伯、子、男以爲一，則殷爵三等者，公、侯、伯也。」

【二】索隱 春秋公羊傳文。

【三】索隱 謂王與列侯。

【四】正義 匈奴傳云霍去病伐匈奴，北臨翰海。

【五】正義 溱音臻。氏音支。至月氏。月氏，西戎國名，在葱嶺之西也。

【六】集解 詩云：「元戎十乘，以先啓行。」韓嬰章句曰：「元戎，大戎，謂兵車也。車有大戎十乘，謂車縵輪，馬被甲，衡扼之上盡有劍戟，名曰陷軍之車，所以冒突先啓敵家之行伍也。」毛傳曰：「夏后氏曰鉤車，先正也。殷曰寅車，先疾也。周曰元戎，先良也。」

【七】索隱 謂立膠東王子慶爲六安王，常山王子平爲真定王，子商爲泗水王是也。

【八】索隱 時諸王稱「國」，列侯稱「家」也，故云「家皇子」爲尊卑失序。

「丞相臣青翟、太僕臣賀行御史大夫事、太常臣充、太子少傅臣安行宗正事昧死言：臣青翟等前奏大司馬臣去病上疏言，皇子未有號位，臣謹與御史大夫臣湯、中二千石、二千石、諫大夫、博士臣慶等昧死請立皇子臣閎等爲諸侯王。陛下讓文武，躬自切，及皇子未教。羣臣之議，儒者稱其術，或誖其心。陛下固辭弗許，家皇子爲列侯。臣青翟等竊與列侯臣壽成【一】等二十七人議，皆曰以爲尊卑失序。高皇帝建天下，爲漢太祖，王子孫，廣支輔。先帝法則弗改，所以宣至尊也。臣請令史官擇吉日，具禮儀上，御史奏輿地圖，【二】

他皆如前故事。」制曰：「可。」四月丙申，奏未央宫。

【一】集解徐廣曰：「蕭何之玄孫酇侯壽成，後爲太常也。」

【二】索隱謂地爲「輿」者，天地有覆載之德，故謂天爲「蓋」，謂地爲「輿」，故地圖稱「輿地圖」。疑自古有此名，非始漢也。

「太僕臣賀行御史大夫事昧死言：太常臣充言卜入四月二十八日乙巳，可立諸侯王。臣昧死奏輿地圖，請所立國名。禮儀別奏。臣昧死請。」

制曰：「立皇子閎爲齊王，旦爲燕王，胥爲廣陵王。」四月丁酉，奏未央宫。六年【一】四月戊寅朔癸卯，御史大夫湯下丞相，丞相下中二千石、二千石下郡太守、諸侯相【五】，丞書從事下當用者。如律令。

【一】集解徐廣曰：「一云元狩。」

「維六年四月乙巳，皇帝使御史大夫湯廟立子閎爲齊王。曰：於戲，小子閎，【一】受茲青社！【二】朕承祖考，維稽古建爾國家，封于東土，世爲漢藩輔。於戲念哉！恭朕之詔，惟命不于常。人之好德，克明顯光。義之不圖，俾君子怠。【三】悉爾心，允執其中，天禄永終。厥有愆不臧，乃凶于而國，害于爾躬。於戲，保國艾民，可不敬與！王其戒之。」【四】

右齊王策。

【一】索隱 此封齊王策文也。又按武帝集，此三王策皆武帝手製。於戲音嗚呼。戲或音羲。

【二】集解 張晏曰：「王者以五色土爲太社，封四方諸侯，各以其方色土與之，苴以白茅，歸以立社。」 索隱 蔡邕獨斷云：「皇子封爲王，受天子太社之土，若封東方諸侯，則割青土，藉以白茅，授之以立社，謂之『茅土』。」齊在東方，故云青社。

【三】索隱 謂若不圖於義，則君子懈怠，無歸附心。

【四】集解 徐廣曰：「立八年，無後，絶。」

「維六年四月乙巳，皇帝使御史大夫湯廟立子旦爲燕王。曰：於戲，小子旦，受茲玄社！朕承祖考，維稽古，【一】建爾國家，封于北土，世爲漢藩輔。於戲！葷粥氏虐老獸心，【二】侵犯寇盜，加以姦巧邊萌。【三】於戲！朕命將率徂征厥罪，萬夫長，千夫長，三十有二君皆來，【四】降期奔師〔六〕。【五】葷粥徙域，【六】北州以綏。【七】悉爾心，毋作怨，毋俷德，【八】毋乃廢備。【九】非教士不得從徵。【一〇】於戲，保國艾民，可不敬與！王其戒之。」【一一】

右燕王策。

【一】索隱褚先生解云：「維者，度也。稽者，當也。言當順古道也。」魏高貴鄉公云：「稽，同也。古，天也。謂堯能同天。」

【二】索隱按：匈奴傳曰「其國貴壯賤老，壯者食肥美，老者食其餘」，是虐老也。

【三】索隱邊甿。韋昭云：「甿，民也。」三倉云：「邊人云甿。」

【四】集解張晏曰：「時所獲三十二帥也。」

【五】集解如淳曰：「偃其旗鼓而來降。」索隱漢書「君」作「帥」，「期」作「旗」。而服虔云以三十二軍中之將，下旗去之也。如淳云即昆邪王偃旗鼓降時也。若如此意，則三十二君非軍將，蓋戎狄酋帥時有三十二君來降也。

【六】集解張晏曰：「匈奴徙東也。」

【七】集解臣瓚曰：「綏，安也。」

【八】集解徐廣曰：「俷，一作『菲』。」索隱無菲德。蘇林云：「菲，廢也。本亦作『俷』，俷，敗也。」孔文祥云：「菲，薄也。」漢書作「棐」。正義俷音符味反。

【九】索隱褚先生解云：「言無乏武備，常備匈奴也。」

【一〇】集解張晏曰：「士不素習，不應召。」索隱韋昭云：「士非素教習，不得從軍徵發。故孔子曰『不教人戰，是謂弃之』是也。」褚先生解云：「非習禮義，不得在其側也。」

【一一】集解徐廣曰：「立三十年，自殺，國除。」

「維六年四月乙巳，皇帝使御史大夫湯廟立子胥爲廣陵王。曰：於戲，小子胥，受茲赤社！朕承祖考，維稽古建爾國家，封于南土，世爲漢藩輔。古人有言曰：『大江之南，〔一〕五湖之閒，〔二〕其人輕心。楊州保疆，〔三〕三代要服，不及以政。』於戲！悉爾心，戰戰兢兢，乃惠乃順，毋侗好軼，毋邇宵人，〔四〕維法維則。書云『臣不作威，不作福〔七〕』，靡有後羞。於戲，保國艾民，可不敬與！王其戒之。」〔五〕

右廣陵王策。

〔一〕正義謂京口南至荆州以南也。

〔二〕索隱按：五湖者，具區、洮滆、彭蠡、青草、洞庭是也。或曰太湖五百里，故曰五湖也。

〔三〕集解徐廣曰：「一作『壃』。」駰案：李奇曰「保，恃也」。

〔四〕集解應劭曰：「無好逸游之事，邇近小人。」張晏曰：「侗音同。」索隱侗音同。褚先生解云：「無好軼樂馳騁弋獵。」邇，近也。宵人，小人也〔八〕。鄒氏宵音謏，謏亦小人也。或作「佞人」。

〔五〕集解徐廣曰：「立六十四年，自殺。」

太史公曰：古人有言曰「愛之欲其富，親之欲其貴」。故王者壃土建國，封立子弟，所以褒親親，序骨肉，尊先祖，貴支體，廣同姓於天下也。是以形勢彊而王室安。自古至今，所由來久矣。非有異也，故弗論箸也。燕齊之事，無足采者。然封立三王，天子恭讓，羣臣守義，文辭爛然，甚可觀也，是以附之世家。

褚先生曰：臣幸得以文學爲侍郎，好覽觀太史公之列傳。傳中稱三王世家文辭可觀〔九〕，求其世家終不能得。竊從長老好故事者取其封策書，編列其事而傳之，令後世得觀賢主之指意。

蓋聞孝武帝之時，同日而俱拜三子爲王：封一子於齊，一子於廣陵，一子於燕。各因子才力智能，及土地之剛柔，人民之輕重，爲作策以申戒之。謂王：「世爲漢藩輔，保國治民，可不敬與！王其戒之。」夫賢主所作，固非淺聞者所能知，非博聞彊記君子者所不能究竟其意。至其次序分絶，文字之上下，簡之參差長短，皆有意，人莫之能知。謹論次其真草詔書，編于左方，令覽者自通其意而解説之。

王夫人者，趙人也，與衞夫人並幸武帝，而生子閎。閎且立爲王時，其母病，武帝自臨問之。曰：「子當爲王，欲安所置之？」王夫人曰：「陛下在，妾又何等可言者。」

帝曰：「雖然，意所欲，欲於何所王之？」王夫人曰：「願置之雒陽。」武帝曰：「雒陽有武庫敖倉，天下衝阸，漢國之大都也。先帝以來，無子王於雒陽者。去雒陽，餘盡可。」王夫人不應。武帝曰：「關東之國無大於齊者。齊東負海而城郭大，古時獨臨菑中十萬户，天下膏腴地莫盛於齊者矣。」王夫人以手擊頭，謝曰：「幸甚。」王夫人死而帝痛之，使使者拜之曰：「皇帝謹使使太中大夫明奉璧一，賜夫人爲齊王太后。」子閎王齊，年少，無有子，立，不幸早死，國絶，爲郡。天下稱齊不宜王云。

所謂「受此土」者，諸侯王始封者必受土於天子之社，歸立之以爲國社，以歲時祠之。春秋大傳曰：「天子之國有泰社。東方青，南方赤，西方白，北方黑，上方黄。」故將封於東方者取青土，封於南方者取赤土，封於西方者取白土，封於北方者取黑土，封於上方者取黄土。各取其色物，裹以白茅，封以爲社。此始受封於天子者也。此之爲主土。主土者，立社而奉之也。「朕承祖考」，祖者先也，考者父也。「維稽古」，維者度也，念也，稽者當也，當順古之道也。

齊地多變詐，不習於禮義，故戒之曰「恭朕之詔，唯命不可爲常。人之好德，能明顯光。不圖於義，使君子怠慢。悉若心，信執其中，天禄長終。有過不善，乃凶于而國，而害于若身」。齊王之國，左右維持以禮義，不幸中年早夭。然全身無過，如其策意。

傳曰「青采出於藍，而質青於藍」者，教使然也。遠哉賢主，昭然獨見：誡齊王以慎内；誡燕王以無作怨，無俷德；【一】誡廣陵王以慎外，無作威與福。

【一】索隱本亦作「肥」。案：上策云「作菲德」，下云「勿使王背德也」，則肥當音扶味反，亦音匪。

夫廣陵在吳越之地，其民精而輕，故誡之曰「江湖之閒，其人輕心。楊州葆疆，三代之時，迫要使從中國俗服，不大及以政教，以意御之而已。無侗好佚，無邇宵人，維法是則。無長好佚樂馳騁弋獵淫康，而近小人。常念法度，則無羞辱矣」。三江、五湖有魚鹽之利，銅山之富，天下所仰。故誡之曰「臣不作福」者，勿使行財幣，厚賞賜，以立聲譽，爲四方所歸也。又曰「臣不作威」者，勿使因輕以倍義也。

會孝武帝崩，孝昭帝初立，先朝廣陵王胥，厚賞賜金錢財幣，直三千餘萬，益地百里，邑萬户。

會昭帝崩，宣帝初立，緣恩行義，以本始元年中，裂漢地，盡以封廣陵王胥四子：一子爲朝陽侯；【二】一子爲平曲侯；【三】一子爲南利侯；【三】最愛少子弘，立以爲高密王。【四】

【一】正義括地志云：「朝陽故城在鄧州穰縣南八十里。應劭云在朝水之陽也。」

【二】正義地理志云平曲縣屬東海郡。又云在瀛州文安縣北七十里。

【三】正義括地志云：「南利故城在豫州上蔡縣東八十五里。」

【四】正義括地志云：「高密故城在密州高密縣西南四十里。」

其後胥果作威福，通楚王使者。楚王宣言曰：「我先元王，高帝少弟也，封三十二城。今地邑益少，我欲與廣陵王共發兵云。立廣陵王爲上〔一〇〕，我復王楚三十二城，如元王時。」事發覺，公卿有司請行罰誅。天子以骨肉之故，不忍致法於胥，下詔書無治廣陵王，獨誅首惡楚王。傳曰「蓬生麻中，不扶自直；【一】白沙在泥中，與之皆黑」者，土地教化使之然也。其後胥復祝詛謀反，自殺，國除。

【一】索隱已下並見荀卿子。

燕土墝埆，北迫匈奴，其人民勇而少慮，故誡之曰「葷粥氏無有孝行而禽獸心，以竊盜侵犯邊民。朕詔將軍往征其罪，萬夫長，千夫長，三十有二君皆來，降旗奔師。葷粥徙域遠處，北州以安矣」。「悉若心，無作怨」者，勿使從俗以怨望也。「無俷德」者，勿使王背德也〔一一〕。「無廢備」者，無乏武備，常備匈奴也。「非教士不得從徵」

者，言非習禮義不得在於側也。

會武帝年老長，而太子不幸薨，未有所立，而旦使來上書，請身入宿衞於長安。孝武見其書，擊地，怒曰：「生子當置之齊魯禮義之鄉，乃置之燕趙，果有爭心，不讓之端見矣。」於是使使即斬其使者於闕下。

會武帝崩，昭帝初立，旦果作怨而望大臣。自以長子當立，與齊王子劉澤等謀爲叛逆，出言曰：「我安得弟在者！【一】今立者乃大將軍子也。」欲發兵。事發覺，當誅。昭帝緣恩寬忍，抑案不揚。公卿使大臣請，遣宗正與太中大夫公户滿意、御史二人，偕往使燕，風喻之。【二】到燕，各異日，更見責王。宗正者，主宗室諸劉屬籍，先見王，爲列陳道昭帝實武帝子狀。侍御史乃復見王，責之以正法，問：「王欲發兵罪名明白，當坐之。漢家有正法，王犯纖介小罪過，即行法直斷耳，安能寬王。」驚動以文法。王意益下，心恐。公户滿意習於經術，最後見王，稱引古今通義，國家大禮，文章爾雅。【三】謂王曰：「古者天子必内有異姓大夫，所以正骨肉也；外有同姓大夫，所以正異族也。【四】周公輔成王，誅其兩弟，故治。武帝在時，尚能寬王。今昭帝始立，年幼，富於春秋，未臨政，委任大臣。古者誅罰不阿親戚，故天下治。方今大臣輔政，奉法直行，無敢所阿，恐不能寬王。王可自謹，無自令身死國滅，爲天下笑。」於是燕王旦乃恐懼服罪，叩頭謝過。大臣欲和合骨肉，難傷之以法。

【一】索隱案：昭帝，鉤弋夫人所生，武帝崩時，年纔七八歲耳。胥、旦早封在外，實合有疑。然武帝春秋高，惑於內寵，誅太子而立童孺，能不使胥、旦疑怨。亦由權臣輔政，貪立幼主之利，遂得鉤弋子當陽。斯實父德不弘，遂令子道不順。然犬各吠非其主，太中、宗正，人臣之職，又亦當如此〔一二〕。

【二】索隱宗正，官名，必以宗室有德者爲之，不知時何人。公户，姓；滿意，名。爲太中大夫。是使二人，又有侍御史二人，皆往使治燕王也。

【三】索隱爾，近也；雅，正也。其書於「正」字義訓爲近，故云爾雅。相承云周公作以教成王，又云子夏作之以解詩書也。

【四】索隱按：內云有異姓大夫以正骨肉，蓋錯也。「內」合言「同姓」，宗正是也。「外」合言「異姓」，太中大夫是也。

其後旦復與左將軍上官桀等謀反，宣言曰「我次太子，太子不在，我當立，大臣共抑我」云云。大將軍光輔政，與公卿大臣議曰：「燕王旦不改過悔正，行惡不變。」於是脩法直斷，行罰誅。旦自殺，國除，如其策指。有司請誅旦妻子。孝昭以骨肉之親，不忍致法，寬赦旦妻子，免爲庶人。傳曰「蘭根與白芷，漸之滫中，【一】君子不近，庶人不服」者，所以漸然也。

【一】集解徐廣曰：「滫者，淅米汁也。音先糺反。」索隱白芷，香草也，音止，又音昌改反。漸音子潛反。漸，漬也。滫讀如禮「滫溲」之「滫」，謂洗也，音思酒反。正義言雖香草，以米汁漬之，無復香氣。君子不欲附近，庶人不服者，爲漸漬然也。以旦謀叛，君子庶人皆不附近。

宣帝初立，推恩宣德，以本始元年中盡復封燕王旦兩子：一子爲安定侯；【一】立燕故太子建爲廣陽王，【二】以奉燕王祭祀。

【一】正義漢表在鉅鹿郡。

【二】正義括地志云：「廣陽故城今在幽州良鄉縣東北三十七里。」

【索隱述贊】三王封系，舊史爛然。褚氏後補，册書存焉。去病建議，青翟上言。天子沖挹，志在急賢。太常具禮，請立齊燕。閎國負海，旦社惟玄。宵人不邇，葷粥遠邊。明哉監戒，式防厥諐。

校勘記

〔一〕霍去病也　耿本、黄本、彭本、柯本、凌本、殿本作「姓霍」。

〔二〕而史先闕其名耳　耿本、黄本、彭本、柯本、凌本、殿本無「先」字。

〔三〕在滄州鹽山南四十二里也　「四十二里」，黄本、殿本作「四十一里」。

〔四〕西溱　「溱」，原作「湊」。王念孫雜志史記第三：「『湊』，當爲『溱』，故正義音臻，而訓爲至。漢書王褒傳『萬祥畢溱』、谷永傳『暴風三溱』、王莽傳『聖瑞畢溱』，師古竝云『溱』與『臻』同。作『湊』者，字之誤耳。」今據改。

〔五〕丞相下中二千石二千石下郡太守諸侯相　册府卷二六三引此無下「下」字，疑此衍。

〔六〕降期　「期」，景祐本、紹興本、耿本、黄本、彭本、柯本、凌本、殿本作「旗」，與褚少孫補作引詔書合，集解同。按：漢書卷六三武五子傳「降旗奔師」顔師古注引如淳云「昆邪王偃其旗鼓而來降也」。

〔七〕臣不作威不作福　漢書卷六三武五子傳作「臣不作福不作威」，與本書卷三八宋微子世家引書次序合。按：尚書洪範：「惟辟作福，惟辟作威，惟辟玉食。臣無有作福作威玉食。臣之有作福作威玉食，其害于而家，凶于而國。」

〔八〕邇近也宵人小人也　耿本、黄本、彭本、柯本、凌本、殿本無此八字。

〔九〕傳中稱　「傳」，耿本、黄本、彭本、柯本、凌本、殿本作「列傳」。

〔一〇〕云立廣陵王爲上　原作「云廣陵王爲上」。張文虎札記卷四：「宋本、中統、游、毛重『云』，下有『立』字。警云『云』即『立』字之譌。」今據改。

〔二〕勿使王背德也　「王」，原作「上」。張文虎札記卷四：「『上』乃『王』字誤。前文『倜德』下索隱引此作『王背德』。」今據改。

〔三〕又亦當如此　耿本、黄本、彭本、柯本、凌本、殿本作「亦當使燕喻之」。